NOUS NE SERIONS PAS ARRIVÉES LÀ SI…

Née à Brest, Annick Cojean est grand reporter au journal *Le Monde* et autrice de plusieurs livres dont *Les Proies* (2012), best-seller traduit dans le monde entier, *Une farouche liberté* (2020), écrit avec l'avocate Gisèle Halimi et *Je ne serais pas arrivée là si…* (2018). Elle a reçu de nombreux prix parmi lesquels le prestigieux prix Albert-Londres, en 1996, dont elle a présidé le jury de 2010 à 2020, et le Grand Prix de la presse internationale, en 2012, pour son travail sur la Libye. Elle est également autrice de plusieurs documentaires et a dirigé sur France 5 les collections « Empreintes » et « Duels ».

Paru au Livre de Poche :

Les Proies

Je ne serais pas arrivée là si...

ANNICK COJEAN

Nous ne serions pas arrivées là si…

GRASSET

ISBN : 978-2-253-94124-8 – 1re publication LGF

À mes deux Sophie,
ma Rochelaise et ma Québécoise,
si lumineuses, si vivantes !

Et à maman, toujours.

Préface

J'aime aller chez les héroïnes de mes « Je ne serais pas arrivée là si… » pour les interviewer. C'est l'endroit idéal. Les femmes se sentent à l'aise et protégées dans leur décor personnel, à la fois maîtresses de cérémonie et maîtresses du jeu ; je propose, elles disposent, les règles sont implicites, je suis une invitée.

Cela m'intimide un peu bien sûr, on est sur leur terrain, ce n'est pas si confortable. Mais je leur sais gré de cette introduction dans leur intimité. Pour l'exercice si particulier de ce rendez-vous du *Monde* où je leur suggère une plongée vertigineuse dans leur propre histoire, c'est infiniment mieux. D'abord, parce qu'on y est au calme et que le temps, mon plus précieux allié, pourra s'étendre à l'infini. Ensuite, parce que c'est l'occasion de capter mille détails qui éclaireront le fond, l'histoire, l'esprit du lieu… et de son habitante. Cela me donne des pistes pour comprendre, orienter, resituer. Et puis quel privilège, ce petit interstice pendant lequel elles me laissent seule pour aller préparer un thé…

L'appartement de Marie-Christine Barrault, un soir de décembre, était éclaboussé des lumières de la fête des Tuileries, et j'imaginais Vadim, le dernier amour dont elle parle si tendrement, accoudé à la balustrade de cet étage élevé et le regard pensif. La maison de Line Renaud, à Rueil-Malmaison, était pleine de roses, de guitares, de photos et on y buvait du champagne en évoquant Sinatra, Joséphine Baker, Édith Piaf, mais aussi sa grand-mère d'Armentières, les ouvrières des filatures, le peuple des corons du Nord. Un siècle, ou presque, a défilé en cet après-midi de printemps. On y a pris le temps nécessaire et c'était si joyeux que je suis restée dîner…

La demeure de Nancy Huston se niche au fond d'une impasse du Paris populaire, et par la fenêtre ouverte du petit salon, tout près de son piano, j'ai entendu des chants d'oiseaux. Mon magnéto en a gardé la trace et je revois l'écrivaine, l'index sur les lèvres, m'inciter à profiter de ce joli cadeau. Mona Ozouf, dans le quartier Saint-Germain, m'a instantanément plongée dans son enfance bretonne. Je l'y ai suivie d'autant plus facilement que j'en connais les paysages, les tempêtes, les ardoises. Et quand elle a cité Flaubert en apportant sur un petit plateau deux tasses de café agrémentées de biscuits – « La vie est en soi quelque chose de si triste qu'elle n'est pas supportable sans de grands allègements » – j'ai compris à quel point les dizaines d'ouvrages entreposés dans sa bibliothèque étaient un réconfort à sa vieillesse inquiète.

Mais le rendez-vous a lieu le plus souvent dans un endroit présumé neutre : le salon d'un hôtel, le bureau de l'éditeur, l'arrière-salle d'un bistrot… Le contrat, d'emblée, paraît plus professionnel. Aucun privilège, chacune est dans son rôle. Et l'on s'adapte, de part et d'autre.

Isabelle Carré, qui venait de déposer ses enfants à l'école, m'a accueillie dans un café de Montparnasse où elle a ses habitudes et remplit de précieux carnets. Elle était si amicale, elle semblait si juvénile, que j'avais l'impression – douce illusion – d'être la première journaliste au monde à lui poser des questions. Les mains dans les poches de son blouson en cuir, allure décidée et regard James Dean, à la fois effronté et timide, Héloïse Letissier, alias Christine and the Queens, m'a retrouvée dans un troquet du 20e arrondissement, à quelques encablures de sa maison. Le cliquetis des couverts et l'affluence des clients pour déjeuner n'offraient guère les conditions idéales à l'enregistrement. Mais elle était bien là, intense, à vif, avant de courir préparer ses valises pour le festival américain de Coachella vers lequel elle s'envolait le lendemain. La mort soudaine de sa mère avant la parution de l'article, le choc, le chagrin, nous ont fait poursuivre le dialogue, sous une tout autre forme. Et c'est à cette maman, partie si brusquement, qu'emprunte le titre de notre entretien : « La grâce ultime de vivre, c'est de tout embrasser »…

Melody Gardot, dans un hôtel parisien, a réclamé une boisson avec des pétales de rose, avant de m'entraîner chez son coiffeur où, imperturbables, nous avons poursuivi l'interview. Emma Thompson enchaînait les rendez-vous dans le grand salon d'un établissement londonien pour la promotion d'un film. La pire configuration pour une journaliste qui rêve d'avoir quelque chose d'exclusif ou, disons, de « différent ». Et pourtant ce fut une joie ! Elle s'est saisie avec fougue du sujet du féminisme. Elle avait tant à dire, dénoncer, réclamer. Elle en oubliait le sablier…

Rossy de Palma m'a reçue dans la bibliothèque d'un palace suisse, Isabella Rossellini dans un salon du musée d'Orsay, Mona Eltahawy sur une terrasse de Naples, la professeure Karine Lacombe dans son bureau de l'hôpital Saint-Antoine à Paris, Laure Adler à Avignon juste avant le festival, Simone Schwarz-Bart sous la véranda de sa maison créole, sur les hauteurs de Goyave, en Guadeloupe, Clémentine Autain dans une annexe de l'Assemblée nationale…

Et toutes ont joué le jeu.

Elles ont fouillé dans leur mémoire, réfléchi, hésité, poursuivi. C'est fou ce qu'elles racontent, les femmes, quand on veut les entendre. C'est fou ce qu'elles nous livrent. De leur enfance, de ses vertiges et ses complexités ; de leurs parents, figures incontournables ; de leurs mères, à qui elles offrent parfois une sorte de revanche sur une vie empêchée ; de l'audace dont elles ont toutes fait preuve, y compris à l'époque où pour une fille, c'était un gros défaut ; de la nécessité intérieure, ressentie par certaines depuis leur plus jeune âge (« c'était ça, ou mourir ! »), qui les a propulsées, malgré toutes les entraves ; de leur colère inapaisée contre les restrictions, interdictions, humiliations imposées par leur genre ; et puis de leur travail, oui, de leur incroyable travail, à la fois moyen d'expression et libération.

Les femmes racontent et se racontent. Avec simplicité. Elles ne cachent ni leurs doutes, ni leurs peurs, ni les moments de détresse ou de remise en question. Elles ne prennent jamais la pose. Ne jouent pas les « puissantes », surtout pas « invincibles ». Au contraire. Elles évoquent leurs échardes comme pour mieux affirmer, telle l'artiste Marjane Satrapi, couronnée de succès : « D'expérience, je sais qu'on peut chuter. » Elles disent aussi : « s'engager rend toujours vulnérable », « j'ai souvenir d'une angoisse persistante », « je voulais tant être aimée ». Elles confient : « la mort m'obsède », « le sentiment de honte m'a toujours accompagnée », « j'ai longtemps cherché le mode d'emploi de la vie… ». La plupart, à l'instar de Paul Nizan, ne laisseraient jamais dire que 20 ans est le plus bel âge de la vie. Car elles ont tâtonné, se sont cherchées, et scrutent encore le sens… Mais de leur légitimité à prendre la parole, elles n'ont désormais aucun doute. J'ai même la sensation qu'elles s'expriment avec l'espoir secret que cela serve aux autres.

Les femmes racontent. Et au fil des récits qui témoignent de l'époque, se dessinent des parcours aux méandres fascinants. Des trajectoires dont rien n'était écrit. Des cheminements faits de soubresauts, de prises de conscience, de batailles et rencontres décisives. Et chaque fois, j'ai l'impression de plonger dans un livre. Leur vie est un roman. Et plus c'est singulier, et plus l'on s'y retrouve. Plus c'est particulier, plus ça nous concerne toutes. Plus elles disent « je », plus l'on entend « nous ». Nous les femmes. Nous aussi. Nous toutes. #metoo.

C'est la raison de ce livre. Juxtaposer leurs témoignages, aussi différents soient-ils. En faire un grand récit choral.

Leurs histoires personnelles forment notre histoire commune. Cette histoire des femmes si longtemps méprisée, jugée inessentielle. Cette histoire que les femmes se réapproprient aujourd'hui ; que des chercheuses, historiennes, journalistes tentent de mettre en valeur, en un salutaire « rattrapage » du passé ; et qu'à coups de hashtag, des millions d'autres, de par le monde, veulent désormais partager.

#metoo, je suis victime, ont-elles dit au départ, pour aspirer de la force et l'insuffler aux autres, revendiquant leur appartenance à l'immense communauté des femmes. Mais #metoo n'est pas que victimaire. #metoo proclame aussi : j'ai une histoire, et elle importe. #metoo, j'entre dans l'arène et participe au débat public. #metoo, je refuse le silence. #metoo, écoutez-moi ! Écoutez-nous !

On n'imagine pas à quel point cette prise de parole des femmes aurait été considérée, il y a quelques années, comme subversive et scandaleuse. Une femme n'était respectable que si elle taisait ses rêves, contraignait ses envies, camouflait les outrages dont elle était victime. Une femme « bien » n'exposait rien de ses indignations, ni de ses ambitions, ni de son intimité. Elle n'élevait pas la voix et devait être « sage ». Comme on le dit d'une enfant. On l'appréciait docile. Elle était muselée. Eh bien c'est terminé. Je chéris la réponse que fit un jour la féministe américaine Gloria Steinem à une maman qui lui demandait ce qu'il fallait dire à sa fille pour lui inculquer de la force : « Écoutez-la, dit-elle. Elle prendra ainsi conscience qu'elle a des choses à dire… »

La force de la parole… La puissance du témoignage… L'énergie contagieuse que dégagent les parcours d'autres femmes… L'inspiration que l'on y trouve. J'y crois plus que jamais.

En 2018, un premier livre avait regroupé une trentaine des interviews « Je ne serais pas arrivée là si… » que j'avais publiées dans *Le Monde*. Virginie Despentes, Françoise Héritier, Patti Smith, Juliette Gréco, Delphine Horviller, Vanessa Redgrave, entre autres, y révélaient quelques-uns des ressorts qui avaient animé leur parcours. Après une lecture publique de plusieurs de ces entretiens, la comédienne Judith Henry a eu envie d'en faire un spectacle. Elle s'est rapprochée de Julie Gayet, devenue sa partenaire et complice. Et c'est ainsi que « Je ne serais pas arrivée là si… », devenu pièce de théâtre, est parti sur les routes de France, de Suisse et de Belgique, joué sur une multitude de scènes, y compris dans les théâtres français de Los Angeles et de San Francisco. Que de débats s'en sont suivis ! Avec des jeunes, des parents, des mères venues avec leurs filles, des pères ébranlés dans leurs certitudes, des garçons qui revendiquaient le joli mot de « féministes ». L'aventure des « Je ne serais pas arrivée là si… » était bel et bien lancée.

J'ai appris que des enseignants s'étaient saisis des textes pour les faire lire en classe. Que des professeurs de théâtre les avaient fait travailler à leurs élèves. Et que des jeunes filles des quartiers nord de Marseille s'étaient ainsi approprié les paroles de plusieurs de mes interviewées pour les porter sur scène, lors d'un spectacle de fin d'année scolaire. La vidéo de leur prestation, envoyée par leur prof, m'a bouleversée. De même qu'elle a ému Virginie Despentes, « interprétée » par une adolescente des Comores qui porte le voile hors de son lycée. « Je le prends comme un clin d'œil cosmique », a réagi l'écrivaine dans un joli courriel adressé aux apprenties comédiennes au cœur de l'été. « Je suis en train d'écrire, et ce n'est pas évident de me souvenir de pourquoi je m'acharne à être romancière… » Ces jeunes filles lui donnaient une amorce de réponse ! À l'invitation de leur enseignante, la metteuse en scène Clara Le Picard, je suis allée les rencontrer à Marseille. Elles étaient drôles et pétillantes, encore empreintes des mots qu'elles avaient dits sur scène, ceux de Virginie Despentes, mais aussi de Christiane Taubira et de l'Iranienne Shirin Ebadi, la Prix Nobel de la paix qui a payé si cher son insoumission au régime des mollahs. Et à les entendre parler chacune de leur histoire complexe, se projeter dans l'avenir et s'interroger sur leur propre quête de liberté, je me disais que cette expérience avait déjà, peut-être, influencé le cours de leur vie. J'aime tant l'idée que des articles, écrits pour un journal quotidien, puissent avoir des résonances imprévisibles. Qu'ils fassent vibrer en nous des cordes mystérieuses. Qu'ils jettent des ponts entre vivants, laissent entrevoir d'autres routes et insufflent de l'espoir.

Les femmes racontent, partagent, transmettent. Aux petites filles, Mona Ozouf recommande : « N'aie pas peur. » Isabelle Carré préconise : « Ne te compare pas ! » Agnès Jaoui affirme : « Ta différence est ta plus grande richesse… »

J'y ajoute le conseil de Maya Angelou, la poétesse et activiste afro-américaine aux dix mille vies : « Si tu essaies toujours d'être normale, tu ne sauras jamais à quel point tu peux être extraordinaire. »

Gloria Steinem

« Nous sommes toutes construites par d'autres femmes »

Gloria Steinem est une icône du féminisme. Journaliste, conférencière, militante, elle n'a cessé de sillonner l'Amérique pour tendre la main aux autres femmes, épauler ses amies afro-américaines et amérindiennes, et défendre les droits et libertés de toutes. Décorée de la médaille de la Liberté par Barack Obama, célébrée dans des pièces de théâtre, films, documentaires, elle continue d'incarner un féminisme de terrain, applaudie comme une rock star par les jeunes gens de la génération #metoo. Elle en conserve l'allure : silhouette longiligne moulée dans un pull noir à large ceinture et pantalon pattes d'eph ; verres fumés sur des lunettes d'aviateur, devenues légendaires. Élégance intemporelle et sourire lumineux.

Je ne serais pas arrivée là si…

Si d'autres femmes ne m'avaient ouvert la voie et montré que l'horizon des possibles était plus large et plus dégagé que je ne le pensais. Une image me revient. Comme un flash des années 1960. Je me promène sur la 57e Rue, à Manhattan, et mon regard est soudain happé par la vision d'une jeune femme marchant d'un pas alerte de l'autre côté du trottoir. Elle porte un chapeau de cow-boy, des bottes et un long manteau noir ciré comme on en voit dans le bush australien. Elle n'a pas de sac à main – c'est un détail important – et elle regarde droit devant elle, ses cheveux flottant au vent. Je suis hypnotisée. C'est la première fois que je vois une femme libre. Je me dis que je veux devenir exactement cette femme-là.

Vous vous en souvenez encore, soixante ans plus tard ?

L'image s'est imprimée dans ma mémoire. Et vous savez quoi ? J'ai découvert bien des années plus tard qu'il s'agissait de l'artiste Niki de Saint Phalle. C'est incroyable, hein ? Mais cela montre que chaque femme, sans même s'en rendre compte, peut en inspirer une autre. Par une allure, un regard, un discours. Nous sommes toutes construites par d'autres femmes.

N'aviez-vous pas de modèles féminins dans votre jeunesse ?

Non ! Il n'y avait guère de femmes emblématiques dans les années 1950. Aucune femme, même au cinéma, qui puisse m'inspirer par son parcours individuel singulier. Le destin des femmes se réduisait au mariage et aux enfants. On parlait de « happy end » : autant dire l'inverse d'un commencement. Et ce sort m'apparaissait à la fois inévitable… et inconcevable. J'ai vite rompu mes fiançailles et suis partie vivre en Inde sitôt l'université terminée. Mais je l'ai fait sans le proclamer, comme en secret, en espérant que personne ne remarque que j'étais en train de me rebeller.

Votre enfance singulière, placée sous le signe du voyage, ne vous avait pourtant pas prédestinée au confort bourgeois…

C'est vrai. Mon père ne voulait ni maison, ni chapeau, ni véritable travail. L'été, il gérait un dancing posé sur un lac du Michigan. Dès les premières gelées, il embarquait famille et chien dans une caravane pour entamer une longue transhumance vers la Floride ou la Californie. Nous avancions au gré des achats, trocs et ventes d'objets de brocante qu'il réalisait dans une parfaite improvisation. Je n'allais pas à l'école, j'ai appris à lire sur les panneaux et enseignes posés au bord des routes. Au moins, cela m'a fait échapper au lavage de cerveau opéré dès les petites classes sur les filles, qu'on pétrit de clichés. Mais je rêvais alors d'une vie opposée : une maison stable, une vie d'écolière classique, des parents normaux. La hantise des huissiers qui recherchaient mon père, perclus de dettes, m'a d'ailleurs incitée à ne jamais emprunter moi-même un dollar. Seulement voilà : l'enfance imprime sa marque dans des recoins qu'on ne soupçonne pas. Je suis bien la fille de mon père, cet éternel optimiste qui refusait le moindre cadre. Si j'ai moi-même choisi de mener une vie voyageuse et sans filet, c'est bien parce que l'errance m'était familière et que, jusqu'à l'âge de 10 ans, la route était toute ma vie. Et si j'ai osé braver les règles, c'est aussi parce que mon père incarnait l'anticonformisme.

« Fille de mon père », insistez-vous. Auriez-vous dit aussi « fille de ma mère » ?

Ma mère était une personne sensible et beaucoup plus réfléchie. Mais anxieuse, sujette à la dépression. Lorsque mes parents se sont séparés, en 1944, j'avais 10 ans, et c'est moi qui ai dû prendre soin d'elle. Il m'a fallu du temps pour me rendre compte qu'elle avait eu une vie brillante avant ma naissance. Qu'elle avait été une des pionnières du journalisme, rédactrice en chef dans un quotidien important de l'Ohio. J'ai même appris que, mariée, elle était tombée amoureuse d'un autre homme mais qu'elle avait tout plaqué, boulot, amis, pour suivre mon père et ses chimères dans le Michigan. Je lui ai demandé : « Mais pourquoi, maman ? Pourquoi as-tu quitté le métier que tu aimais ? Pourquoi n'as-tu pas épousé l'homme dont tu étais amoureuse ? » Elle m'a répondu : « Mais alors tu ne serais jamais née ! » Je n'ai pas eu le courage de lui dire : « C'est toi qui aurais alors pu naître ! » Combien sommes-nous, filles, à savoir que nos mères n'ont pas été en mesure de développer leurs talents, et à réaliser nous-mêmes leurs rêves ? Quand elle s'est éteinte, à 82 ans, j'ai ressenti fortement ce gâchis. J'étais en deuil de la vie qu'elle n'avait pas vécue.

En rentrant de ce voyage presque initiatique en Inde, vous devenez journaliste. La thématique des femmes s'imposait-elle déjà ?

Non. C'était une époque où un rédacteur en chef n'acceptait un article affirmant que la femme était l'égale de l'homme qu'à la condition d'en publier un second soutenant exactement le contraire. Au nom de l'objectivité ! Le temps où les femmes avaient besoin de la signature de leur mari pour disposer d'un compte, où elles n'avaient aucun contrôle sur le divorce et la reproduction, où la discrimination sexuelle prévalait sur le marché du travail, où les termes de « harcèlement sexuel » et de « violence conjugale » n'existaient même pas. Il allait de soi que les hommes « menaient » et que les femmes « suivaient ». Ils dirigeaient tous les organes de presse, y compris les magazines féminins, et les journalistes femmes étaient écartées des sujets majeurs et politiques. Aucun journal, par exemple, n'avait voulu m'envoyer couvrir la marche de Martin Luther King à Washington en 1963.

Y êtes-vous allée quand même ?

Oui. J'en éprouvais le désir, je n'avais pas besoin d'une raison professionnelle. Et découvrir cette foule de 250 000 personnes qui avançait si calmement vers le Lincoln Memorial m'a submergée d'émotion. Une femme noire m'a fait remarquer l'absence de femmes au micro. Elle en était contrariée, et elle avait raison, mais je ne l'avais même pas noté. Et puis j'ai vu la chanteuse Mahalia Jackson crier à Martin Luther King, alors qu'il achevait son discours : « Parle-leur du rêve, Martin ! » C'est là qu'il s'est lancé dans la fameuse litanie « I have a dream ». C'est donc bien une femme qui lui a donné l'impulsion décisive… J'ai souvent repensé à ce moment historique. Et je ne peux pas m'empêcher de regretter que les femmes de l'entourage du pasteur n'aient pas été invitées à prendre la parole. Si les femmes avaient représenté la moitié des orateurs de cette grande marche, d'autres drames scandaleux, d'autres sujets de bataille, auraient ainsi émergé. Notamment celui des viols de femmes noires par les hommes blancs.

Vous dites parfois avoir fait l'apprentissage du féminisme avec, ou même, grâce aux femmes noires…

C'est vrai. La représentation des Afro-Américaines a toujours été disproportionnée au sein des mouvements féministes. Elles avaient plus d'expérience de la discrimination et étaient plus politisées. Elles cumulaient les injustices salariales liées à leur statut de femme et à leur statut de Noire. Elles devaient gagner leur vie et ne comptaient pas sur le salaire d'un mari, au contraire de beaucoup de femmes blanches qui votaient uniquement dans l'intérêt de ce dernier. Mais ne nous leurrons pas : c'est encore le cas. Lors de l'élection présidentielle de 2016, 96 % des femmes noires ont voté pour Hillary Clinton, 51 % des femmes blanches ont voté pour Trump, ce phallocrate notoire, x fois accusé de harcèlement et opposé à l'avortement.

Vous souvenez-vous d'un moment-clé dans votre prise de conscience féministe et votre décision de devenir militante ?

J'étais chroniqueuse au jeune magazine *New York* quand, en 1969, j'ai été appelée à couvrir une réunion de féministes qui, dans les sous-sols d'une église, donnaient la parole à des femmes ayant eu recours à un avortement. Les témoignages étaient bouleversants. On y parlait d'humiliation, de souffrance, du sadisme de certains médecins, de chantage odieux fait par d'autres qui concédaient un avortement en échange d'une stérilisation. J'étais fascinée. Je n'avais encore jamais vu des femmes raconter ainsi leur vérité sur une expérience propre aux femmes, de surcroît illégale et honteuse. C'est là que s'est produit le déclic. C'est à cet instant précis que je me suis dit que l'ordre des choses n'était pas immuable. Que toutes ensemble, nous pouvions le changer.

Vous-même n'aviez alors jamais parlé de votre avortement ?

Non. Ni à ma mère, ni à mes amis, ni même à ma colocataire à Londres, où s'est pratiqué cet avortement. J'avais 22 ans, j'étais serveuse en attendant de recevoir mon visa pour l'Inde, totalement incertaine de ce que je voulais faire à l'avenir. Et un médecin – à qui je voue une reconnaissance éternelle – a pris le risque de m'aider, alors que l'avortement n'était autorisé en Grande-Bretagne que si la vie de la femme était en péril. Il m'a simplement fait promettre de ne pas révéler son nom et de faire ce que je voudrais de ma vie. De fait, j'ai senti pour la première fois que j'en prenais le contrôle. J'ai gardé mon secret jusqu'à la publication en 1971 du manifeste des 343 Françaises, menées par Simone de Beauvoir et Gisèle Halimi, qui déclaraient avoir avorté. Quel geste ! Quel panache ! Nous étions alors en train de lancer notre propre magazine, *Ms.*, et cela nous a inspirées. Dès le premier numéro, une double page intitulée « Nous avons avorté » comportait les signatures de 53 Américaines appelant d'autres femmes à soutenir une campagne pour faire évoluer la loi : la chanteuse Judy Collins, la joueuse de tennis Billie Jean King, les écrivaines Susan Sontag, Anaïs Nin… et moi. C'était la première fois que je rendais public cet événement intime.

Quelle était l'ambition du magazine Ms. *?*

« Faire la révolution et pas seulement le dîner », disait mon amie Florynce Kennedy. Témoigner de ce que vivaient les femmes, partager leurs histoires, faire émerger une communauté d'expériences et de préoccupations, provoquer des débats, abolir les clichés, faire avancer les lois en faveur des droits des femmes, noter les présidentiables en fonction de toutes leurs positions sur l'égalité salariale ou l'accès aux crèches, ou de ce qu'on appelait le « facteur machiste », c'est-à-dire leur attitude vis-à-vis de l'armée ou de la peine de mort. C'était excitant de composer une rédaction féminine et féministe. Nous avions un plaisir fou à travailler ensemble, doublé de la peur d'échouer et de déshonorer le mouvement féministe. Mais ce fut un succès. Nous avons d'emblée reçu 20 000 lettres. Les femmes avaient enfin une courroie de transmission. Elles étaient écoutées. Je n'ai pas arrêté, dès lors, de sillonner l'Amérique. Pour des reportages, des conférences, des visites de campus, des luttes et rassemblements de femmes, et aussi pour promouvoir *Ms.* auprès des kiosquiers et annonceurs, interloqués qu'un magazine féminin ne s'intéresse ni à la mode ni à la beauté.

Comment les féministes étaient-elles alors perçues ?

Comme des excitées, des révolutionnaires, des insatisfaites. Un danger pour la famille américaine – entendez : la famille patriarcale. Comme des ennemies des hommes. Évidemment comme des lesbiennes. À ceux qui m'interpellaient ainsi, je répondais simplement : « Merci. » Cela déconcertait mon interlocuteur et exprimait ma solidarité avec les homosexuelles en faisant rire la salle. Le mot « féministe » a si longtemps fait peur. Des femmes se disaient « pour l'égalité hommes-femmes » mais « pas féministes ». Quelle ironie ! Je suis bien heureuse que les jeunes femmes de l'ère #metoo revendiquent aujourd'hui ce mot avec vigueur.

Vous avez 85 ans. Comment vivez-vous l'expérience du vieillissement ?

Avec soulagement. Car on redevient soi-même ! Enfin débarrassé des contraintes imposées par notre genre. Entre 12 et 60 ans, les hormones et les jeux de rôle assignés aux deux sexes faussent la donne. Les notions de « virilité » et de « féminité » sont des carcans qui avivent tensions et violences et restreignent nos talents. L'âge venant, le naturel reprend heureusement le dessus. Je redeviens aussi libre que la petite fille de 8 ans qui se fichait de son image et adorait grimper aux arbres.

Laure Adler

« J'ai tous les âges à l'intérieur de moi »

Elle est drôle, Laure Adler ! À la fois punk et provocante, intellectuelle et sensible, cultivée et coquette, passionnée et bosseuse. Biographe de Simone Weil, Hannah Arendt, Marguerite Duras, Françoise Giroud, Charlotte Perriand, cette dévoreuse de livres et de culture, née en 1950, mène de front plusieurs vies et se défie du temps qui passe…

Je ne serais pas arrivée là si…

Si je n'avais pas été élevée en Afrique par un monsieur d'origine peule, qui m'a enseigné sa langue et donné les clés de son univers. Il s'appelait Waïté. La nuit, comme j'avais du mal à m'endormir, il ouvrait les persiennes donnant sur la terrasse de la maison, face à la mer, et il m'expliquait les étoiles. Nous habitions la Guinée, où mon père était ingénieur agronome. Mes parents sortaient beaucoup. Au fond, c'étaient mes maîtres tutélaires. Waïté, lui, était un père nourricier. Il s'occupait de ma sœur et de moi, nous préparait à manger, et nous berçait le soir de récits de création du monde dans lesquels la nature et sa mythologie tenaient une place prépondérante. Il m'a tout appris.

Votre matrice est-elle donc en Afrique ?

Oui. Et j'aimerais y terminer mes jours. J'ai d'ailleurs en tête un endroit très précis…

Pour boucler la boucle ?

Pour être en accord avec moi-même, me réfugier au plus intime de moi. Comment « être au monde », au sens d'« habiter le monde », si l'on n'est pas immergé dans le sentiment océanique de la nature ? J'ai eu cette chance les premières années de ma vie. Grâce à Waïté, dont j'aimerais retrouver les petits-enfants. Grâce aussi à mon père, qui m'enseignait le nom des arbres, des plantes, et qui m'avait même donné une petite parcelle de notre jardin en me confiant des graines. L'Afrique est mon habitacle sensoriel. Je me souviens des odeurs de la pluie, des chants d'oiseaux à l'orée du jour, de la lumière rouge qui incendie la savane le soir venu. Ces sensations m'habitent toujours. Et l'envie d'y retrouver un lieu…

Figurez-vous qu'un jour, ayant découvert, au bord d'un lac un peu paumé, un hôtel décati qui avait eu son heure de gloire dans les années 1960 et qui était fermé depuis vingt ans, je me suis rêvée en tenancière d'hôtel et ai eu envie de le racheter. Mais oui ! Je crois qu'on ne quitte jamais le pays de l'enfance. Ce n'est pas un hasard si, revenue en France à 17 ans, je suis tombée rapidement amoureuse d'un ethnologue, qui m'a emmenée au fin fond de l'Afrique.

Comment vous projetiez-vous, à l'adolescence ?

Je me voyais religieuse, aidant les populations dans les coins les plus perdus d'Afrique.

Missionnaire ?

Oui, le temps d'une petite crise mystique. J'avais des parents à la fois très républicains et très cathos. Cathos engagés, pour qui la foi est une manière de vivre le monde. À leurs trois filles, ils faisaient deux recommandations principales : devenir indépendantes économiquement et toujours aider les autres. Ils nous envoyaient participer à des chantiers de reconstruction de maisons pendant les vacances et, au quotidien, ils nous incitaient à porter assistance à des personnes isolées, âgées ou handicapées. Après ma période « religieuse », j'ai rêvé d'être médecin, toujours en Afrique. Jusqu'au jour où un professeur de philosophie de Clermont-Ferrand, après m'avoir sauvée trois fois de l'exclusion du lycée pour indiscipline, m'a dit : « Toi, tu feras de la philosophie. Tu liras Descartes, Kant, Spinoza… » Et la philo est devenue ma vocation.

J'ai déboulé à Paris sans y connaître personne. Je me suis inscrite à la Sorbonne, qui était réputée comme la fac la plus réac, moi qui étais d'extrême gauche. N'empêche que j'y ai eu les profs les plus extraordinaires, dont Jankélévitch, qui achevait sa carrière. Quelle stimulation ! Quel bouillonnement ! Le samedi, je fonçais au cours de Gilles Deleuze à Vincennes, à celui de Michel Foucault, aux séminaires de Jacques Lacan, ou à des rencontres avec Félix Guattari, qui était un ami très proche de mon premier mari, Alfred Adler. Bref, j'étais nourrie de philosophie. Et puis un jour, prise d'amour pour Freud et la psychanalyse, j'ai entrepris une analyse. Cette expérience fut un bouleversement.

De nature à vous faire changer de cap ?

Et vouloir à tout prix devenir psychiatre. Donc à m'inscrire en médecine, à 22 ans, armée d'un bac littéraire et d'une maîtrise de philo. J'ai bossé comme une dingue, mais je me suis fait recaler. Trop nulle en maths. J'en ressens encore du dépit. Le regret de n'être pas devenue psychiatre ne fait même que croître avec la vieillesse. Imaginez-vous que j'étais tellement naïve et bête au moment de l'arrivée de la gauche au pouvoir que j'ai pensé que Mitterrand aurait l'intelligence de réformer les études de médecine pour y inclure un peu de philosophie, d'anthropologie, d'histoire. Mes amis se foutaient de moi : « Tu imagines sérieusement que Mitterrand se préoccupe des écoles de médecine ? » Eh bien oui, je l'espérais.

Un rêve s'est-il donc écroulé ?

Oui. Mais la vie est pleine d'inattendus. Je me suis plantée en médecine mais, dans le grand amphithéâtre de la fac plein de jeunes garçons boutonneux et polards, j'ai vite repéré une fille, Dora, avec qui j'ai noué une amitié indestructible. Elle était juive, pauvre, fille de militants chiliens antifascistes, et ce que nous avons partagé nous lie à tout jamais : des choses exaltantes comme le militantisme d'extrême gauche et le féminisme de la première heure, mais aussi des moments personnels terribles, comme des avortements au temps où c'était encore interdit.

On oublie combien ces années dites de « libération » ont été dures et violentes pour les jeunes femmes. Dora reste en tout cas pour moi une référence absolue. Je ne la vois guère, on communique peu. Elle vit aujourd'hui à Mea Shearim, le quartier des ultraorthodoxes de Jérusalem, est mère de neuf enfants et porte la perruque… Qu'importe. Elle est très importante pour moi. Et je tiens l'amitié comme un sentiment essentiel. Sans l'amitié, je ne serais pas là devant vous. Je serais morte plusieurs fois.

À observer votre parcours, on a l'impression d'une course menée à fond de train dans une espèce de boulimie et d'urgence. Un mari et un enfant à 19 ans, des voyages, une multitude de petits boulots, la philo, la médecine, l'histoire…

C'est l'histoire de ma génération. On avait faim, soif, il n'y avait pas de temps à perdre, il fallait tout faire en même temps, et vite. Gagner sa vie, faire des études, défendre des idées, expérimenter le couple, le combat collectif, etc. Et le travail était la colonne vertébrale de notre personnalité, de notre épanouissement, de notre inscription dans la société. Travailler, travailler, travailler. Le travail a toujours été le centre de ma vie. Trop, sans doute. Mais à y réfléchir, est-ce d'ailleurs un travail ? Il m'oblige à lire des livres ? J'adore ça. À visionner des films ? Je pourrais passer ma vie dans une salle obscure. À aller tous les soirs au théâtre ? C'est ma manière d'alimenter mon imaginaire.

Mes passions se sont nourries de mon travail, mon travail s'est nourri de mes passions et cela n'a fait que croître. Voir un film me procure encore plus de plaisir qu'avant. Sortir au théâtre est de plus en plus intense. Lire un livre me met dans tous mes états. Encore plus s'il s'agit d'auteurs inconnus. J'ai vraiment eu de la chance de faire ce métier qu'il est pourtant urgent que j'arrête.

Et pourquoi faudrait-il arrêter ?

Parce que j'ai dépassé 70 balais.

Est-ce un âge couperet ?

Un certain âge. Et pas encore, je l'espère, un âge certain. Disons que je suis dans une sorte de sas. Mais il ne faut pas que je m'accroche. Il ne faut pas tenir pour tenir, même si j'ai la chance de travailler pour une entreprise – Radio France – dont la PDG juge essentiel le mélange des générations, et pour une radio – France Inter – dont la directrice a le même âge que moi. Je plaisante parfois : tu sais que tu prends le risque que je meure à l'antenne ? Je le prends, sourit-elle. Le problème, à Radio France comme dans beaucoup d'autres secteurs, c'est que tout un savoir s'écroule lorsqu'on prend sa retraite. En quelques minutes, c'est fini, ça ne compte plus. Rideau. Quelle tristesse ! Il faudrait repenser ce moment charnière ; imaginer des instances de transmission de savoir et d'expérience…

Valoriser la prise d'âge dans une société qui invisibilise ses anciens plus qu'elle ne les vénère ?

Vous voulez dire une société réactionnaire, violente et méprisante envers ses vieux ! Une société archaïque qui les exclut et les ghettoïse, signe infaillible de l'échec d'une civilisation. Une société cruelle qui stigmatise la vieillesse, l'associe à la dégénérescence et la condamne au rebut. Que veut dire prendre de l'âge ? Est-ce un destin biologique ? Est-ce une expérience transmissible ? Est-ce une calamité ? J'ai suivi un séminaire passionnant à Normale Sup sur ce sujet. Un sujet majeur puisqu'il nous concerne tous : en 2070, une personne sur deux aura plus de 65 ans ! Eh bien, il s'avère que dans une multitude de domaines, scientifique, philosophique, artistique, seul un certain âge permet l'abandon – et la licence – nécessaires à la poursuite de ses profondes intuitions. En nous libérant de certaines conventions ou codes sociaux qui emprisonnent, l'âge deviendrait en somme un privilège, un ferment de création, la plage de tous les possibles.

Est-ce ainsi que vous vivez vos 71 ans ?

Oui, je refuse l'idée de calamité. La question de la vieillesse, cette étrange contrée, me taraude à vrai dire depuis le jour de mes 50 ans. Ce fut un sentiment violent. Le décompte commençait : il me restait moins de jours à vivre, avec moins d'énergie, moins de désir, moins de vitalité. La perspective était terrifiante. Et voilà que, vingt ans plus tard, j'atteins un rivage où le temps m'apparaît au contraire presque illimité. Et où les mots « chance », « cadeau », « bénef » s'imposent. J'ai perdu trois amies, dont deux, qui étaient plus jeunes que moi, sont mortes avant d'avoir 60 ans. J'ai vécu leur disparition dans ma chair, dans mon sang, dans mes battements de cœur, et aussi dans un terrible sentiment de culpabilité. Pourquoi elles et pas moi, qui partageais leur mode de vie et leurs aspirations ? Je pense très souvent à elles trois, et ce temps au-delà de l'âge qu'elles n'auront pas connu me fait ressentir le privilège insensé d'être en vie. Et son corollaire : en profiter intensément. Consentir à la vie en y adhérant pleinement. En me faisant davantage confiance.

Au fond, en devenant moi-même, libérée des oripeaux sociaux, dépouillée des apparats et vaines mondanités, pour me concentrer sur l'essentiel. Quand j'étais jeune, j'étais impatiente, exigeante, ambitieuse, un peu désaccordée. J'apprends à participer plus sereinement au festin du présent et je n'ai plus de comptes à rendre qu'à moi-même. Non pas dans une bulle égotiste. Mais avec le devoir impérieux de prendre soin des autres. Les proches bien sûr, qui ne vont pas forcément bien. Et d'autres, par le biais d'associations qui m'importent. Je me construis un petit programme…

Vous sentez-vous vieille ?

Cela dépend des jours et des circonstances. Mais, dans le regard des autres, mon sort est sans doute scellé. Il y a un amoindrissement objectif : voyez mes lunettes fumées qui corrigent ma vue et me protègent de la lumière du jour qui m'éblouit dangereusement ; je n'ai plus la même endurance pour marcher sept à huit heures par jour dans les Grisons et dois me munir de médicaments articulaires ; je ne porte plus de robes sans manches ni de jupes qui ne descendent pas 15 centimètres sous le genou, moi qui ai tant aimé les bottes et la minijupe. La douleur d'avoir une mère en Ehpad m'étreint constamment et je n'ai pas encore eu le temps de penser le départ de mon père, décédé dans la chambre d'à côté pendant le confinement. Me voici donc « en première ligne »… Alors, suis-je vieille ? J'ai tous les âges à l'intérieur de moi. Ma vitalité est intacte, et ce pays aux contours flous me semble plein d'avenir.

Aucune obsession de la fuite du temps ?

Non. J'ai la chance de « vouloir vieillir ». Mais je reste sur le qui-vive. Je ne dois pas faire l'année de trop à la radio. Je ne dois pas prendre trop de place, être trop bruyante, trop exister par rapport à mon âge. Je surveille mon corps, mon esprit, ma mémoire. J'essaie de lire chaque jour deux textes de philosophie, de mémoriser des pages, d'apprendre par cœur des poèmes. Je me teste, je me mets au défi, je vais parfois au-delà de mes forces. Car je vous assure, et il faut faire passer le message aux jeunes : dans chaque vieux subsiste une irrépressible jeunesse.

Emma Thompson

« Le féminisme est l'engagement fondamental de ma vie »

Elles ne sont pas si nombreuses, les actrices, à clamer aussi nettement leur engagement féministe. Mais Emma Thompson, deux fois oscarisée, embrasse le sujet avec une fougue joyeuse. Chaleureuse et splendide dans une longue robe à pois fendue sur le côté, les sandales plates argentées (« Fini, la torture des talons ! ») et la mèche blande (entre blond et blanc), l'actrice britannique entend même prendre son temps pour évoquer, dans un français parfait, la cause qui lui importe le plus…

Je ne serais pas arrivée là si…

Si une soudaine prise de conscience féministe, à 19 ans, n'avait bouleversé ma perception du monde et totalement changé ma vie. J'étais à Cambridge pour étudier la littérature anglaise avec laquelle j'avais grandi. Et voilà qu'un livre écrit par deux femmes a proposé une nouvelle lecture des grands romans de Jane Austen, des sœurs Brontë, d'Emily Dickinson ou de Mary Shelley. Il s'appelait *The Madwoman in the Attic* [La folle dans le grenier, de Susan Gubart et Sandra Gilbert] et il passait au crible les personnages et les situations de livres jusque-là uniquement analysés par des critiques hommes. Eh bien, cela changeait tout !

Que voulez-vous dire ?

J'ai brusquement réalisé à quel point le patriarcat imprégnait toute notre littérature, y compris celle écrite par des femmes. À quel point on ne pouvait lire le monde sans avoir à l'esprit l'injustice systémique subie par les femmes et le lavage de cerveau pratiqué depuis des lustres pour leur faire accepter leur condition. Je découvrais par exemple que ces grandes écrivaines du XIXe avaient repris les clichés imposés par leurs confrères qui divisaient les femmes en deux catégories : les « anges » et les « monstres », les sages et les folles. Et je comprenais combien le personnage du « monstre » ou de la « folle » était la métaphore de leur moi rebelle, étouffé ou incarcéré. Qu'il exprimait leur propre rage et frustration face à la misogynie qu'elles rencontraient en permanence. *Wow !* C'est comme si on m'offrait de nouvelles lunettes pour voir enfin le monde avec netteté.

Était-ce une libération ?

En tout cas un tournant. La naissance de mon féminisme qui est devenu l'engagement fondamental de ma vie. Mais se libère-t-on jamais du patriarcat ? Il irrigue nos veines et nos artères et imprègne l'air que nous respirons. Il est partout. Il inspire depuis des millénaires nos valeurs et nos références, nos relations amoureuses, sociales, amicales. Impossible d'y échapper. Au moins faut-il en être conscient. Et accepter, ne serait-ce qu'un instant, de scruter le monde avec un autre regard – le fameux *female gaze* – qui permet de percevoir et ressentir les situations d'un point de vue féminin. Mais que c'est difficile de changer de paradigme ! Que c'est compliqué !

Pourquoi ?

Parce qu'on avale le patriarcat depuis notre petite enfance ! Et la suprématie du père, du frère et du mari. C'est en nous depuis des millénaires. C'est en moi, comme c'est ancré chez toutes ces femmes d'Afrique ou d'ailleurs que j'ai vues nourrir systématiquement leur petit garçon avant leur petite fille, en faisant passer à ces dernières l'idée qu'elles sont moins importantes. C'est insupportable !

Les femmes cumulent toute leur vie des rôles qui les entravent et exigent une énergie folle : fille, mère, épouse. Moi, ça y est, j'y échappe enfin. Je me sens plus libre à 60 ans que je l'ai jamais été. Ma mère a 87 ans, approche de la fin de sa vie et je crois avoir été une bonne fille. Donc ce rôle-là, celui de fille, je considère que c'est réglé. Ma propre fille, elle, a 19 ans. C'en est presque fini de mon rôle d'éducatrice. Celui de mère continue, lesté d'un sentiment permanent de culpabilité, mais je l'accepte. Quant à mon rôle d'épouse, ce n'est plus un poids. Cela fait vingt-quatre ans que je suis avec mon mari. Nous avons créé nos espaces séparés, en demeurant ensemble. Sur ce terrain-là, me voici également sereine. Mais dès lors que je ne suis plus obnubilée par ces trois grands rôles, qui suis-je désormais ? Quel est mon apport au monde ? La question est vertigineuse.

Quelle place pensez-vous donc avoir ?

J'ai hélas compris que dans ce système irréductiblement patriarcal, je ne serai jamais aussi importante qu'un homme dans la même position. C'est une idée détestable que j'ai fini par intégrer. Mais la souffrance des femmes m'obsède. Mes nouvelles lunettes féministes font qu'elle me saute partout aux yeux et je me sens parfois très seule, car nous sommes encore peu nombreux à percevoir l'étendue des injustices qui nous frappent. Alors que faire ? Eh bien soutenir et amplifier les voix de jeunes femmes. Car elles émergent de toutes parts. Au théâtre, en littérature, sur les réseaux sociaux. Elles disent : « C'est ça, être une femme ; je ressens ça ! » Sans se censurer, en se fichant de ce que vont penser les hommes. C'est inédit et c'est puissant.

C'est le résultat de la déferlante #metoo ?

Oui. Ce mouvement a été un déclic salutaire. Quel sursaut ! Au moment où l'affaire Weinstein a éclaté, la BBC m'a demandé si j'étais surprise. J'ai répondu : « Mais dans quel monde vivez-vous ? Et dans quel déni ? Réveillez-vous ! C'est ça notre quotidien de femmes ! Empêcher de vieux libidineux de fourrer leur langue dans notre bouche et échapper aux assauts de prédateurs protégés par des complices silencieux et lâches. » Il n'est que temps de réagir et de hurler !

Que répondez-vous aux hommes qui disent ne plus savoir comment se comporter à l'égard des femmes ?

Alors là, j'éclate de rire ! Quels idiots ! Je leur dis : comportez-vous normalement, comme vous le feriez avec un homme, en étant courtois et respectueux. Ce n'est quand même pas compliqué ! Et si vous avez des doutes sur le consentement, pensez à la métaphore de la tasse de thé.

Pardon ?

C'est très simple. Imaginez que la relation sexuelle est comme une tasse de thé. Si vous demandez à quelqu'un : « Voulez-vous une tasse de thé ? » et que la personne s'exclame : « J'adorerais ! », courez faire chauffer la bouilloire. Si vous revenez avec la tasse et que la personne vous dit : « Hum, finalement, je n'en ai plus très envie », vous n'allez quand même pas lui pincer le nez et lui verser de force le thé dans la bouche ! Ce serait un comportement de fou. Elle a le droit d'avoir changé d'avis. Respect. Autre hypothèse : vous revenez avec la tasse et le lait, et voilà que la personne s'est endormie. Vous êtes déçu, mais vous n'allez pas la réveiller pour la forcer à boire. Une personne inconsciente ne peut pas vouloir de thé ! Voyez, c'est simple comme une tasse de thé.

So British !

Mais ça parle, non ? C'est pathétique d'entendre aujourd'hui des hommes se lamenter en disant : « Nous vous avons déjà tant donné ! Le droit de vote, le droit de conduire… » L'égalité de salaire ? « Ah non, ça, c'est très compliqué », disent-ils. Ben voyons ! Ce n'est pas du tout compliqué ! C'est juste qu'au fond d'eux-mêmes, ils n'en veulent pas ! C'était si agréable le temps des femmes-esclaves ! (Enfin, j'ai personnellement du mal à l'imaginer, mais visiblement ils aimaient ça.) Alors oui, je pense que certains hommes blancs vivent une période très difficile. Ils croyaient avoir tout le gâteau pour eux, et on leur demande de le partager. On leur dit : vous n'êtes plus les plus importants. Hommes et femmes sont absolument égaux. On leur dit même : vous n'êtes pas plus importants qu'une femme noire ! Pour la plupart d'entre eux, c'en est trop ! Et cela provoque rage et violence, voire une sorte de panique, et dans certains pays, des châtiments préventifs pour les femmes qui seraient tentées par cette révolution. J'étais récemment en Égypte, et j'ai été soufflée. J'avais l'impression qu'une guerre avait été déclarée contre les femmes.

Êtes-vous néanmoins optimiste sur l'évolution de ce mouvement vers l'égalité ?

Nous ne sommes que dans l'enfance du féminisme. Ça évolue lentement, et par secousses, comme les plaques tectoniques. Pour le moment, il n'existe sur terre que de très rares îlots de santé mentale, où les femmes peuvent librement s'exprimer. Mais ça bouge, ça vibre, même si nous ne sommes qu'aux prémices de ce qui devrait être une révolution. Oui, je dis bien « révolution ».

La génération de votre fille vivra-t-elle dans un monde différent ?

La route n'est pas encore simple pour les jeunes femmes. L'Histoire, écrite par les hommes, n'a rien retenu de l'apport de nos aînées, de leurs talents, de leur inventivité. C'est comme si tout ce qui avait fait avancer l'humanité avait été inventé uniquement par les hommes. Quelle imposture ! Et quel avantage pour les garçons d'aujourd'hui ! Des siècles d'accès à l'éducation, aux grandes écoles, aux postes de pouvoir leur donnent une sacrée longueur d'avance. Leur avenir se présente comme une autoroute à quatre voies, lisse, éclairée, bien balisée, tandis que celui des filles ressemble à un sentier de montagne, escarpé, semé d'obstacles et dénué de toute signalisation. Parfois, une femme juchée sur un rocher agite le bras : « Non les filles, évitez ce chemin, il débouche sur un ravin ! » Mais la plupart du temps il n'y a rien. L'itinéraire est inconnu, aucune pionnière n'est encore passée par là.

D'où l'importance des vigies… ou des modèles ?

Voilà ! Nous, les femmes, avons besoin de phares.

Vous sentez-vous une responsabilité ?

Une responsabilité immense ! Car vivre mon féminisme est un engagement politique au quotidien. Cela signifie être constamment en alerte sur les injustices et les signes manifestes de sexisme ; saisir toutes les tribunes possibles pour m'exprimer, dénoncer, mettre en garde ; ne pas me dérober quand on me demande une opinion, ne rien laisser passer. C'est également choisir mes rôles avec exigence. Je refuse les rôles inconsistants ou caricaturaux de femmes faire-valoir, soumises, geignardes ou alors frivoles, destinés à célébrer, en contraste, l'héroïsme des hommes. Mais aussi les rôles de « dures à cuire » ou de « femmes-mecs », transpositions dans un corps de femme de mentalités et attitudes grossièrement masculines. Cette vision binaire me révulse. Je revendique la nuance. Je veux jouer et écrire des rôles qui explorent la complexité d'une identité de femme.

Et puis j'essaie d'être solidaire. De tendre la main aux jeunes femmes, artistes ou politiciennes, en les encourageant et en les finançant pour qu'elles aient le temps d'écrire et d'affûter leurs idées. Ça, c'est du concret !

Et sur les tournages ?

Pareil ! J'ouvre l'œil et je le fais savoir à tout le monde. Récemment, à la fin d'un tournage, j'ai réuni toutes les femmes ayant travaillé sur le film, scripts, techniciennes, régisseuses, maquilleuses, afin qu'elles puissent parler entre elles de leur expérience : s'étaient-elles senties respectées ? Correctement traitées ? Y avait-il eu des prédateurs ou harceleurs ? Des situations humiliantes ? Disons que je veille au grain. Dorénavant, j'organiserai systématiquement ce type de réunion en début de tournage. Réunion entre femmes. Car dès que les hommes se pointent, les filles se taisent immédiatement, avec la hantise de perdre leur job. On doit toutes se serrer les coudes pour changer cette culture sexiste.

Qu'aviez-vous pensé de la tribune publiée dans Le Monde *dans laquelle des femmes célèbres, dont Catherine Deneuve, revendiquaient le droit d'être importunées et d'aimer l'être ?*

(Soupir.) Les femmes peuvent être parfois leurs pires ennemies. Certaines ont à ce point intégré le patriarcat qu'elles y collaborent. Pis : qu'elles l'incarnent…

Nancy Huston

« Il y a toujours une petite fille qui hurle en moi »

De son enfance au far west du Canada en 1953, l'écrivaine Nancy Huston conserve des souvenirs brûlants qui ne cessent d'alimenter son œuvre foisonnante. Une soixantaine d'ouvrages : romans, essais, pièces de théâtre, livres jeunesse, collaborations avec des artistes… C'est en France qu'elle a posé ses valises, il y a près de cinquante ans. C'est ici, jamais loin d'un piano, qu'elle continue d'explorer les liens complexes entre drames intimes et grande histoire.

Je ne serais pas arrivée là si…

Si ma mère, un jour de 1959, n'avait pas décidé d'abandonner son mariage et ce qui allait avec : trois enfants âgés de 8, 6 et 3 ans. C'était une décision extrêmement courageuse, féministe et réfléchie. Aujourd'hui, j'ajouterais même « admirable », même si, sur le moment, les effets ont été dévastateurs, aussi bien pour elle que pour nous, ses enfants. Ce geste a immédiatement infligé un démenti à toutes sortes de mythes. Il m'a d'emblée donné une distance par rapport à ce que tout le monde prend pour des évidences. C'est pour cela qu'il est constitutif de mon être. « La vie vous fait des cadeaux en bien et en mal », dit un proverbe africain que j'affectionne. Eh bien, ce geste de ma mère fut un cadeau, un énorme cadeau… en mal.

Comment considérer comme un cadeau quelque chose qui fait mal ?

Il a fallu du temps… Mais je ne serais pas ici, chez moi, à Paris, à discuter avec vous s'il n'y avait eu ce séisme, cet événement fondateur qui s'est déroulé il y a plus de soixante ans, dans une ville de l'ouest du Canada. Sur le coup, ce fut comme un tour de passe-passe : ma mère partait, et la nouvelle épouse de mon père prenait immédiatement le relais. Cependant, comme, en tant que catholique allemande, elle assumait mal d'épouser un divorcé chargé de famille, elle a voulu qu'on brouille les pistes, qu'on change de quartier et qu'on l'appelle « Mutti » afin que tout le monde pense qu'elle était notre vraie maman. Une maman très gentille d'ailleurs, le contraire de la marâtre. Mais ce mensonge souriant avait quelque chose de violent car il a étouffé les phrases du genre : « où est ma mère ? », « pourquoi est-elle partie ? », « elle me manque ». On ne pouvait pas dire ça. On n'avait même pas le droit de le penser.

L'impératif des apparences ne pouvait pas interdire le chagrin…

Le grand chagrin, je l'ai vécu beaucoup plus tard. Sur le moment, ce fut un chagrin « underground ». À la surface, nous formions une famille unie et joyeuse ; une famille très nombreuse puisque ma belle-mère a eu trois autres enfants. Il y avait beaucoup de conversations, de jeux, d'interactions. C'était formidablement vivant. Mais, bien sûr, je bouillonnais d'interrogations intérieures, de scénarios, d'hypothèses. Ma mère était-elle partie parce que… ? Ou bien parce que… ? Que se serait-il passé si… ? C'était du storytelling. Déjà. C'est d'ailleurs très peu de temps après ce départ que j'ai commencé à entendre des voix. À être suivie par une sorte de présence intérieure à laquelle je donnais des noms et qui prenait la forme de personnages que je ne confondais pas avec les gens de la réalité. C'est sans doute de là que date ma vocation littéraire. Je suis devenue romancière à 6 ans. Intérieurement. C'est cela le cadeau dont je parle.

Gardiez-vous le contact avec cette maman « déserteuse » ?

Mais oui ! C'était un départ, pas un abandon. Elle a toujours détesté que j'emploie le mot « abandon » dans mes interviews. Abandon, c'est un geste inconsidéré, une sorte de coup de tête, on laisse tomber, on lâche l'affaire. Or ce n'était pas du tout le cas. La chose avait été discutée et organisée entre les trois adultes. Je me souviens même d'un pique-nique, l'été 1959, au cours duquel ma mère a cueilli un bouquet de marguerites et l'a offert, de façon ostentatoire, à notre future belle-mère. Comme une passation des pouvoirs. Il y avait un tel déni du drame qui se jouait qu'il m'a fallu des années pour dresser le constat, petit à petit, des dégâts dans mon âme.

Quelle était la vraie histoire ?

L'université de Chicago avait offert à ma mère une bourse pour terminer une thèse de doctorat qui lui importait au plus haut point. Mais mon père y a mis son veto, ou plutôt, il lui a lancé un ultimatum : soit elle restait à la maison, soit il installait à sa place une autre femme avec qui il entretenait déjà une relation extraconjugale. Ma mère aurait pu se cabrer et vouloir punir mon père : faire un procès (qu'elle aurait gagné, puisque c'est lui qui était dans l'adultère), exiger la garde des trois enfants ainsi qu'une pension alimentaire. Mais cela aurait impliqué de sacrifier ses ambitions intellectuelles, et elle ne pouvait s'y résoudre. Elle ne voulait pas ressembler à sa propre mère. C'est à croire qu'elle avait lu *Le Deuxième Sexe* ! À 28 ans, elle a donc préféré opter pour les études et, de fait, elle a enchaîné les diplômes : sciences politiques, psychologie, littérature, histoire de l'art…

Au fond, elle s'est choisie…

Oui. Et ça, c'est magnifique.

Combien de temps vous a-t-il fallu pour comprendre et qualifier d'« admirable » l'attitude de votre mère ?

En fait, c'est très nouveau. J'ai fait des « tranches » de psychothérapie dans ma vingtaine, ma trentaine, ma quarantaine pour décortiquer tout ça. Avec constance, mes thérapeutes évoquaient ma colère folle contre cette mère « indigne », et je répondais : « Mais pas du tout ! J'ai très bien compris et admis la situation… » Et c'est vrai que je n'ai jamais ressenti de colère contre ma mère. Pourtant, à 68 ans, il me faut bien admettre que ma rage est une lame de fond ; elle m'habite ; je coïncide avec elle ; et même je l'utilise. Je suis cette colère et cette rage. Elles sont le moteur de mon travail.

Quels furent vos premiers écrits ?

Des lettres ! Des lettres à ma mère ! Des lettres qui étaient des demandes d'amour et que je devais rendre passionnantes pour qu'elle m'aime, m'accepte et me pardonne. Je voulais lui prouver que je n'étais pas nulle, que je valais la peine. Et j'essayais de paraître intelligente en lui racontant une vie aussi intense et colorée que la sienne, qu'elle menait loin de nous. Chicago, Londres, Madrid, Majorque, Montréal… Sauf exception, nous n'avons plus vécu à moins de 3 000 kilomètres de distance. C'est ça, aussi, l'origine de ma vocation de « femme de lettres ». J'aime tant cette expression… Il y a eu des hauts et des bas dans notre relation, des moments de crise et des temps de silence. Mais nous sommes réconciliées. J'ai recommencé à l'appeler maman, « Mom », depuis ses 85 ans.

Dans Bad Girl, classes de littérature*, paru en 2014, vous dites, vous adressant à vous-même, fœtus : « S'accrocher sera l'histoire de ta vie »…*

J'ai ça : je m'accroche. Depuis toujours, j'ai dû apprendre à me cramponner. C'est ce qui explique que j'ai écrit beaucoup de livres. Souvent, les gens tâtonnent, passent d'une chose à l'autre. Pas moi. Flaubert disait : « L'inspiration, c'est la table. » Eh bien, je me suis vraiment accrochée à ma table de travail.

Parce qu'écrire était une bouée de sauvetage ?

Disons qu'il y a eu plusieurs phases. J'ai toujours été « addict » à la littérature. Et d'abord comme consommatrice. Dès que j'ai su lire couramment – à 4 ans et demi, grâce à mon frère aîné, qui m'enseignait ce qu'il apprenait à l'école –, j'ai adoré cette façon d'être ailleurs, avec d'autres gens, dans d'autres vies, en tout cas, pas dans la mienne. J'ai très vite écrit des poèmes, et j'ai rêvé, dans une sorte de désir malsain, de devenir écrivaine parce que cela me semblait chic et prestigieux. Au lycée comme à la fac, je m'inscrivais dans des ateliers d'écriture et tombais systématiquement amoureuse de mes profs. Rien ne me paraissait plus désirable que la fréquentation du milieu littéraire.

Au moins aviez-vous une passion au moment de l'adolescence !

Cela ne l'a pas empêchée d'être problématique, malheureuse et suicidaire. Le fait d'être assez jolie, heureuse d'attirer les regards des garçons, dans une époque de permissivité et de drogues, m'a conduite à me mettre en danger. J'avais un côté casse-cou, « même pas mal ». Et comme d'autres jeunes femmes, hélas, j'ai subi des abus sexuels et sombré dans l'anorexie. Une façon de déserter mon corps trop souvent agressé, tripoté, maltraité. Et puis, à 20 ans, je suis venue en France pour une année d'études. J'ai plongé avec bonheur dans une autre culture, oubliant délibérément ma langue maternelle, que j'ai traitée en langue morte. C'étaient les années 1970, ma bande de copains normaliens dégurgitait la rhétorique marxiste à longueur de soirée et j'ai temporairement révisé mes rêves. Car le roman, réputé bourgeois, n'était plus en odeur de sainteté. Le mouvement des femmes est arrivé à point nommé. Je m'y suis engagée tout de suite, avec fougue, tellement heureuse d'être intégrée dans l'aventure des revues *Sorcières* et *Histoires d'Elles*. J'y ai publié mes premiers textes, encouragée par des femmes brillantes, joyeuses, coquettes. Les femmes les plus géniales que j'aie vues de ma vie. Féministes !

L'histoire familiale ne vous menait-elle pas naturellement au féminisme ?

J'avais été jusque-là une sorte de fille à garçons, obsédée par le flirt et la drague, et me voilà soudain en train de dévorer les écrits de Simone de Beauvoir et d'Elena Gianini Belotti. C'était une nouvelle vision du monde. Mon féminisme a alors pris une teinte assez radicale : la différence entre les sexes était une construction sociale, le donné biologique ne jouait qu'un rôle insignifiant. Ensuite, grâce à d'autres lectures – Annie Leclerc, Hélène Cixous, Carol Gilligan, mais aussi Charles Darwin –, j'ai compris que c'était plus compliqué que ça. Mais c'est très difficile d'introduire de la nuance dans un discours féministe formaté !

L'irruption de #metoo a-t-elle changé la donne ?

Il était temps qu'on prenne conscience de la gravité et de l'ampleur des crimes sexuels ! Dans mon tout premier livre, paru en 1979, *Jouer au papa et à l'amant*, je dénonçais déjà les discours pédophiles de l'écrivain Gabriel Matzneff et du philosophe René Scherer, qui me donnaient de l'urticaire. À l'époque, on m'avait accusée d'incarner la répression morale. Je suis donc heureuse de ce bouleversement du discours public. Mais je trouve que le féminisme ne doit pas se limiter à la sphère sexuelle. Où est le discours sur la guerre, la torture, les ventes d'armes, la fabrication des bombes nucléaires, les scénarios d'affrontement et de violence extrême observés partout dans le monde ? Où est la réflexion sur ces valeurs « viriles » qui gouvernent la planète et sont en train de la foutre en l'air ? À quand les questions de fond sur la domination masculine qui conduit au désastre ?

Vos livres, y compris vos romans, font toujours entendre les vibrations du monde…

Mais c'est fondamental ! Je m'offusque qu'une société à la fois riche et conquérante comme la nôtre nous incite à ne nous préoccuper que de notre nombril et de nos choix érotiques ! J'aime vivre avec des gens qui ont deux pays. L'exil offre une distance précieuse et impose l'inconfort, le questionnement, le tiraillement. Et quand on a deux langues, deux mots différents pour chaque chose, on perd toute certitude et on relativise…

Auriez-vous pu faire un autre métier que celui d'écrivaine ?

Musicienne, peut-être… La musique m'est si indispensable ! Mais j'aime mon métier d'écrivaine, même s'il est obsédant, frustrant, décourageant. Même si l'on n'est jamais content de soi et que la fameuse « muse » n'est pas toujours au rendez-vous. Je trouve que c'est une belle vie. D'une certaine façon, l'écriture m'a permis d'être maman, en me laissant du temps ; et la maternité a fait de moi une meilleure romancière, en m'ancrant dans la vie concrète.

La maternité, les amours, l'accomplissement artistique aident-ils à surmonter les traumas de l'enfance ?

La douleur des traumas reste à vif. Il y a toujours une petite fille qui hurle en moi. Je sais qu'elle est là, qu'elle me donne une énergie politique, une énergie littéraire, une énergie vitale exceptionnelles. J'ai l'impression qu'elle est intuable. Elle restera toujours là, à taper du pied, à crier, à menacer du poing… Vous savez, on peut être plusieurs choses en même temps. Une partie de moi est cette dame désormais âgée qui a vécu beaucoup de choses : elle parle politique, s'indigne des injustices, s'inquiète du changement climatique, essaie de communiquer et de créer… Et puis il y a cette petite fille que je chéris, car elle m'a tant apporté, mais qu'il me faut canaliser vers la littérature pour éviter qu'elle ne fracasse tous les objets de la maison.

Fondamentalement, qu'est-ce qui vous anime ?

C'est l'amour. Il y a toujours des causes pour lesquelles j'ai envie de me battre, notamment l'écologie. Mais ce n'est pas ça qui me fait vivre. C'est vraiment l'amour. Avant de s'éteindre, en 2006, dans une unité de soins palliatifs, la philosophe Annie Leclerc a convoqué les gens qu'elle aimait pour leur dire au revoir et ce moment reste gravé en moi. Elle m'a regardée profondément dans les yeux alors que nous nous tenions les mains. Et elle a dit : « Nancy, n'oublie jamais que l'amour est effectif. Il existe, il agit, il transforme les gens. Tu m'as fait le cadeau de ton amour. Il me porte ! » Voilà. Je suis portée par des amours comme celui-là.

Agnès Jaoui

« Ta différence est ta plus grande richesse »

C'est une actrice qui écrit, réalise, met en scène, et chante aussi à l'occasion. Une artiste exigeante, qui ne cesse d'interroger l'époque et dont les textes, écrits au scalpel, sont des petits bijoux d'intelligence, d'observation et d'humour acidulé. Elle a formé avec Jean-Pierre Bacri, son complice, son âme sœur (décédé quelques jours après notre entretien), l'un des duos les plus créatifs et les plus célébrés du cinéma français.

Je ne serais pas arrivée là si…

Si je n'avais pas eu ce papa et cette maman-là, c'est une évidence. Une foule d'autres personnes ont joué un rôle important dans ma vie. Mais ces deux-là s'imposent au premier chef. Ces deux parents aux personnalités si fortes, si entières, si atypiques. Maman, aujourd'hui décédée, était psychothérapeute. C'est elle qui a introduit en France l'analyse transactionnelle, esprit passionné, analytique, très particulier. Quant à mon père… Ah, comment décrire ce père ? Cet anticonformiste qui ne ressemble à personne. Tenez, en rangeant la chambre d'amis, je suis récemment tombée sur le manuscrit d'un de ses nombreux ouvrages, que je n'ai d'ailleurs pas lu. Lisez le titre, il vous dit tout.

« Un souffle sur la braise… Ou comment être Dieu en 60 leçons ». Quel programme !

La théorie de mon père est qu'on a tous un dieu en nous, ou plutôt, puisqu'il est athée, qu'on est nous-même un formidable trésor. Et qu'on se doit de le développer.

Voilà une base d'éducation prometteuse…

C'est vrai. J'ai eu des parents très épanouissants. Mon père nous a traînés, mon frère et moi, dans tous les musées du monde. Picasso, les surréalistes, il en était fou. Petits, on s'ennuyait évidemment et je râlais : « Pftt, c'est facile ! » Mon père ne se démontait pas : « Eh bien fais-le. » Et en rentrant des expos, on s'y mettait. On dessinait, on faisait des collages. Son invitation n'était ni moqueuse ni provocante. Au contraire, c'était un encouragement à comprendre l'art contemporain et à faire.

Ça ouvre l'horizon.

Et c'est formidablement libérateur. Mes parents, de fait, étaient très valorisants. Je m'en rendais compte par rapport à ce que vivaient mes copains et copines. Tout était si différent chez nous ! Il y avait une immense permissivité. On parlait de tout, peut-être trop d'ailleurs. Mais c'étaient les années 1970 et mes parents étaient tellement jeunes. Ils avaient vécu en plein la libération sexuelle, étaient partis de Tunisie pour aller en kibboutz avant de se poser en France. Ils avaient fait, je crois, toutes les expériences possibles de ces années-là et ils se fichaient des cadres et des conventions. Aucune fête ou obligation familiale qui tienne, aucune célébration de Noël ou des anniversaires. Mon père fêtait le premier de l'an un 13 février… Il adore provoquer et tout remettre en cause.

Stimulant ou déstabilisant pour une enfant ?

Disons qu'à l'âge où mes amis s'opposaient à leurs parents en évoquant leurs « vieux », moi je ne pouvais pas. Rien contre quoi me rebeller alors que je pense nécessaire, à un moment donné, de s'opposer pour grandir, de couper des racines pour en faire pousser d'autres. Du coup, j'ai fait ma crise d'adolescence à 30 ans. Et puis j'ai parfois eu honte de ce père atypique qui chantait toujours très fort et plutôt mal, faisait des réflexions à mes copains et se moquait de tout. Mais, au moins, j'ai toujours su son admiration et son amour. C'était exprimé clairement et sans fausse pudeur. Et ça, je sais à quel point cela m'a servi et à quel point ça manque.

La matrice est donc là…

Oui. Avec la comtesse de Ségur. L'écrivain José Cabanis prétend qu'il y a deux sortes de gens : ceux qui ont lu la comtesse de Ségur étant petits et les autres. Eh bien, j'ai eu cette chance. *Les Petites Filles modèles*, *Les Malheurs de Sophie*, *Le Général Dourakine*… Elle avait beau venir de Russie, la comtesse m'a ancrée en France, moi dont les parents juifs venaient de Tunisie. Et puis elle m'a passionnée. Il y avait le personnage de Sophie, bien sûr, auquel je m'identifiais bien plus qu'à ces crêpes molles de Camille et Madeleine. Mais il y avait aussi le rapport à l'interdit, au bien et au mal, à la différence et à la justice, au pardon et au châtiment, à la générosité, à la cruauté, à la repentance. Il y avait des pauvres et des riches, un bossu, des orphelins, des parents aimants et d'autres abjects, comme la belle-mère de Sophie.

Tout cela a été central dans la construction de mon propre univers mental. En attendant d'autres maîtres : monsieur Jacob, mon prof de littérature au lycée Henri-IV, passionné et vibrant ; ma prof de piano, Sylvie Decrept, avec qui j'ai appris le travail, parce qu'on ne peut pas tricher avec un instrument de musique. Mon prof de théâtre, Francis Huster, ce vrai généreux. Ma prof de chant, Bernadette Val, si essentielle, si exigeante. Et puis… je ne serais pas arrivée là, bien sûr, si je n'avais pas rencontré Jean-Pierre Bacri.

L'âme sœur ?

Oui. Voilà quelqu'un qui exprimait ce que je ressentais sans même me l'être formulé ; qui avait des réflexions qui me percutaient, me soulageaient, témoignaient de valeurs communes, d'un rapport au bien et au mal que je partageais, avec une conviction qui m'émerveillait car elle était si singulière ! Je ne m'étais jamais sentie d'aucun groupe, ce qui, quand on est très jeune, peut être angoissant, déprimant, même isolant. Mes consolateurs avaient alors pour noms Barbara, Schubert, Haendel, Colette ou Jane Austen. Ils ont beaucoup compté et m'ont fait me sentir moins seule.

Et voilà que Jean-Pierre surgissait et avait ce même effet. À part qu'il était bien vivant, bien réel, et avec une force…

Mais quel était votre rêve, votre ambition d'adolescente ?

C'est horrible : je rêvais de faire exactement ce que je suis en train de faire.

Pourquoi horrible ?

Ça peut être dangereux d'atteindre ses rêves. L'insatisfaction est motrice.

Comment formuliez-vous votre rêve ?

Je voulais être comédienne. Connue, admirée, sûre de mon existence… En fait, je voulais être aimée.

Mais vous l'étiez !

Oui, mais… Ah, c'est compliqué. J'ai vu de nombreux psys pour comprendre. Et si ma mère thérapeute était encore en vie, j'appellerais « Allô, maman ? ». Disons que, dans cette famille aimante, il y avait quand même deux ego très forts, et qu'il fallait se battre pour exister. Et puis j'ai vite cru qu'il me fallait être remarquable pour que ma mère continue à avoir des clients. Les fils de cordonnier sont souvent les plus mal chaussés, mais tout de même, vous imaginez une fille de psychanalyste complètement flinguée ? Ça la foutrait mal, donc il fallait que je brille. Et que, tant qu'à faire, je subjugue aussi mes parents. Leur regard a compté et compte encore beaucoup.

Que signifie « être sûre de son existence » ?

C'est une sorte d'obsession. Et c'est pour cela que j'ai très tôt commencé à écrire. D'ailleurs, je ne serais pas là si je n'avais pas lu le *Journal* d'Anne Frank à 11 ans. Le choc ressenti à cette lecture a fait écho à un drame vécu des années plus tôt pendant que je visitais avec mes parents la maison de Jean-Jacques Rousseau. J'avais 4 ou 5 ans, j'étais tout excitée, et j'ai demandé : « Quand est-ce qu'on verra Jean-Jacques Rousseau ? » Mon père a dit : « Ah, ce ne sera pas possible parce qu'il est mort. » Eh bien j'ai pleuré pendant six heures. C'était un chagrin fou, je ne pouvais plus m'arrêter.

La découverte de la mort ?

De la disparition. De la non-existence. J'insistais : « Il pourrait venir ! » On est rentrés en train, je pleurais toujours, inconsolable. Le soir, penchée sur mon lit et mes sanglots, ma mère m'a dit, en me montrant la mappemonde Yoplait sur laquelle je collais les étiquettes de yaourts : « Tu ne connaîtras jamais Jean-Jacques Rousseau, mais il y a plein d'autres gens dans le monde dont tu ne connaîtras jamais l'existence. Regarde : là, en Afrique, là, en Chine… » Mes pleurs ont redoublé, c'est reparti pour six heures. Tous ces inconnus, ces anonymes, cet infini. Et la vie si fugace… Je crois que ça a été fondateur pour le métier que j'ai choisi. Il fallait que je fasse quelque chose qui me fasse connaître et prouve mon existence à des foules, y compris en Chine ou en Afrique. L'idée de « Tu nais, tu meurs, c'est fini » m'est insupportable.

Quel est le lien avec Anne Frank ?

J'y arrive. À 11 ans, j'ai visité sa maison, dévoré son journal, pleuré en apprenant le sort horrible de sa famille. Je me suis totalement identifiée à elle. Elle m'apparaissait si vivante à travers ses lignes ! Et tout le monde se souvenait d'elle ! Alors je me suis mise à écrire moi aussi, en me disant que si jamais je n'arrivais pas à faire un métier qui me fasse connaître, eh bien mes carnets pourraient témoigner qu'un jour une petite Agnès avait bien existé et vécu des choses…

Vous continuez d'écrire un journal ?

Oui.

Avec une motivation probablement différente ?

Je serais malhonnête de dire qu'il n'y a pas un espoir de… Enfin, je n'en sais rien. C'est devenu une gymnastique, et cela m'apaise beaucoup. Cela m'aide à réfléchir, à comprendre, à prendre du recul. Et que de surprises en me relisant des années plus tard ! Car on travestit ses souvenirs, on se donne le beau rôle, on arrange l'histoire. Se relire est impitoyable.

Vous avez connu de grands succès, reçu plusieurs césars, été simultanément comédienne, réalisatrice, scénariste, chanteuse… Qu'est-ce qui s'avère le plus satisfaisant dans ce parcours ?

C'est quand j'ai l'impression de rendre ce que j'ai reçu. Quand de très jeunes gens viennent me dire qu'ils ont découvert tel ou tel film et qu'ils en sont bouleversés. Quand je vois nos pièces jouées un peu partout en France, un peu comme des classiques.

Bref, quand j'ai l'impression qu'à mon tour, je peux consoler, épauler, redonner force et courage comme Jane Austen et Barbara l'ont fait pour moi à une certaine époque. J'ai de la tendresse pour ceux qui n'ont pas confiance en eux, qui se sentent minoritaires dans leur école, dans leur corps, dans leur façon de penser. L'idée de leur faire du bien m'émeut beaucoup. Ça a été et reste très moteur pour écrire.

Vous avez abordé une foule de thèmes. Existe-t-il un trait d'union entre vos œuvres ?

L'idée que la poursuite du bonheur passe par l'indépendance, la liberté d'esprit, l'acceptation de sa différence, l'écoute de son propre désir, le refus des standards et des faux-semblants que propagent magazines et réseaux sociaux. Les mensonges et le narcissisme d'Instagram sont à vomir. La vie rêvée, stéréotypée et mise en scène des gens qui font leur propre pub me dégoûte. Moi, ce sont les hors-norme qui m'intéressent. J'ai envie de dire : mon petit chéri, si tu es trop gros, trop noir, trop vert, trop féminin, ce n'est pas grave, je t'assure. Ta différence est ta plus grande richesse, y compris pour les autres. Mais que c'est dur d'échapper à la norme et aux rôles assignés par la société et les familles. La force de l'atavisme me sidère, la résistance au changement me passionne.

Vous avez lancé une petite bombe, lors des assises 2020 du Collectif 50/50 sur l'égalité, la parité et la diversité dans le cinéma, en lisant un texte sur votre parcours de femme et d'actrice. Le ton était sobre mais vous y révéliez des agressions sexuelles à 5 ans, à 11 ans…

Il en manque vingt-cinq autres… Mais oui, le moment était venu de le dire. Il a fallu du temps et le sentiment de pouvoir être entendue.

Vous évoquiez aussi les étapes d'une prise de conscience féministe dans ce milieu qui broie les femmes…

Fille de féministe, et féministe moi-même à une époque récente où c'était encore un gros mot, j'ai toujours exprimé ce regard et cette pensée dans mes films. Mais il y a un moment où il faut hurler. Dire combien la femme est une proie. Combien on la piège dans un pseudo-idéal féminin avec risque d'agression permanent et date de péremption implacable. La période où j'ai été la plus draguée et désirée, c'est entre 9 et 13 ans. Il y a tout de même un problème !

Le cinéma a une telle responsabilité dans sa représentation du corps des femmes, sa glorification des silhouettes d'anorexique, sa détestation de la chair et des rondeurs. Combien de fois me suis-je sentie comme une Noire entourée de membres du Ku Klux Klan ? Le documentaire de Delphine Seyrig, *Sois belle et tais-toi* (1981), reste d'actualité et c'est révoltant. Où sont les grands rôles de femmes complexes et intelligentes ? Pourquoi a-t-on fait passer Marilyn Monroe pour une ravissante idiote ?

Et puis ces différences de salaire qui perdurent ! On râle, on dénonce, ça ne change pas. Vous imaginez qu'on annonce brutalement à un groupe de population – les roux, les noirs, les gros, les verts – qu'il sera payé 30 % de moins que les autres ? On serait tous dans la rue pour crier au scandale ! Il y a tant de choses à renverser ! Ça bouge, heureusement. Les jeunes générations sont sacrément plus exigeantes et rock'n'roll.

« Les filles obéissantes vont au ciel et les autres vont… où elles veulent », avez-vous lancé à la fin de votre intervention…

J'adore cette citation. Parce que je pense que c'est bien de désobéir. C'est bon d'être Sophie et Fifi Brindacier. C'est nécessaire, de prendre la parole et d'oser ne pas être d'accord.

Barbara Hendricks

« Être femme, pauvre, noire, m'a donné beaucoup de combativité »

Ses premiers souvenirs musicaux sont les negro-spirituals, la musique des esclaves, qu'elle entendait, enfant, en Arkansas, et qui la bouleversaient. Elle les chante encore, après s'être imposée comme l'une des plus grandes sopranos du monde. Elle a travaillé avec Bernstein et Karajan, enregistré cent disques, brillé sur les plus belles scènes. Et elle continue de mettre son charisme et sa voix au service de causes et d'idées qui lui tiennent à cœur.

Je ne serais pas arrivée là si…

Si je n'avais pas rencontré une professeure de chant extraordinaire, Jennie Tourel, alors que j'étudiais la chimie et les mathématiques. Elle m'a repérée, guidée, inspirée. Mais bien plus que cela : elle m'a fait découvrir ce que pouvait être un artiste et à quoi devait servir un don.

Hésitiez-vous à vous engager dans une carrière de chanteuse ?

J'avais un talent, c'était indéniable. Mais l'idée d'exploiter ce privilège pour flatter mon ego ou gagner de l'argent ne me satisfaisait pas. Et chanter me procurait un plaisir si intense que, en bonne fille de pasteur protestant, je me sentais presque coupable d'en faire mon métier. Il me fallait une motivation plus noble. Quelque chose qui me transcende ! Jennie Tourel m'a fourni cette cause à laquelle j'aspirais. Son engagement m'a montré qu'un artiste est quelqu'un qui se met entièrement au service de son art. Avec ferveur et humilité. Cela a donné un sens profond à ma vie.

Et une responsabilité ?

Immense ! Car pour être au service de la musique, il faut travailler dur et se remettre sans cesse en question. S'affranchir du besoin de rechercher la reconnaissance du public pour servir modestement la partition et le compositeur. Je me souviens qu'un jour, un couturier m'avait fabriqué une robe somptueuse et extravagante pour un récital. Il a donc fallu que je lui explique : quand j'entre sur scène et quand j'en sors, OK, j'aime que le public me trouve élégante ; mais dès que le piano et l'orchestre commencent à jouer, la robe doit instantanément disparaître, plus personne ne doit y penser !

Parce que plus rien n'importe que la musique ?

Et que nous aspirons tous alors à ce moment de grâce où le public entend la musique d'une seule oreille et ressent les mêmes vibrations. Comme si la musique contournait notre cerveau arrogant, désireux de tout contrôler, et allait directement à la source pour nous rappeler, en un millième de seconde, que nous faisons partie de cette famille qui s'appelle l'humanité. C'est la raison d'être de l'art. Créer un moment de partage, rappeler ce lien puissant et mystérieux qui nous relie aux origines de la condition humaine.

Rien, dans votre enfance, ne vous avait prédestinée à devenir une chanteuse acclamée dans les plus grands opéras du monde ?

Non ! La musique classique n'avait aucune place à la maison. Je chantais à l'école où ma mère était institutrice et à l'église où mon père était pasteur méthodiste. Mais personne, dans la famille, ne prêtait attention à ma voix. À l'école, un professeur m'a cependant remarquée dans la chorale : « Ne chante pas en solo trop souvent, m'a-t-il dit. Je veux que, lorsque tu chantes, ce soit un événement pour tous les autres élèves. » Mais cela ne lui venait pas à l'idée que je puisse en faire un métier. Comment une petite fille noire, issue d'une famille pauvre de l'Arkansas, pourrait-elle embrasser une carrière musicale ? Eh bien il avait tort. Ce qu'il percevait comme des handicaps étaient en fait des atouts ! Car je m'élançais dans le vide, sans rails et sans diktats de mes parents, qui ignoraient tout de l'univers de la musique. Être femme, pauvre et noire m'a donné beaucoup de force et de combativité.

Vos parents misaient-ils sur l'éducation ?

C'était la clé d'une vie meilleure ! Sans cesse parents et profs nous répétaient le même mantra : « Vous devez travailler deux fois plus et être deux fois plus diplômés qu'un enfant blanc pour réussir. » On savait bien que, à diplôme égal, on ne pourrait pas prétendre au même emploi qu'un Blanc, et encore moins au même salaire. Et, pour les filles, la barre était encore plus haute ! « Travaille ! répétait ma mère. Sois excellente élève. Acquiers des diplômes. C'est le prix de ton indépendance. Il ne faut jamais être dépendante d'un homme pour vivre. » Ils ont pensé que je perdais la tête quand j'ai tourné le dos à ma licence de maths-chimie pour me diriger vers le chant.

Quel était votre rêve de petite fille ?

Être maîtresse de mon destin. Ne dépendre de personne ni accepter le second rang. Plutôt médecin que son assistante. Plutôt directeur que sa secrétaire. Je savais lire, écrire, compter à l'âge de 5 ans et l'on m'a fait sauter des classes, si bien que je suis sortie très jeune du lycée.

Vous avez pourtant grandi aux États-Unis dans une époque de ségrégation et d'injustice pour la communauté noire.

Oui. C'était l'apartheid, qui a duré cent ans après trois cents ans d'esclavage. La petite-fille d'un petit-fils d'esclave était une citoyenne de deuxième classe qui n'avait pas les mêmes droits que les Blancs et nous vivions dans des mondes séparés. À l'église, les chants gardaient la mémoire de l'esclavage et j'étais fascinée d'apprendre que certains d'entre eux servaient de code aux esclaves qui projetaient de fuir vers un État libre. Je suis profondément enracinée dans cette histoire et de là aussi vient ma force. Mais mes parents s'employaient à nous protéger des aspects les plus violents de la ségrégation. Si je demandais à déguster une glace dans un endroit interdit aux Noirs par exemple, ma mère trouvait un prétexte pour nous éloigner. Elle disait : « On n'a pas le temps » et pas « On n'a pas le droit ». Jamais, même au plus fort des manifestations pour les droits civiques, mes parents n'ont exprimé une quelconque haine à l'égard des Blancs. Ce fut une chance.

Ressentiez-vous la peur ?

Bien sûr. C'était comme un nuage diffus qui n'obstruait pas complètement la lumière, mais troublait l'air et le visage des adultes. Il y avait des regards, des chuchotements, des rumeurs terribles sur le sort de quelques proches. Mais je restais une enfant très joyeuse, qui aimait l'école et avait une boulimie d'apprendre. Et puis il y a eu les événements du 4 septembre 1957, à Little Rock (Arkansas), qui ont marqué l'histoire des États-Unis et furent une césure dans mon enfance innocente et protégée.

Rappelez-nous l'histoire des « neuf de Little Rock ».

Neuf étudiants noirs brillants, sélectionnés parmi les volontaires du comté pour inaugurer la « déségrégation » et intégrer un lycée prestigieux de Little

Rock, jusqu'alors réservé aux Blancs, se sont fait repousser, le jour de la rentrée, par des centaines de soldats de la garde nationale, fusil à l'épaule. Une fille a failli être lynchée par la foule, qui lui hurlait et lui crachait dessus. Ce sont des images horrifiantes que j'ai découvertes le soir, sur la télévision de notre voisin, et que je n'ai jamais oubliées. Le hasard fait que j'ai rencontré l'une des neuf en Suède, il y a une dizaine d'années, car elle est mariée elle aussi avec un Suédois. Ce fut, à 8 ans, ma première vraie confrontation avec l'injustice. Incompréhensible. Inadmissible. Et la prise de conscience qu'il fallait lutter. Oui, je serais une activiste. Toute ma vie.

Et dès l'université.

Oui. Je fais partie de la génération qui a eu 20 ans en 1968. Et il y avait un espoir fou. Le sentiment que nous pouvions changer le pays, transformer le monde. J'ai défilé contre la guerre du Vietnam, car on commençait à voir nos amis rentrer de la guerre dans des cercueils. J'ai aussi milité pour les droits des femmes, des Noirs, des homosexuels… C'est là d'ailleurs que j'ai compris que, plutôt que de lutter pour des droits catégoriels, il fallait se battre pour la Déclaration universelle des droits humains de 1948. C'est un texte fantastique, qui demeure ma référence absolue. Tout y est et il n'exclut personne ! Mais les assassinats de Bob Kennedy puis de Martin Luther King m'ont dégoûtée de la politique. Il m'a semblé que quiconque défendait un idéal et de grandes idées n'avait aucune chance de survivre. Heureusement, il y avait Amnesty International et, plus tard, le Haut

Commissariat aux réfugiés, dans lequel je continue à m'impliquer.

Jennie Tourel, qui vous a formée durant vos quatre années à la Juilliard School, a-t-elle continué d'orienter votre parcours ?

Hélas, elle est morte au moment où je commençais ma carrière, et j'ai été anéantie. Elle était très malade, mais continuait de chanter. Et puis elle est partie, un soir de Thanksgiving. Sa famille était allée dîner dans un restaurant proche de l'hôpital, je suis donc restée près d'elle. Je savais qu'il n'y avait plus d'espoir. Je lui ai pris la main, elle a eu un sourire triste, puis, en me regardant droit dans les yeux, elle m'a dit : « Je ne veux pas mourir. » J'ai répondu doucement : « Vous n'allez pas mourir vraiment, parce que moi, je ferai tout ce que je pourrai pour maintenir en vie ce que vous m'avez appris. Je vous le promets. » Elle est morte dans la nuit. Je me suis sentie orpheline.

Vous fallait-il retrouver un professeur ?

J'ai cherché, avec une sensation de vide. Mais j'étais chaque fois déçue. On me parlait technique, alors que je cherchais un partage de passion. Et j'ai fini par admettre que l'élève doit se résoudre à devenir son propre maître. J'ai pris confiance en mon instrument, j'ai écouté mon corps et ma voix intérieure. Celle qui me guide depuis l'enfance.

De quoi êtes-vous le plus satisfaite à 70 ans ?

D'avoir pu chanter comme je l'ai fait en même temps que d'avoir fondé une famille. J'ai trouvé un équilibre et je ne me suis jamais perdue. J'ai voyagé dans le monde, interprété les musiques des grands compositeurs classiques, et aussi le jazz, le blues, les negro-spirituals de ma culture américaine. Mais je reste la petite fille aux pieds nus de l'Arkansas qui sculptait ses jouets dans l'argile de notre terre.

Et qui a choisi de vivre en Europe.

Oui, entre la Suède et la Suisse, puisque j'ai désormais cette double nationalité. J'aime profondément l'Europe. Je crois en son projet, en son histoire, en ses valeurs et, plus que jamais, je crois en sa mission. L'Union européenne n'a que 60 ans, mais elle est adulte et elle se doit d'être un phare pour défendre la démocratie et les valeurs universelles sur lesquelles elle a été fondée. On ne peut plus compter sur les États-Unis, c'est terminé. Alors il faut assurer la relève. Aucune autre région du monde, ni la Russie, ni l'Inde, ni la Chine, ne peut reprendre le flambeau de la Déclaration universelle des droits humains. C'est à l'Europe de le faire ! C'est son devoir ! Et c'est le moment ! Cette Union a été fondée sur le désir de ne jamais répéter les atrocités passées et de défendre à tout prix la paix, non ? Eh bien allons-y ! Dressons-nous contre les obscurantismes, les populismes et exprimons une voix forte dans le monde !

Êtes-vous inquiète ?

Oui. Nous vivons une dangereuse période de défis. Et c'est pourquoi je pense que l'avenir du monde et de l'Europe sera féminin.

Que voulez-vous dire ?

C'est l'heure des femmes. Vous ne voyez pas monter la déferlante des femmes un peu partout dans le monde ? Vous n'entendez pas leur envie de s'exprimer, d'être entendues et d'avoir accès au pouvoir ? Vous sentez cette énergie collective qui est en train de faire boule de neige ? Eh bien, saisissons-la, et offrons à ce monde des valeurs alternatives, dont il s'est trop longtemps privé. Il ne s'agit pas d'exclure les hommes, hein (même s'ils nous ont eux-mêmes exclues) ! Ni de lutter contre eux. Mais il faut exiger d'être désormais au premier rang. Les femmes d'Europe doivent parler des valeurs qui nous importent et prendre le contre-pied de la plupart des hommes politiques qui instrumentalisent tous les problèmes, comme celui de l'immigration, à des fins uniquement électorales. Je rêve d'un brassage de femmes de différentes générations, où les plus anciennes épauleraient et encourageraient de jeunes militantes de 35 ans à débattre sur le climat, le travail de demain, l'intelligence artificielle, les médias, les populismes, la citoyenneté européenne. À trouver des solutions et à s'engager. Allez-y, les filles ! Ne vous laissez plus traiter d'hystériques et reléguer au second rang. Soyez vous-mêmes ! Et faites bouger les choses ! Car je ne veux pas laisser ce monde-là à mes petits-enfants. Face au danger, c'est à chacun de militer. Pas pour porter des revendications égoïstes visant le court terme. Mais avec une vision globale et le souci de la prochaine génération. Martin Luther King le dit bien : la morale de l'histoire est longue à venir, mais elle tend vers la justice.

Mona Ozouf

« Les femmes ont la conscience du temps »

Elle est élégante et subtile, discrète et lumineuse, infiniment modeste, malgré un parcours et une œuvre qui font d'elle l'une des plus grandes intellectuelles françaises. Historienne pétrie de littérature, philosophe passionnée par la Révolution française, féministe soucieuse de justice, elle revient avec émotion sur son enfance si singulière et cette « timidité bretonne » dont elle ne s'est jamais départie. À 90 ans, entourée des livres qu'elle aime tant, Mona Ozouf se raconte avec sincérité et observe la situation actuelle du monde avec un certain effroi.

Je ne serais pas arrivée là si…

Si la sœur Théodora n'avait pas dirigé, à l'automne 1910, la salle d'asile qui tenait lieu d'école maternelle à Lannilis, un petit bourg du nord du Finistère.

Vous n'étiez pas née. Comment a-t-elle pu avoir un impact sur votre destinée ?

Eh bien, avec ses pieds immenses dépassant de sa robe, son œil sévère sous sa cornette amidonnée, sa baguette pour scander les cantiques et ses punitions sadiques, sœur Théodora a inspiré à ma mère, qui n'avait que 5 ans, une telle terreur que ma grand-mère l'a immédiatement changée d'école. Elle l'a inscrite à l'école laïque, « l'école du diable », à côté du bistrot qu'elle tenait sur la place aux Vaches. Et ce petit coup de force, remarquable dans cette région du Léon appelée « la terre des prêtres », a changé le destin de ma mère. Elle a été prise en affection par deux enseignantes extraordinaires, elle est devenue elle-même institutrice, a rencontré mon père instituteur… et je suis née. Sans sœur Théodora, je ne serais donc pas là !

Ni sans ces deux institutrices bienveillantes…

Les demoiselles Pondaven ! Filles du jardinier en chef de la ville de Brest (détail important puisqu'elles vont initier ma mère à la culture des plantes, qui restera toute sa vie une passion). Raffinées, cultivées, elles ont prêté des livres à leur meilleure élève qui a été reçue « première du canton » au certificat d'études. Et puis elles ont convaincu ma grand-mère de la laisser partir à Quimperlé (à 140 kilomètres) pour préparer l'École normale, bravant ainsi le jugement de celles qu'elle appelait « les femmes de ma rue ». Et, croyez-moi, leur jugement était infiniment plus important que celui des hommes, généralement partis en mer.

C'était le cas de votre grand-père ?

Oui. De matelot, il était passé quartier-maître, puis second maître dans la marine marchande et pouvait partir jusqu'à dix-huit mois sur les flots. De toute manière, même s'il avait été là, il n'aurait pas eu voix au chapitre. Les femmes bretonnes ont le gouvernement des choses. Et ma grand-mère, à sa façon, était très féministe. Elle n'avait rien lu, hormis la vie des saints, *Ouest-France* et *Le Télégramme*. Mais elle partageait la vision de Colette sur la différenciation des sexes : les hommes sont faibles, s'écroulent et n'ont aucun courage devant l'adversité. Les femmes, elles, affrontent et réparent. Dans les pires situations, elles se débrouillent, toujours vaillantes. Leur suprématie ne fait aucun doute. Ce sont elles qui rendent la vie vivable, et c'est là l'essentiel. Les hommes ne méritent qu'une gentille condescendance.

Quelle place ont-ils dans votre enfance ?

En apparence aucune, puisque mon père est mort lorsque j'avais 4 ans et que ma grand-mère, veuve elle-même depuis deux ans, est venue s'installer chez nous pour réconforter et épauler ma mère, ensevelie sous le chagrin. Le piège mortel !

Pourquoi ?

Parce que ma grand-mère s'est transformée en une sorte de *karabasen*, comme on appelle en Bretagne les bonnes du curé, garantes de dignité et de décence. Et sa régence sourcilleuse et despote a interdit à ma mère, encore très jeune, toute possibilité de nouvelle rencontre masculine. Nous nous sommes enfermées toutes les trois dans une vie claustrale et un foyer sans homme. Si ce n'est l'ombre écrasante de mon père qui fut le surmoi exigeant de mon enfance. Car il était partout : à la table carrée de la cuisine dont nous n'occupions que trois côtés ; en photographie, sur le buffet ; dans la bibliothèque familiale qui contenait ses livres essentiellement voués à la Bretagne. Et puis surtout dans les propos de ma mère, directrice de l'école maternelle de Plouha (Côtes-d'Armor), qui me lançait constamment : « Si ton père te voyait… » Ce que je traduisais par : « Attention, ton père te voit. » Une injonction glaçante à me tenir.

Voilà qui esquisse une enfance austère…

Très austère. Recluse dans le logement de fonction de ma mère, dans l'enceinte de l'école. Je n'avais ni frère ni sœur. Et ma mère, autrefois si gaie, avait perdu toute sociabilité et refusait la moindre sortie, y compris le dimanche, redoutant de rencontrer les parents de ses petits élèves. À 3 kilomètres de la maison s'étalait pourtant un paysage marin sublime, des grèves et des falaises à n'en plus finir. Mais nous ne sortions pas. Je n'avais pas de « loisirs » comme disent aujourd'hui mes petites-filles. Je passais les jeudis et dimanches le front collé à la vitre pour regarder dehors. Et, dehors, c'était la cour d'école. Grise. Et désespérément vide. Heureusement qu'il y avait les livres !

Votre salut ?

Un talisman contre la solitude et l'ennui. Je me souviens de piles de livres sur la toile cirée de la table de cuisine. Ma mère en commandait à Saint-Brieuc, et ils venaient enrichir la bibliothèque que chacun de mes parents, pourtant désargentés, avait constituée avant leur mariage. C'était comme des tapis volants. Et je partais dans des échappées belles, hors de notre village du Goëlo. En résultait pourtant une immense perplexité. Tout ce que je découvrais dans les livres était si chimérique, si fantastique, si éloigné de ma réalité. Était-ce donc possible qu'il existât des châteaux, comme ceux de la comtesse de Ségur, dans lesquels les enfants avaient des ânes auxquels ils attelaient des charrettes, des cousins avec lesquels faire des cabanes et des pique-niques bruyants, des commodes de poupée débordantes de brodequins, de capelines, de fanfreluches ? Je trouvais ça divin, moi qui n'avais qu'un baigneur en celluloïd, Yannig, auquel j'avais adjoint un petit être imaginaire, Yannig « du jardin », qui avait sa maison dans le carré de buis et me sortait d'une solitude effarante. Attention ! Ce n'était pas une enfance malheureuse. J'étais aimée, protégée, couvée. Ma grand-mère m'offrait beaucoup de tendresse.

Et un lien étrange avec l'invisible…

C'est vrai. Sans être vraiment bigote, elle était pieuse et entretenait une conversation perpétuelle avec les morts. C'était très sensible lorsque j'allais passer quelques jours chez elle, le « chez moi » qu'elle avait gardé à Lannilis, deux pièces d'une extrême tristesse dans la rue de la Fontaine. Le dimanche, il y avait la messe, puis les vêpres, suivies d'un tour rituel du cimetière. Là, Marie-Scholastique s'arrêtait longuement sur les tombes des proches de la famille, notamment celles des enfants. Et je sentais bien qu'il ne fallait pas parler, surtout pas interrompre. Ce rapport avec l'invisible, inscrit dans la petite cellule familiale, a survécu à mon enfance bretonne. Je l'entretiens.

Aviez-vous des rêves d'évasion ?

Non. Du tout. Je n'ai pas le tempérament rebelle. Aucune envie de fuite ou de rupture. De voyage peut-être, devant la carte de France des fleuves et des chemins de fer, suspendue dans la classe. D'Irlande aussi, mon pays fétiche, depuis que j'avais lu les biographies de militants indépendantistes trouvées dans la bibliothèque de mon père. J'étais loin de tout comprendre à 8 ou 9 ans, mais mon cœur allait spontanément vers eux. Après tout, j'étais moi-même fille de militant autonomiste breton, viscéralement attaché à la défense de la langue et de la culture bretonnes. C'était pleinement mon identité, ainsi que me l'inculquait ma mère, mais il me suffisait de traverser la cour pour rentrer dans le moule et le récit français.

Vous voguiez entre deux cultures ?

Dans un va-et-vient permanent. Entre langue bretonne et langue française. Entre bretonnitude et culte républicain. Le nom d'écrivains vénérés à la maison ne figurait pas dans les livres scolaires. Et le roman grandiose de la France enseigné à l'école était pris par ma mère avec énormément de pincettes. Toute ma vie, ce rapport entre les particularismes et l'universel me passionnera. Quelque chose en moi cherche toujours à réconcilier ces identités désaccordées. Au fond, à composer. Il y a des moments où je me sens bretonne avant d'être française. D'autres où c'est l'inverse. Je suis construite dans cette dualité.

L'arrivée en 6e dans une vraie ville, Saint-Brieuc, a-t-elle rompu votre isolement ?

Au contraire. Ma mère avait demandé son changement de poste pour la rentrée d'octobre 1941, afin de m'éviter l'internat. Mais c'était la guerre, les écoles étaient occupées par les Allemands, les classes dispersées. Et nous nous sommes recroquevillées toutes les trois dans un logement éloigné du centre, privées de l'animation qu'apportaient au moins sous nos fenêtres les petits élèves de Plouha. On n'y recevait personne. Ma mère et moi naviguions uniquement entre la maison et l'école. Alors, plus que jamais, j'ai vécu dans les livres. Ma meilleure consolation. Et ça n'a guère changé. Je demeure irrésistiblement attirée par la matière imprimée. S'il n'y a qu'un Bottin dans la salle d'attente d'un médecin, je lis le Bottin.

Qu'imaginiez-vous faire plus tard ?

J'ai un peu flirté avec l'idée d'un métier artistique parce que j'adorais peindre et dessiner. Surtout ma grand-mère ! Enveloppée dans d'immuables jupes noires et parée de sa coiffe, une louche à la main pour faire les crêpes… J'ai encore mes carnets de croquis. C'est pour ça que son souvenir est si précis. Mais ma mère m'a vite fait comprendre que je n'avais qu'un petit talent de gribouilleuse et qu'il fallait poursuivre mes études, puisque j'étais bonne élève. Elle ne concevait pas que je ne sois pas première de la classe. Et les rares fois où je suis arrivée deuxième ou troisième, en sciences par exemple, elle a été plus étonnée que contrariée : « Mais qu'est-ce qui t'est arrivé ? » Elle voulait pour moi ce qui lui semblait le meilleur : l'École normale supérieure.

La barre était haute !

Épouvantable. D'autant que, après une première année d'hypokhâgne à Rennes, elle s'est convaincue que, pour avoir une chance d'intégrer l'ENS, il me fallait être à Paris ou Versailles. Alors ni une ni deux, elle a pris ma petite grand-mère à coiffe sous le bras, et elles ont déménagé en banlieue parisienne pour me suivre. L'exil au service de ma réussite ! Vous imaginez la pression ? Et l'angoisse ?

Vous vous deviez de réussir !

Oui. Et qu'est-ce que j'ai fait ? J'ai plaqué ma khâgne versaillaise au bout de quinze jours. J'ai craqué. Incroyable, n'est-ce pas ? Je n'ai pas supporté. Je voyais les filles de ma classe si pleines d'assurance, maîtrisant des codes dont j'ignorais tout. Et cette prof de français asséner avec mépris : « J'espère que vous ne perdez pas votre temps à lire ces farines que sont *Les Nouvelles littéraires* et *Les Lettres françaises* ! »… Ces farines ? Mais elles étaient ma joie ! Les premiers abonnements que j'avais demandés à ma mère dès la réapparition des journaux à la Libération. J'avais soudain l'impression de débarquer de mon train de pommes. Nigaude et plouc. J'ai fui. Ce truc n'était pas pour moi.

Premier acte de rébellion ?

C'était plutôt de la lâcheté.

Comment a réagi votre mère ?

Elle était effondrée. Totalement désarmée par le refus d'obstacle d'une enfant jusque-là si docile.

Et qu'avez-vous fait ?

J'ai passé une année en fac de philo, obtenu brillamment mes certificats, et ma mère m'a alors dit gentiment, mais tristement : « Ce n'est pas bien de ne pas avoir essayé. » Je me suis réinscrite dans une petite khâgne sans réputation. J'ai travaillé d'arrache-pied. Et j'ai obtenu ce fameux concours.

Votre mère triomphait ?

Elle n'a marqué aucune joie. C'est drôle, hein ? Pas plus quand j'ai eu le Capes, ni même l'agrégation de philo. Jacques Ozouf, mon fiancé, en était sidéré. « Ta mère n'est pas contente ? » Si, bien sûr qu'elle devait l'être. En tout cas soulagée. Elle pensait : voilà, Mona sera autonome. Ce qui était essentiel à ses yeux. Son féminisme était basique, je dis même d'« ancien régime », c'est-à-dire d'avant les grandes réformes pour les femmes et surtout l'accès à la contraception, cette grande révolution. Jamais je n'ai été entretenue dans l'illusion du prince charmant qui vous emporte et résout les problèmes. Indépendance était le maître mot. Mais je pense aujourd'hui à elle avec pitié. Et même remords. J'ai la sensation d'un gâchis d'existence.

Quand avez-vous eu le sentiment de tenir les rênes, d'être pilote de votre vie ?

J'ai toujours senti sur mes épaules une énorme intimidation. Je parle souvent de ma timidité bretonne, mais c'est vrai. Je n'osais pas. Je ne me sentais pas légitime, ou à ma juste place. Peu importe la réalité, c'était un ressenti profond. Et, comme je n'avais pas de nécessité intérieure très forte – c'est d'ailleurs dommage –, il a fallu des impulsions extérieures pour me faire gravir les marches. Je n'allais pas spontanément au tableau, mais, si on me le demandait, j'y allais et je faisais de mon mieux.

Mais c'est fini depuis longtemps la convocation au tableau !

Non, ce n'est jamais fini.

Par quoi le tableau a-t-il été remplacé ?

Des sollicitations diverses qui, finalement, ont construit un itinéraire : tu ne voudrais pas me faire une fiche là-dessus ? Écrire une préface sur ce thème ? Te pencher sur ce sujet ? C'est d'ailleurs ainsi que j'ai commencé à écrire : parce que de jeunes copains historiens qui, eux, avaient déjà l'idée d'écrire des livres m'ont commandé des petits travaux. Un feuillet sur tel sujet, une conclusion sur tel autre. En gros, de la sous-traitance. Ni payée ni citée, tout juste remerciée. Mais qu'importe ! Ils m'ont joyeusement mis le pied à l'étrier. J'ai découvert le plaisir d'écrire alors que je ne m'y serais jamais risquée toute seule. Le livre me semblait un Himalaya.

Écrire vous est donc un plaisir ?

Réécrire est un plaisir. Pas la page blanche, très douloureuse. Ni le premier jet, qui n'est qu'un magma boueux qu'il faut longuement nettoyer et sculpter. Mais c'est dans cette deuxième étape que se niche le plaisir. Quand je fignole et tente d'écrire de la manière, disons, la plus pimpante.

C'est votre mot, pimpante ?

Oui. Féminine. Enfin, je crois. J'espère. Il y a dans l'écriture féminine quelque chose qui est l'attention aux détails, aux petits riens, à la disposition, la couleur, la saveur des choses. Les femmes sont dans le concret. Demandez à un homme de vous décrire comment était habillée telle de vos amies qu'il a rencontrée ; le plus souvent, il n'aura rien à dire. Une femme aura toujours remarqué mille détails.

Pourquoi ne vous êtes-vous pas autorisé le roman ?

Impossible. Il y a une dénivellation trop grande entre ce que je peux produire et le grand roman. Je mets la barre du roman très haut.

Toujours cette fameuse timidité bretonne ?

Oui. Je vais chagriner mes amis historiens, mais le récit historique me semblait plus abordable.

Et vous, agrégée de philo, êtes donc devenue historienne ?

Concours de circonstances ou plutôt de rencontres, et d'amitiés. C'est une dimension fondamentale dans ma vie. Au départ, je n'avais d'autre ambition que d'être une bonne prof de philo. Quelle joie d'arriver dans une classe, de poser sur la table un sujet quelconque – « Peut-on être méchant volontairement ? » Ou bien : « Une connaissance métaphysique est-elle possible ? » – et de sentir les élèves vibrer.

Et puis, j'ai été happée par l'histoire et notamment la Révolution française avec mon ami François Furet. Mais je ne suis pas vraiment une historienne. D'ailleurs, il y a un détail qui ne trompe pas, pour moi qui ai vécu avec un historien qui encombrait tous nos placards : je n'ai aucune archive, je jette tout. Dès qu'un manuscrit est terminé : poubelle ! Même ma correspondance. Je n'ai gardé que quelques lettres auxquelles je tiens beaucoup et qui sont réunies sous une étiquette : « à brûler avec moi ».

Si ce n'est pas historienne, comment, alors, vous définir ? Femme de lettres ? Vous avez tant écrit sur la littérature, dans* Le Nouvel Observateur, *et à travers plusieurs essais…

Femmes de lettres fait un peu trop Mme de Staël ! C'est vrai que je m'intéresse à une foule de sujets. J'aimerais continuer. Travailler à un projet intellectuel est un formidable rempart contre la rumination et le chagrin. C'est même le seul remède que je connaisse. Mais je ne suis pas dans une forme éblouissante. Et m'emparer de sujets qui nécessiteraient de longues recherches à la bibliothèque François-Mitterrand, à Paris, est devenu impossible. Je vieillis. Les jours sont comptés. Sans doute peut-on le dire à chaque âge de la vie. Mais, quand on a franchi les 90 ans, je vous assure que l'expression prend une autre signification. Mes jours sont comptés.

Y a-t-il une joie dans la vieillesse ?

La tradition médiévale distinguait deux vieillesses : *senectus* et *decrepitas*. *Senectus* est encore riche de désirs, de projets, de visions de l'avenir. *Decrepitas* est assez vide de futur. J'en suis là, et n'y vois aucun avantage. Si ce n'est la faculté de faire un tri impitoyable entre l'accessoire et l'essentiel. Quand on a traversé la pire des choses, c'est-à-dire la séparation d'avec les gens aimés, on éprouve à l'égard du détail une totale indifférence. Cela simplifie les choses et concorde avec ma détestation du conflit. Voilà au moins quelque chose de positif.

La féministe américaine Gloria Steinem prétend que le vieillissement débarrasse des contraintes imposées par le genre et libère du carcan de la féminité…

Je ne ressens aucune libération. Au contraire. Ne plus me ressembler m'énerve. Qui est cette dame dans le miroir ? Je ne la connais pas. Je ne me reconnais pas. Ce n'est pas moi !

À l'intérieur des vieilles gens, disait le poète Claude Roy, il y a un être jeune qui s'agite et demande à sortir…

Encore faut-il pouvoir s'agiter ! Le monde actuel n'est guère propice aux élans et aux espérances politiques. Aucun discours n'ouvre aujourd'hui sur un futur aimable, ou préférable, ou désirable. La période est sombre, l'humeur « la France aux Français », terrifiante, le révisionnisme, affligeant. On est rabattus vers le pire, et ce spectacle m'affole. La longueur de mon parcours – on n'est pas loin du siècle – me permet de faire des comparaisons avec l'espoir de ma jeunesse. La guerre était terminée, il y avait la certitude qu'elle ne reviendrait pas et une sorte de foi en l'avenir qui a totalement disparu de nos jours. Ma déconvenue personnelle coïncide donc avec une période de désillusion générale. Et je m'inquiète de voir les jeunes gens lire de moins en moins.

Une lueur, tout de même ?

Mon arrière-petite-fille de 6 ans, à qui j'écris des lettres et qui vient de m'écrire un roman de dix pages : l'histoire d'amour entre l'âne Trotro et la princesse. Je ris en voyant que la romance se termine classiquement par un mariage, comme au temps de mon enfance. L'autre jour, je lui demande des nouvelles de son amoureux opportunément appelé Roméo. Elle me confie qu'elle est un peu mélancolique, car ils ne sont pas cette année dans la même classe. Et puis elle dit : « Si je suis encore amoureuse de Roméo quand je serai grande – merveilleuse anticipation –, je ne sais pas si j'oserai le lui dire. » Je la rassure : « Tu n'auras peut-être pas besoin de le lui dire. Peut-être que vous le saurez sans vous le déclarer. Ou bien il te le dira le premier. » Et là, elle murmure : « Tu sais, je crois que, lui aussi, il aura peur. » Cela m'enchante. Elle a déjà compris tant de choses…

Le sursaut du mouvement féministe n'est-il pas de bon augure ?

Si ! Je m'estime extrêmement féministe, et je suis toujours heureuse d'une conquête de droits et de libertés. Mais je m'inquiète du climat de méfiance qui s'installe entre hommes et femmes et d'une culture du soupçon. Il m'est insupportable qu'on imagine dans tout homme un violeur potentiel. Le mouvement #metoo a agi comme un immense révélateur, et c'est très bien. Mais il nous a entraînés sur des chemins où le droit n'a plus sa place, et où l'injonction à croire d'emblée toutes les femmes bafoue le principe même de la justice. Il y a beaucoup d'outrances, me semble-t-il. Tout discours paisible sur les hommes devient inaudible ou suspect. Or, je trouve désolant qu'on accentue ainsi la séparation des sexes, et qu'on perde beaucoup de ce qui fait la saveur et l'intérêt de l'existence.

Estimez-vous qu'il y a une nature féminine ?

Je le pense. Le mot « nature » a beaucoup été vilipendé, et pour de bonnes raisons, car il a servi à asservir les femmes, à les claquemurer près des berceaux et des fourneaux. Leur vocation supposée « naturelle ». Déterminisme absurde. Cela dit, je crois qu'il n'est pas indifférent de naître fille ou garçon et qu'il existe une « disposition féminine ». Les filles prennent plus vite conscience du temps, de la limite, de la nécessité que les garçons. C'est lié bien sûr à la perspective de l'enfant, désiré ou redouté, mais présent au moins dans l'imaginaire, avec l'idée de contrainte, de responsabilité, de perte de liberté. Le compte des jours fait partie de la vie biologique des femmes et cadence le temps d'une façon que les hommes ignorent. Les femmes s'inscrivent dans la durée. Qui tient le greffe des anniversaires dans la famille ? Qui fabrique les albums de photos ? Qui va voir les vieux parents dans les maisons de retraite ? Qui a ces préoccupations ? Elles ne sont pas dans l'immédiateté, comme les hommes, plus irresponsables. Elles sont dans la conscience du temps. Avec une préoccupation de la solidité du lien.

Quelle est votre conception du bonheur ? Est-ce une quête ? Une chimère ? Un travail ?

C'est en partie un travail. Je suis une adepte – je ne devrais pas dire cela, c'est un peu ridicule – du quiétisme amoureux. C'est-à-dire que je mets au-dessus de tout, dans la vie et dans mes admirations littéraires, les moments où s'établit entre les êtres une confiance absolue. Il y a quelques scènes bouleversantes dans la littérature : par exemple dans *Lucien Leuwen*, de Stendhal, lorsque Lucien et Mme de Chasteller se retrouvent sans plus avoir besoin d'échanger des paroles. Ou encore, dans *Portrait de femme*, de Henry James, la scène d'agonie de Ralph, où lui et Isabelle vivent un instant de communion intense. Voilà, c'est ma définition du bonheur. Sans mots. Sans jugement. Si précieux. Est-ce qu'on peut y arriver par acte de volonté ? Sûrement, mais pas complètement. Car il tient aussi du miracle.

L'anthropologue Françoise Héritier croyait avoir une prédisposition à jouir de l'instant présent et à y trouver de la joie. L'avez-vous ?

Tout ce que j'aime est lié à la durée. Je n'aime que les choses qui durent. Les amours, les amitiés, les sentiments. Et les maisons qu'on retrouve… Je n'ai pas un esprit d'aventure.

Si vous pouviez parler à la petite fille timide et docile que vous étiez à 10 ans, que lui diriez-vous aujourd'hui qui puisse l'aider ?

Je lui chuchoterais : « N'aie pas peur. » Quand, à l'âge de 4 ans, dans une pièce semi-obscure peuplée de femmes qui sanglotent, on s'entend dire : « Va embrasser ton père » et qu'on sent sous ses lèvres la joue glacée du jeune mort, l'effroi entre brusquement dans votre vie, et la peur s'incruste durablement. On n'est plus assuré de rien. On vit dans la crainte de l'évaluation et du jugement des autres. On ne s'en libère jamais. Et c'est encore mon cas. Alors oui, c'est cela que je dirais à la petite Bretonne si soucieuse de bien faire : « N'aie pas peur. »

Isabelle Carré

« J'ai longtemps cherché Vie : mode d'emploi »

« Je suis une actrice connue que personne ne connaît ! » écrit-elle dans son premier roman. C'est vrai. Il faut la lire ou passer quelques heures avec elle pour découvrir les doutes, les peurs, les ombres de cette hypersensible si souriante que son métier a sauvée.

Je ne serais pas arrivée là si…

Si je n'avais pas vu Romy Schneider dans le film *Une femme à sa fenêtre*, peu de temps après ma tentative de suicide à l'âge de 14 ans. J'en ai été bouleversée. C'était sur la minuscule télévision d'un petit pensionnaire du service psychiatrique de l'hôpital pour enfants. J'étais bloquée dans cet établissement aux fenêtres condamnées autant que dans ma vie d'adolescente dont l'avenir me donnait la nausée. Et soudain, j'ai entendu ces mots : « Préférer les risques de la vie aux fausses certitudes de la mort. » J'ai couru dans ma chambre chercher le petit carnet sur lequel je notais ce qui m'importait. Et j'ai retranscrit, presque frénétiquement, toutes les répliques de Romy, à côté des pages où, depuis quelques jours, j'avais écrit des dizaines de « vivre, vivre, vivre… ». Je me les suis rejouées ensuite dans ma chambre. De nombreuses fois. Et j'ai entrevu la solution.

La solution à votre mal-être ?

La solution à toutes ces émotions qui m'assaillaient au quotidien, prêtes à déborder, et terriblement embarrassantes en société. La solution à cette fragilité et à cette sensibilité que je ressentais comme des handicaps. La solution à l'impasse profonde de ma vie. Elle m'est apparue comme une fulgurance : m'inscrire à un cours de théâtre. Sur scène ou au cinéma, l'hyperémotivité ne serait sans doute plus un défaut. Au contraire. Elle serait attendue, encouragée, jugée intéressante, ou belle, comme l'était celle de Romy. Quel privilège quand on y songe ! Quel autre métier autorise cela ? Je suis toujours stupéfaite quand j'entends parler du « risque » que prend un acteur en acceptant tel ou tel rôle. Quel risque ? Le vrai risque, c'est de planquer sous le tapis ses émotions et de les voir se transformer en maladie ou autre chose. Les libérer vous sauve la vie.

Mais que s'était-il passé pour que, jeune collégienne, vous ayez eu envie de mourir ?

Un chagrin d'amour. J'avais appris que mon amoureux n'était sorti avec moi que pour gagner un pari avec ses potes. J'ai donc vidé l'armoire à pharmacie et pris soin d'avaler tous les cachets « ne pas dépasser la dose prescrite ». Mais il y avait d'autres chagrins plus fondamentaux et plus enfouis. Le renoncement à une carrière de danseuse, moi qui voulais voler depuis toujours, en était un. Et puis une addition de nœuds, de secrets et de douleurs d'ordre familial. À l'hôpital, sur mon walkman, j'écoutais Sting des heures durant : « How fragile we are ». Oui, j'étais fragile, comme l'étaient d'ailleurs mes parents, que je voyais se débattre, aussi vulnérables que des scarabées retournés sur le dos. Je savais leur complexité, leur folie. Et j'observais, fascinée et inquiète, leurs efforts désespérés pour tenter d'être libres, d'inventer leur vie ou, simplement, se tenir debout.

L'homosexualité de votre père, révélée tardivement et cause de leur divorce, contribuait-elle au trouble familial ?

Ah, il est très important d'être clair sur ce point : l'homosexualité en soi n'était pas le problème ! Le problème, c'était de ne pouvoir la dire, l'assumer et la vivre ouvertement. Le problème, c'étaient les discours culpabilisants de l'époque et une foule d'obscurantistes qui la considéraient comme une maladie. Vous vous rendez compte ? Il a fallu attendre 1990 pour que l'Organisation mondiale de la santé la raye de sa liste des maladies mentales ! Le problème n'a jamais été l'orientation sexuelle de mon père, mais une éducation homophobe, les injonctions des prêtres à se ressaisir, le verrouillage des désirs, la stigmatisation sociale. On en faisait un truc invivable ! J'aime tellement cette phrase de Camus : « Qu'est-ce que le bonheur, sinon le simple accord entre un homme et la vie qu'il mène. » Eh bien voilà : lorsqu'il n'y a pas accord, il y a douleur. Et elle rejaillit sur les autres. La faute revient donc à ceux qui interdisent l'adéquation. C'est pour ça que La Manif pour tous m'a rendue dingue !

Par son rejet de la famille homoparentale ?

Et la stupidité de son raisonnement ! Au fond, ce qu'elle rejetait, ce n'était pas tant le mariage des homos que l'idée qu'ils puissent avoir des enfants. Et forcément des enfants malheureux. Mais comment peut-on asséner une telle ineptie ? La crier dans des haut-parleurs à travers les rues de Paris ? Ils ont enquêté sur les enfants d'homos ? Ils leur ont posé la question ? Non, bien sûr. Car leurs réponses auraient torpillé leur hypothèse. Les paroles d'enfants n'apparaissaient nulle part. Sauf sur les sites LGBT et dans le magnifique livre de Christophe Honoré, *Ton père*. Lui-même déplorait d'ailleurs l'absence de figure homoparentale dans la littérature, le cinéma et les médias. Alors je me suis dit que je devais m'exprimer et aller jusqu'au bout de l'écriture de mon livre *Les Rêveurs*. Non, les enfants d'homos ne sont pas malheureux. Ou, s'ils le sont, c'est à cause du regard et de l'opprobre jetés sur leurs parents. Changez ce regard et tout ira bien.

Votre enfance est singulière de bout en bout : la dualité de vos origines, l'art auquel vous initiait votre père avec passion, l'anticonformisme de vos parents qui n'auraient jamais dû se rencontrer…

C'est vrai. Tout était complexe et… incroyablement romanesque. Lorsque j'ai entendu pour la première fois le titre du film d'Alain Resnais, *La vie est un roman*, je me souviens avoir pensé : mais c'est nous ! Je suis d'extraction aristo par ma mère, prolétaire par mon père. En vacances avec mes frères, je faisais le grand écart en passant d'un château de conte de fées – avec parc, étang, chapelle, bibliothèque remplie d'ouvrages sur le bocage vendéen ou notre lien à Marie Stuart – à la maisonnette du grand-père cheminot qui portait un béret de travers et concluait chaque repas par : « Tout ça c'est ben triste ! » Des circonstances folles ont fait se rencontrer mes parents. Maman, qui était mère célibataire et que sa famille avait cachée à Pantin le temps qu'elle accouche, avant de la rejeter parce qu'elle avait gardé l'enfant et épousé mon père, cet artiste designer incompris, lui aussi, par sa propre famille. Deux vilains petits canards, deux orgueils blessés mais rêveurs, qui se sont réchauffés un moment. Je ne serais pas arrivée là s'il n'y avait eu toutes ces histoires, ces milieux qui s'affrontaient, ces secrets que je subodorais et ressentais comme une menace. Un écrivain, dit Joyce Carol Oates dans *Paysage perdu*, serait un enfant plus sensible qu'un autre au mystère des adultes, qu'il continue toute sa vie d'interroger. Je ne me prends par pour un écrivain mais…

Mais ces mystères continuent de vous inspirer…

Oui. Quelle richesse dans cette enfance étrange ! Et quel matériau pour mon métier, qui consiste à passer d'un monde à l'autre, à m'immerger à chaque fois et à tâcher de comprendre. Vivre avec les migrants dans la jungle de Calais, puis plonger chez les sourds et apprendre la langue des signes. Interpréter une coiffeuse en banlieue, puis jouer la copiste de Victor Hugo. C'est ce que j'aime dans ce métier d'actrice. Cette enfance complexe et bouleversante m'y a préparée. Comme elle m'a appris à observer, à respecter la singularité de mes propres enfants. Les voir comme des personnes à part entière, dont les rêves, les désirs, les ressorts peuvent m'être étrangers et parfaitement insoupçonnables. En fait, être à l'écoute…

Vous décrivez, dans votre livre* Les Rêveurs*, votre aspiration de petite fille à vivre dans une famille « classique », avec un père qui ne se teindrait pas en blond et une mère qui ne dessinerait pas des spirales en dansant dans le salon…

Les enfants sont conservateurs. Or nous étions hors norme. Notre immense appartement était rouge, entièrement rouge, de la bouilloire à la cuisinière, des murs aux chaises de cuisine, des dessous-de-plat aux sets de table. Les portes avaient été remplacées par des tissus japonais, des tableaux et des sculptures d'une grande crudité habitaient chaque pièce, et des masques dogon du Mali accueillaient les visiteurs ébahis. Nos vêtements ne nous facilitaient pas non plus l'intégration à l'école. Ma mère refusait l'uniforme bleu marine exigé par l'établissement, alors on portait les habits lumineux que dessinait notre père, styliste chez Cardin. Puis d'autres trucs joyeux : une salopette avec un cœur de velours rouge cloutée de petites étoiles, un tee-shirt Mickey, des sabots. Mais après les engueulades de la directrice, j'ai décidé de ne plus porter le moindre pantalon et d'opter pour le kilt.

Un kilt fantaisiste ?

Ah non ! Un kilt long, écossais, bien tradi, qui me rapprochait des élèves « classiques » élevées dans des familles « classiques », à l'opposé de la mienne, si déjantée. Plus tard, je me suis raconté que ce n'était pas un hasard si j'avais choisi la seule jupe que pouvaient porter aussi les hommes. Un geste inconscient vers mon père. Un enfant veut tellement ménager ses parents, faire plaisir à tout le monde, vouloir que tout s'arrange... Et quand survient le divorce, il se sent responsable. Il voit les choses en se mettant au centre de l'histoire. Il n'a pas encore compris qu'il n'était pas au centre. Mais se sentir responsable est aussi une façon de n'être pas victime et de ne pas subir. On croit, à tort, qu'on mène le jeu, qu'on a un peu les cartes en main.

Vous avez longtemps cherché les clés de la survie...

Fiévreusement. Depuis toujours. Ado, j'ai arpenté les librairies et passé des heures à fouiller leurs rayonnages à la recherche d'un livre qui serait un vrai « Vie : mode d'emploi ». Un livre salutaire, lumineux, dans lequel j'aurais puisé des conseils apaisants pour vaincre ce désarroi et même cette panique que je ressentais devant l'existence. J'ai tellement été dans le flou, et si peu sûre de moi. Je cherchais un sens, une force, des solutions. Je me disais : « Mais qu'est-ce qu'on fait là ? Comment s'y prennent les autres ? » Quand je suis tombée sur l'ouvrage de Georges Perec, *La Vie mode d'emploi*, je l'ai acheté sur son titre en pensant naïvement : « Ça y est ! J'ai trouvé mon livre ! » Mais c'est le livre de Max Frisch, *Biographie :*

un jeu, qui propose à un homme de changer des moments-clés de sa vie et interroge sur le destin et la liberté de nos choix, qui m'a davantage éclairée. C'est presque une question que vous pourriez poser à vos interlocuteurs : « Et si vous deviez changer un élément de votre biographie ? » C'est vertigineux, n'est-ce pas ? Car tous les événements s'enchaînent. Que contrôle-t-on vraiment ?

Êtes-vous toujours dans cette recherche, ce questionnement ?

Mais oui ! Et je collectionne les citations qui pourraient m'éclairer. Je les appelle mes « phrases-bijoux », j'en ai plein mon téléphone ! Avant, je les notais sur des petits carnets, maintenant, je les photographie et les lis dès que possible. Tenez, j'ouvre au hasard. « J'ai mon passé devant moi comme d'autres ont leur avenir derrière eux », Louise Lambrichs. Je ne connais pas mais j'adore. « Le temps est un feu qui me dévore mais je suis ce feu », Jorge Luis Borges. Et puis ça : « Si nous sommes incapables d'aimer, c'est peut-être parce que nous désirons être aimés, c'est-à-dire que nous voulons quelque chose de l'autre (l'amour) au lieu de venir à lui sans revendications et ne vouloir que sa simple présence », Milan Kundera. Ça, c'est une putain de clé ! Ça change tout en fait.

Une clé ?

Une des clés de la vie comme celle que cherchait la comédienne Suzanne Flon avant de mourir. Je lui avais téléphoné pour lui proposer qu'on joue ensemble *Savannah Bay* de Duras, j'entends encore le petit mot qu'elle a laissé sur ma messagerie. On aurait dit une actrice de 20 ans à qui on proposait son premier rôle. Elle était si enthousiaste, si modeste, si gracieuse et si reconnaissante, alors que c'était à moi de m'incliner devant elle. On a répété, et puis elle est morte avant qu'on ne se retrouve pour jouer. J'ai appris que, juste avant de partir, elle était obsédée par une clé. Celle d'un tiroir ? De sa maison à la campagne ? Du paradis ou bien celle de la vie ? Suzanne… Mon modèle. Quand j'ai une déception dans mon métier, je pense : Suzanne Flon. Quand j'ai le trac, je pense : Suzanne Flon. Et elle m'aide.

Que diriez-vous, aujourd'hui, à la jeune fille de 14 ans qui ne savait comment se dépêtrer dans la vie ?

Deux choses : « Ne te compare pas ! », car c'est un sacré piège, notamment pour les acteurs ; n'aie pas peur des reproches, des moqueries, de ce qui apparaît comme ta bizarrerie. C'est ta différence qui est chouette. Et j'ajouterais : « Ne t'inquiète pas. Ça passe ! » Oui, je dirais ça.

Marjane Satrapi

« Mon moteur, c'est la mort »

Persépolis*, sa BD autobiographique racontant sa drôle d'enfance dans l'Iran pré et post-révolutionnaire, a été un phénomène mondial dans les années 2000. Elle en a fait un film, primé à Cannes au grand dam des mollahs. Depuis, Marjane Satrapi a prouvé d'autres talents de peintre et cinéaste, et travaille avec frénésie, obsédée par le temps qui lui reste…*

Je ne serais pas arrivée là si…

Si je n'étais pas la fille de ma mère, cette femme née en 1945, dotée d'un potentiel énorme, animée d'une multitude de rêves, mais que la société iranienne n'a eu de cesse de brider. Une expression persane me vient à l'esprit quand j'évoque son destin : « Quel fantastique nageur ! Dommage qu'il n'ait eu qu'une baignoire ! » Eh bien voilà. C'est tout à fait ma mère, freinée, brimée, entravée par une époque qui voyait d'un très mauvais œil que les femmes travaillent. Ça lui est resté en travers de la gorge.

Avec un sentiment de révolte ?

La révolte n'est possible que si vous pouvez vous retourner contre le responsable du gâchis. Mais le fait est qu'elle s'est autobridée, avec fatalisme, et c'est bien ça le problème. Alors elle a voulu que sa fille échappe à tout prix à ce destin. J'étais encore minuscule qu'elle avait déjà écrit le programme de ma vie, programme que j'ai exécuté point par point. D'abord, il fallait que je sois une femme indépendante : « Ma chérie, tu ne dois surtout pas investir sur ton physique, comme tant de filles. C'est sur ton cerveau qu'il faut miser ! » me disait-elle. Moi je comprenais : « Ma chérie, la cause est perdue, tu es décidément trop moche, essaie au moins d'être intelligente. » Quand je le lui ai avoué, bien des années plus tard, elle m'a dit que j'étais décidément stupide de n'avoir pas compris. Mais pour me forger cet esprit d'indépendance, elle a été d'une grande dureté. Pendant mon enfance et mon adolescence, et même jusqu'à la moitié de ma vingtaine, je l'ai crainte et souvent détestée.

Comment sa dureté s'exprimait-elle ?

Par une exigence effroyable en matière d'éducation. Elle m'astreignait à un emploi du temps épuisant. Mon école bilingue ayant été fermée après la révolution de 1979, j'allais à l'école iranienne jusqu'à 14 heures, puis je suivais des cours de français par correspondance. Il fallait aussi que j'enchaîne des cours de karaté, de peinture, que je lise une multitude de bouquins dont elle exigeait des comptes rendus écrits. Il n'y avait pas de jour férié qui tienne. Et je devais bien sûr être la meilleure de ma classe. Gare à moi si je ne rapportais qu'un 18 sur 20. Je me souviens qu'une fois, elle avait même déchiré cinquante pages de mon cahier d'histoire : « C'est trop mal écrit. Recommence ! » Je lui en ai voulu à mort.

Voyez-vous aujourd'hui une vertu à cette sévérité ?

Elle m'a appris la rigueur. Et le dépassement de soi. Et quelques phrases cinglantes lancées ici ou là ont résonné comme des leçons. Un jour où je voulais me faire pardonner une bêtise, j'ai ramassé les assiettes du dîner pour faire la vaisselle. Elle m'a alors tapé sur la main : « Il n'est pas impossible qu'un connard de mari t'oblige un jour à faire la vaisselle. Alors tant que tu vivras chez moi, tu n'y toucheras pas. C'est le destin de trop de femmes ! » Je vous assure que ça marque.

Aviez-vous d'autres modèles féminins ?

Toutes les femmes de la famille valaient le détour ! Pas une femme mièvre à l'horizon ! Des battantes, des révoltées, des fortes en gueule. Ce sont elles qui m'ont construite, pas les hommes, même si j'adorais mon père qui est la gentillesse sur terre. À la génération au-dessus, il y avait ma grand-mère paternelle, fille d'un chef de tribu, qui avait échappé à un mariage arrangé par son père en s'enfuyant à cheval, une nuit, déguisée en garçon, pour rejoindre l'homme qu'elle aimait. Et puis il y avait ma grand-tante maternelle. Une vraie inspiration. Imaginez… Mariée contre son gré, elle avait vite divorcé, était partie en Suisse étudier la peinture avant de revenir en Iran, poétesse, chanteuse à la radio, peintre de nus. Elle conduisait une immense voiture américaine et clamait sa préférence pour le statut de maîtresse d'un homme marié plutôt que d'épouse, ne réclamant « que les bons moments ». Bref, une liberté de pensée sublime. J'adorais passer du temps avec elle. Je ne me lasse jamais des histoires que racontent mille fois les personnes âgées. De l'implantation de mes cheveux en haut de mon front, elle déduisait que je serais peintre ou écrivain.

Ce qui vous autorisait tous les rêves ?

Et comment ! Avec ces femmes-là, j'ai vite compris que je ne deviendrais pas vétérinaire ou maîtresse d'école. Il fallait que je fasse un truc extraordinaire. Comme c'était la mode des films de gangsters, j'ai longtemps pensé que ce serait un débouché : braquer des banques. Il fallait de la stratégie, beaucoup d'intelligence, et ça pouvait rapporter gros. En grandissant, j'ai compris qu'on ne gardait plus le fric dans les banques et que ce serait vraiment dommage de finir en taule. Mais la barre, vous le voyez, était très haute. Ma mère disait : « Si tu deviens pute, sois au moins Madame Claude. Si tu choisis la danse, ambitionne le Lido. » Il fallait viser l'excellence et ne jamais se laisser faire. Quand, plus tard, elle m'a reproché de toujours me rebeller, y compris à son égard, je lui ai répondu : tu m'as toujours dit de m'affranchir, de dire merde à tout et à tout le monde, eh bien je t'obéis !

Qu'est-ce qui lui dictait ce message de rébellion ?

Un simple constat : j'étais une femme dans une société patriarcale et un pays machiste. Pour m'en sortir, il me faudrait lever la tête, montrer les crocs, arracher un à un tous mes droits et refuser toute soumission. La vie serait très dure. Le mieux serait d'ailleurs de quitter l'Iran. D'où les cours de français…

Le français en guise de passeport ?

Et d'ouverture sur une autre façon de penser. Si tu parles une deuxième langue, me disait ma mère, tu es deux personnes. Si tu en parles trois, tu es trois personnes, et ainsi de suite. Il s'agissait de m'armer pour affronter la vie avec un maximum d'atouts et partir en Occident, terre de démocratie, le plus vite possible. Et c'était incroyablement généreux, quand on y pense, car j'étais sa fille unique. Mais elle considérait que je ne lui étais « confiée » que pour un certain temps et qu'ensuite je devrais m'envoler : « Pars ma fille. Pars loin, et vis ce que tu as à vivre. » Seule une très bonne mère est capable d'un tel discours. Pas le genre à faire du chantage affectif ni à me faire croire que la maternité était la meilleure chose au monde. Au contraire ! Elle me disait : « J'ai été intelligente, je n'ai fait qu'un gosse. Si tu es très intelligente, tu n'en feras pas du tout. » Je n'en ai pas fait. Je chéris trop la liberté. Le moindre compromis m'aurait rendue malade.

Ce n'est pourtant pas évident de résister à l'injonction de la maternité…

Une injonction croissante, extravagante, insupportable ! Comme si l'utérus des femmes ne leur appartenait pas mais appartenait à la société, puisqu'elles doivent perpétuer la race humaine. Odieux. Combien de fois ai-je entendu : vous n'êtes pas une femme complète tant que… Eh bien si ! Je suis femme, complètement femme, sans connaître l'enfantement. Et je ferai des expériences que d'autres ne connaîtront jamais. Je n'ai nullement besoin d'être « complétée » par un homme ou par un enfant. Je me suffis amplement. Les autres, c'est la cerise sur le gâteau. Mais le gâteau à la crème, c'est moi.

Votre mère au caractère si trempé avait-elle été influencée par des lectures ?

Elle avait lu Simone de Beauvoir, mais elle était spontanément rebelle. Mon premier souvenir d'elle remonte à mes 2 ans et elle tabasse un mec qu'elle a surpris en train de regarder par la serrure la bonne qui fait pipi. Elle avait la morphologie d'une brindille, mais elle le tenait par la peau du cou en lui fichant des claques et en criant en persan : « Dis que tu bouffes ta merde ! » Son message n'a jamais varié : « Si un homme te touche, Marjane, tu frappes ! » Je ne vous raconte pas le nombre de coups de poing que j'ai donnés dans le métro lorsque je suis arrivée à Paris. À la moindre main aux fesses, je cognais, interloquée par le regard désapprobateur des autres passagers. « C'est lui l'agresseur, je ne fais que me défendre ! » ai-je dû souvent me justifier. En Iran, toute la population me soutiendrait. Eh bien à Paris, le public reste inerte et c'est la femme agressée qui prend une mine honteuse. C'est incroyable !

La vie a-t-elle été pour vous aussi « dure » que le prévoyait votre mère ?

Disons qu'elle n'a pas toujours été clémente. Je fais court. J'ai 9 ans quand éclate la révolution iranienne. Révolution faite par des idéalistes et récupérée, classiquement, par des cyniques. Dans ce cas précis : des religieux. Nos proches, qui ont cru en la révolution, sont expédiés en prison, drames et tragédies se succèdent. Les parents en parlent devant les enfants, croyant qu'ils jouent. Foutaise ! On écoute tout. Résultat : je peux tomber dans les pommes, aujourd'hui, en voyant des gens écorcher leurs cuticules. Trop de récits de torture en tête où les ongles étaient systématiquement arrachés. À 10 ans, je m'entraînais d'ailleurs à devenir une prisonnière politique : je me tapais hyper fort et je m'assénais moi-même des coups de ceinture pour me préparer à résister à la torture et ne jamais livrer le nom de mes amis… Après, il y a eu cette foutue guerre avec l'Irak, ma famille m'a expédiée très jeune à Vienne, j'y ai sombré, vécu dans la rue, connu le sort des clochards. Ce fut violent. Sans doute le moment le plus dur de toute ma vie. Mais bon, ça va très bien maintenant. Me plaindre serait indécent.

Quelle indécence à raconter les embûches d'un parcours ?

C'est vrai que je ne serais pas qui je suis aujourd'hui sans ces épreuves qui m'ont marquée. Rumi, notre grand poète, a écrit qu'il faut des fêlures pour laisser passer la lumière. Eh bien, j'en ai plein ! Et je suis sûre que, sans elles, je n'éprouverais pas la même compassion et empathie pour les autres, notamment les paumés. On est tous vulnérables. D'expérience, je sais qu'on peut chuter.

Quel est votre moteur ?

J'ai longtemps eu besoin de me prouver à moi-même que j'étais capable d'un tas de choses. C'était un défi uniquement entre moi et moi. Je n'avais pas le droit de me décevoir. Aujourd'hui, à 50 ans passés, mon moteur, c'est la mort. J'ai réalisé qu'il me restait moins d'années à vivre que ce que j'ai vécu : à peine trente-deux ans, puisque je pense mourir vers 82 ans. Je me suis donc fixé un programme : huit films, quatre livres, trois expos. Après ça, je pourrai passer l'arme à gauche. Cela n'exclut pas de rester ouverte aux surprises de la vie. Mais la montre que je porte toujours au bras me rappelle que le temps file et que ce serait folie de le perdre.

Parce que vous entendez laisser une œuvre ? Continuer d'avoir un rayonnement ?

Post-mortem ? Vous plaisantez ! Je m'en fous royalement ! Ma mort sera aussi absurde et insignifiante que celle d'un microbe ou d'un ver de terre. C'est insupportable, mais c'est ainsi. Je veux juste mourir satisfaite.

Mais de quoi ?

D'avoir fait tout ce que je voulais faire. Et dans ma tête, c'est assez précis. D'autant que le confinement m'a donné des ailes. Ou plutôt : la fin du confinement. Car je l'ai d'abord très mal vécu : stress, malaise, frustration, créativité zéro. Et puis voilà qu'à la fin, toute la bile accumulée s'est transformée en un élan créatif excitant. Et alors que pendant cinquante ans j'avais cru ne savoir faire qu'une chose à la fois, je suis brusquement devenue multitâche : j'arrive en même temps à peindre, élaborer un scénario, imaginer des projets, répondre à des interviews, écrire un roman. C'est une révolution. Quelque chose s'est ouvert, j'ai devant moi un boulevard.

Et quelle est votre priorité ?

En ce moment, une exposition de peintures. Uniquement des portraits de femmes : elles m'ont faite, j'ai pour elles un amour absolu. Mais je travaille aussi sur un scénario qui me passionne et un roman dont je crois, pour une fois, tenir le bon bout. Tout un programme, vous dis-je ! Mon angoisse de la mort, je l'évacue en marchant quotidiennement une dizaine de kilomètres. Un exercice vital, vu le nombre de clopes que je fume par jour. Je me fiche bien des rides. Mais mon corps, il faut qu'il me suive jusqu'au bout. Alors je l'entretiens.

Quelle discipline !

Pas le choix. J'ai tant de projets. Et notamment un super plan pour mes 70 ans. Impossible de vous en dire davantage mais je vous garantis que je surprendrai. Cet âge m'autorisera enfin toutes les audaces et ce sera délicieux. On me pardonnera puisqu'on se dira : « Elle est vieille. » J'en suis presque impatiente. André Malraux avait raison : la façon dont on meurt est encore plus importante que celle dont on vit. Moi, je veux mourir avec panache !

Gisèle Halimi

« J'avais en moi une force sauvage »

Quelques mois avant sa mort, en juillet 2020, l'avocate la plus célèbre de France avait accepté de revisiter ses soixante-dix ans de combats et d'engagement au service de la justice et de la cause des femmes. Sa silhouette était devenue très frêle et son beau visage s'était émacié. Mais le regard avait gardé sa flamboyance et sa voix, la force soyeuse qui avait frappé tant de prétoires…

Je ne serais pas arrivée là si…

Si ma mère, et tout mon entourage depuis la prime enfance, ne m'avaient constamment rappelé que le fait d'être une fille impliquait un sort très différent de celui de mes frères. Un sort dans lequel le choix, le libre arbitre, la liberté n'avaient aucune place. Un sort uniquement déterminé par mon genre. « Ma grand-mère, ma mère et moi avons vécu comme ça ; alors toi aussi ! » me disait ma mère, Fritna, faisant du mariage et de la sujétion à un homme mon horizon ultime. Cela impliquait de me mettre au service des hommes de la famille, de servir mes frères à table et de faire leur lit, le ménage et la vaisselle. Je trouvais cela stupéfiant. Pourquoi ? Au nom de quoi ? Avant même la révolte, je ressentais une immense perplexité. Pourquoi cette différence ? Elle n'avait selon moi aucun fondement ni aucun sens.

L'anecdote familiale autour de votre naissance ne vous avait-elle pas donné très tôt un indice de la différence de traitement entre garçons et filles ?

Si ! Tout était déjà là. Et ce récit, entendu dès mon plus jeune âge, m'a tout de suite fait comprendre la malédiction d'être née femme. C'est l'histoire de mon père, Édouard, si consterné en apprenant que sa femme avait mis au monde une petite fille qu'il a nié ma naissance pendant près de trois semaines ! Aux amis qui venaient aux nouvelles, il affirmait : « Non, Fritna n'a pas encore accouché. Bientôt, bientôt… » Il a fini par s'habituer à l'idée de la catastrophe – après tout, l'honneur était sauf, il avait déjà un fils aîné –, et nous nous sommes beaucoup aimés. Mais tout, dans mon enfance, était fait pour me rappeler que je n'étais qu'une femme, un être éminemment inférieur.

D'où la rébellion ?

Instinctive ! Viscérale ! Elle s'est même exprimée par une grève de la faim quand j'avais 10 ans. C'est une arme terrible, vous savez. Elle déconcerte les parents et les affole très vite. Ma mère en perdait la tête. Mais il n'était pas question que je fasse les tâches ménagères dont mes frères étaient exemptés.

Plutôt mourir ! Et mes parents ont cédé. Ce fut au fond ma première victoire féministe. « C'est pas juste ! disais-je constamment. C'est pas juste ! » Mon père s'énervait : « Tu n'as que ce mot-là à la bouche ! » C'est vrai. Je l'ai eu toute ma vie. Et il est indéniable que mon féminisme et mon besoin de corriger les injustices sont ancrés dans cette révolte initiale.

Aimiez-vous l'école ?

Avec passion ! C'est là que je me sentais le mieux. J'étais une bonne élève. Et j'étais littéralement amoureuse de ma prof de français, mademoiselle Nicot, qui poussait un soupir en rendant les rédactions : « Et, comme toujours, c'est Gisèle la première. » Je me souviens du chagrin fou ressenti lorsque je l'ai croisée un jour au bras d'un homme plus âgé dont elle devait être la fiancée. Elle ne m'avait pas prévenue ! Je me disais : « C'est pas possible qu'elle me fasse ça ! » Je l'ai perdue de vue, mais elle a été un phare, elle a tout de suite perçu ma conviction que l'école serait ma libération. Je me demande parfois ce que je serais devenue sans elle. Mais j'aurais forcément fait quelque chose, car j'avais en moi, comment vous dire, une force mauvaise, une force sauvage. Une rage : faut pas qu'on m'empêche ! Je veux apprendre ! Je dois me sauver !

Vos parents étaient-ils fiers de vos exploits scolaires ?

Fiers ? Ils s'en fichaient. Je rapportais mes bonnes notes dans l'indifférence générale. J'étais l'inessentielle. Toute l'attention était focalisée sur mon frère aîné, l'essentiel, qui passait son temps entre colles, mensonges, zéros pointés et renvois. Ce qui rendait fou mon père, qui hurlait et tabassait mon frère lors de scènes d'une violence insensée. Tout l'espoir de la famille – y compris nous sortir de la pauvreté – reposait sur ce fils aîné pour lequel mes parents étaient prêts à tous les sacrifices. Moi, en revanche, je ne devais pas leur coûter un sou. Ma mère ne voyait d'ailleurs pas l'utilité d'investir dans mon éducation. « Les frais du lycée pourraient payer ton trousseau de mariée ! » a-t-elle dit lorsque je devais entrer en 6e. Mais je m'étais renseignée. J'avais appris, dès l'âge de 10 ans, qu'il existait un concours des bourses, et j'ai été reçue première. Je ne leur ai donc rien coûté ! Même pas en livres, puisque les élèves de famille « nombreuse et nécessiteuse » avaient droit à un prêt pendant leurs études.

Quelle chance !

Et quelle frustration lorsque je devais les rendre en fin d'année scolaire ! J'aurais tellement aimé les garder. C'était ça, la vraie nourriture. Je les palpais, les humais, les feuilletais mille fois. Il n'y avait aucun livre à la maison et, petite, je me contentais de l'annuaire et d'un gros dictionnaire médical qu'un représentant de commerce avait laissé chez nous. Mais, plus tard, inscrite dans toutes les bibliothèques, je lisais avec fièvre et boulimie. Nous étions quatre enfants dans la chambre et ma mère déclarait très tôt l'extinction des feux. J'avais acheté une mini-ampoule de 1 watt, que je branchais sur une prise au ras du sol. La lumière était trop faible pour que ma mère puisse la repérer de sa chambre et je lisais à plat ventre sur le sol des nuits entières. C'est à ce moment-là que j'ai compris que les livres me donnaient de la force et que c'était à moi, et à moi seule, de décider de mon chemin.

Ce tempérament indépendant et votre refus du schéma classique inquiétaient-ils votre mère ?

C'était bien au-delà de l'inquiétude. Elle me pensait anormale. Quelque chose ne tournait pas rond chez sa fille pour qu'elle refuse ainsi sa condition de fille. Elle-même avait été mariée à 16 ans, selon la norme en Tunisie, avait ensuite enfanté tous les deux ans, et entendait bien que je poursuive la tradition. Le jour où j'ai eu mes règles, elle m'a d'ailleurs prévenue : « Maintenant, c'est fini ! — Qu'est-ce qui est fini ? — Tu ne joues plus du tout avec les garçons. » J'étais sidérée. Moi qui jouais au foot avec eux, courais pieds nus dans les rues, nageais à perte de souffle avec une bande de copains, j'aurais dû tout arrêter ? « Mais pourquoi ? — C'est comme ça ! » Là encore, quelle injustice ! De quoi étais-je coupable ? Quand j'avais 16 ans, elle a tenté de me marier à un riche marchand d'huile de 35 ans. « Il a trois voitures ! » répétait-elle, tel l'Harpagon de *L'Avare* répétant « sans dot ! ».

La dot, comme dans la pièce de Molière, était-elle encore en usage ?

Et comment ! Il y avait des tarifs qui variaient en fonction de la situation du fiancé. Pour épouser par exemple un médecin (ce qui était exclu pour moi, car c'était bien trop cher), il fallait fournir une belle somme et apporter ce que l'on appelait « la maison montée », c'est-à-dire une maison complète, de la petite cuillère au drap brodé. La future belle-mère de la mariée venait vérifier à l'avance que rien ne manquait. Je me souviens de mon père travaillant comme un fou, parce qu'il devait marier ses deux sœurs et payer leur dot. Je trouvais cela ahurissant. Je voulais étudier. Et devenir avocate.

Avocate avec un « e » ?

Ah oui ! J'ai toujours rectifié quand les bâtonniers me présentaient comme avocat. Je prétends, surtout à l'époque où j'ai commencé, que ce n'est pas la même chose. C'est le même métier, le même diplôme, mais je prétends qu'une femme ne plaide pas de la même façon qu'un homme quand elle défend la vie d'un client. Je ne dis pas qu'elle plaide mieux ou moins bien. Je dis qu'il y a des étincelles provoquées par une sensibilité mêlée à une intelligence différente. Nos parcours et notre expérience de la discrimination nourrissent cette différence. Quand j'entre dans le prétoire, j'emporte ma vie avec moi.

Que saviez-vous de ce métier ?

Mon père avait été garçon de courses avant de devenir clerc d'avocat. Quand j'allais le chercher au travail, l'univers m'était donc familier. Et puis ma propension à m'insurger à l'école contre les injustices m'avait souvent valu que l'on me pose la question : « Vous vous prenez pour une avocate ? » Eh bien, l'idée s'est en effet imposée, dès mon adolescence.

Je défendrais les autres, et, par ce biais, je me défendrais moi-même. Je remettrais en cause les choses injustement établies. Et j'aurais une voix publique. Ma révolte personnelle est à la source de tous mes engagements.

Vous partez donc à Paris à 18 ans, le bac en poche, pour faire des études de droit et… de philosophie.

Oui, il me semblait que les deux matières allaient de pair, et il fut d'ailleurs une époque où de grands avocats humanistes avaient cette double formation. J'achetais les polycopiés de droit, que j'apprenais très facilement ; mais, pour la philo, j'allais à la Sorbonne suivre avec passion les conférences des professeurs. La philo aurait même pu devenir prioritaire si je n'avais pas eu la rage de me mettre au service des plus faibles et des plus isolés. J'étais depuis le début dans leur camp. J'aime cette phrase de l'abbé Lacordaire [dominicain, journaliste et homme politique, 1802-1861] : « Entre le faible et le fort, c'est la liberté qui opprime et le droit qui affranchit. »

Comment votre retour à Tunis, en 1949, où vous vous inscrivez au barreau sitôt vos diplômes réussis, se passe-t-il ?

Je prête serment sous les yeux éblouis de mon père, qui se pavane comme un paon dans les couloirs du palais de justice. Son fils aîné a ruiné ses espoirs d'ascension sociale, il est contraint de faire un transfert sur sa fille. Ma mère est là, elle aussi, enrubannée dans une robe de dentelle de laine noire, malgré le soleil, et parée de tous ses bijoux. Et mon père sort son petit Kodak. Peu après, je me présente à un tournoi d'éloquence ouvert aux jeunes stagiaires. Je suis la première femme à m'inscrire à ce concours.

On a l'impression que vous aviez alors toutes les audaces. Quel est le thème de ce concours ?

« Le droit de supprimer la vie ». Les plaidoiries ont lieu dans la plus vaste salle du tribunal, devant un jury composé des bâtonniers et membres du conseil de l'ordre, qu'on installe à la place des juges. Les candidats prennent la place des procureurs. Et, en bas, deux énormes fauteuils accueillent le représentant de Son Altesse le bey et le résident général [le représentant officiel du gouvernement français en Tunisie, sous protectorat]. C'est terriblement impressionnant, mais je suis très calme. Le sujet me passionne, et quand je commence à parler, je me sens m'envoler. Non à la peine de mort, bien sûr ; je cite Camus et Victor Hugo. Oui à l'euthanasie et au droit au suicide ; et je cite les stoïciens. L'écoute est attentive. Tout le monde se demande qui est cette fille à l'accent français. Mon père, debout en attendant l'issue des délibérations, dit autour de lui : « C'est ma fille ! » Je suis proclamée lauréate à l'unanimité. Et, dès le lendemain, je suis embauchée par l'un des meilleurs avocats de Tunisie.

Pleine de fougue et d'ambition ?

Comme un être « dont un dessein ferme emplit l'âme », selon le mot de Victor Hugo. Il se trouve que l'histoire est rapidement venue à ma rencontre.

Les luttes d'indépendance m'ont cueillie de plein fouet. D'abord celle de mon pays d'origine, la Tunisie, que je soutenais spontanément. Puis celle de l'Algérie. Je commence commise d'office devant les tribunaux militaires. Il est possible de refuser, mais j'accepte, ravie. Et je m'engage avec flamme dans la voie de la résistance. En 1952, avec des collègues, je vais rendre visite à Habib Bourguiba, le chantre de l'indépendance tunisienne, alors en exil sur l'île de la Galite. Je souhaite être son avocate et je deviendrai plus tard son amie. Voilà un visionnaire qui avait compris que l'inclusion des femmes était gage de progrès. Puis se tient le grand procès de Moknine, en 1953, où trois des Tunisiens accusés d'avoir participé à une émeute sont condamnés à mort, parmi lesquels mon client. En janvier 1954, je vais donc à Paris plaider à l'Élysée mon premier recours en grâce. C'est aussi la première fois qu'une telle démarche est faite par une femme.

René Coty venait tout juste d'accéder à la présidence de la République…

Et il n'était déjà plus tout jeune ! Quelle angoisse, cette audience devant le plus haut magistrat de France ! Je me disais que j'étais la dernière chance, la dernière voix, les derniers mots d'un homme vivant. Son ultime bataille. Et tout reposait sur mes épaules. Je me concentrais sur mon plaidoyer quand l'épouse d'un autre avocat m'a prévenue : « Tu ne peux pas y aller sans chapeau. — Comment ça ? Je n'ai jamais porté de chapeau de ma vie ! — C'est l'étiquette présidentielle. Sans chapeau, tu ne seras pas reçue à l'Élysée. »

Infiniment contrariée, je me suis donc fait prêter un chapeau et je me suis présentée à l'Élysée coiffée d'un tambourin noir. L'huissier m'a fait entrer et patienter quelques instants. Le temps que je m'observe dans les miroirs du grand salon et que je me trouve grotesque. La vie d'un homme était en jeu et l'on m'obligeait à me déguiser pour obtenir sa grâce ? Ah non ! Cette mascarade allait m'empêcher de parler librement. À l'instant précis où l'huissier a ouvert la porte du bureau présidentiel, j'ai enlevé prestement mon chapeau et le lui ai donné. Coty m'attendait.

Connaissait-il le dossier ?

Pas du tout ! Il m'a accueillie d'un « Comment allez-vous ? » saugrenu. J'ai répondu un peu froidement : « Bien, monsieur le président. » Et il a continué : « Je voudrais vous voir sourire. » C'était très déplacé. J'ai dit : « Je pourrai sourire si vous accédez à ma demande. — Ah ça ! Il n'y a pas que moi qui décide, vous savez… » Je me suis lancée dans l'histoire de mon client tunisien, quand, soudain, il s'est levé pour arpenter la pièce. « Continuez, a-t-il dit. Je cherche juste un verre d'eau pour prendre mes cachets. » J'étais interloquée et j'ai voulu l'aider. Il devait bien y avoir des sonnettes quelque part pour appeler l'huissier ! Il promenait maladroitement ses doigts sur les murs à la recherche d'un cordon. La vie d'un homme était en jeu et le président ne songeait qu'à ses pilules ! « Il ne faut pas m'en vouloir, a-t-il dit, je suis nouveau dans la maison. » C'était incroyable !

Votre client a-t-il été gracié ?

Oui, heureusement. Et je me suis un peu familiarisée avec ce président qui me regardait d'un air paternel et que j'allais voir chaque fois que la vie d'un homme était en jeu. Au printemps 1958, j'ai battu mon propre record et suis allée le voir trois fois dans une même journée pour trois condamnés à mort différents. Deux le matin, une l'après-midi. C'était oppressant. Dans l'audience de l'après-midi, Coty, qui écoutait en général passivement, s'est animé et m'a contredite sur les faits. Je ne comprenais plus rien. Et soudain j'ai eu une fulgurance : il confondait les condamnés ! Un homme pouvait être guillotiné à la place d'un autre ! J'ai dit : « Nous ne parlons pas de la même affaire. C'est le dossier de ce matin que vous évoquez. » Il a ri.

Avez-vous eu l'occasion de défendre la grâce d'un condamné à mort devant le général de Gaulle ?

Oui, le 12 mai 1959, à la suite du grand procès d'El Halia en Algérie [en août 1955, des insurgés algériens tuèrent une trentaine d'Européens dans le village d'El Halia]. Et croyez-moi, c'était autre chose ! Quand il m'est apparu, il m'a semblé gigantesque. Il m'a tendu la main en me toisant. Et, de sa voix rocailleuse, il a lancé : « Bonjour madame. » Il a marqué un temps. « Madame… ou mademoiselle ? » Je n'ai pas aimé. Mais alors pas du tout ! Ma vie personnelle ne le regardait pas. J'ai répondu en le regardant bien droit : « Appelez-moi maître, monsieur le président ! » Il a senti que j'étais froissée et il a accentué sa courtoisie : « Veuillez entrer, je vous prie, maître. Asseyez-vous je vous prie, maître. Je vous écoute, maître. »

Connaissait-il le dossier mieux que son prédécesseur ?

Il l'avait étudié jusqu'aux moindres détails. Mon léger malaise venait du fait qu'il ne me regardait pas durant mes explications. Or j'ai toujours eu besoin de croiser le regard de ceux que je veux convaincre. Comme au tribunal, où j'essaie de capturer mes interlocuteurs. Les attirer à moi pour qu'ils m'écoutent. Le général posait cependant des questions précises à mon confrère Léo Matarasso et moi-même, prouvant qu'il avait lu tous les procès-verbaux. Et, à la fin, il s'est contenté de dire : « Je vous ai entendus. Je vous remercie. » En sortant, nous croisons André Malraux, alors ministre de la Culture, puis le secrétaire du conseil de la magistrature, que je supplie de m'appeler dès qu'il connaîtra la décision. Il refuse, l'affaire est trop sensible, il a peur que j'ameute la presse. « S'il vous plaît ! Au moins pour que je dorme ! » J'ai donné ma parole d'honneur que je garderais le secret. Et, deux jours plus tard, un coup de fil m'apprendra que nos deux clients sont graciés.

J'imagine l'immense satisfaction des avocats !

Vous vous rendez compte ? Il s'agissait de deux vies ! Et elles tenaient à la grâce d'un président, doté d'un droit régalien hérité de l'Ancien Régime. Il n'avait aucune explication à donner. C'était son bon plaisir de monarque. Aucun avocat ne sort indemne de cette ultime mission.

Avez-vous dû assister à une exécution par guillotine ?

Non ! Mais je voyais l'échafaud dans la cour de la prison de Barberousse, à Alger, lorsque j'allais voir mes clients. Et puis j'ai vécu de près l'exécution de Christian Ranucci, 22 ans, en 1976, l'un des derniers guillotinés en France. Son avocat, Paul Lombard, me téléphone le 28 juillet 1976, vers 1 heure du matin. « Je viens d'apprendre que la grâce a été refusée par Giscard. Ranucci va être guillotiné. J'ai rendez-vous à 4 heures moins le quart aux Baumettes. » Il étouffe un sanglot. « C'est un gosse qu'ils vont massacrer ! Un gosse ! Une seule des contradictions du dossier aurait dû interdire sa mort ! » Je suis bouleversée. Je lui conseille de prendre un somnifère. Il me supplie de ne pas raccrocher. « Que puis-je dire à un gosse qu'on envoie à la mort ? » Je ne sais pas. Je ne connais aucun mot capable d'apaiser un homme qu'on va couper en deux. Comment un pays civilisé peut-il en arriver là ? Comment peut-on mettre en place une machinerie pour tuer après des procès, des recours, des réflexions, des signatures ? « Parlez-lui, dis-je enfin. Anesthésiez-le de paroles. Prenez-lui la main. Et embrassez-le. »

La guerre d'Algérie vous a vite happée dans un tourbillon de procès politiques explosifs…

Je ne pensais pas que ces guerres feraient irruption dans ma vie avec une telle violence. J'ai foncé, à la fois avocate et témoin engagée. Je ne pouvais pas refuser. Et, de 1956 aux accords d'Évian, en 1962, je n'ai cessé de faire des allers-retours entre Alger et Paris, où j'étais désormais installée pour assurer la défense des Algériens arrêtés, insurgés, indépendantistes. C'était pour moi une évidence. Mais les pouvoirs spéciaux votés en 1956 [qui permettaient au gouvernement du socialiste Guy Mollet de poursuivre la guerre en Algérie] avaient pris le droit en otage. La justice n'était souvent qu'un simulacre. J'ai découvert, horrifiée, l'étendue des exactions commises par l'armée française, la torture érigée en système, les viols systématiques des militantes arrêtées, les condamnations sur aveux extorqués, sans compter les disparitions et exécutions sommaires. J'étais abasourdie.

Vous étiez l'une des rares femmes avocates à défendre les fellagas…

Oui, et j'étais assurément considérée comme une « traîtresse à la France » par les militaires et tenants de l'Algérie française. Il y avait des crachats, des huées, des insultes et des coups à l'arrivée au tribunal. Des coups de fil nocturnes – « tu ferais mieux de t'occuper de tes gosses, salope ! », des menaces de plastiquage de mon appartement et des petits cercueils envoyés par la poste. Je n'y ai longtemps vu que gesticulations et tentatives d'intimidation, jusqu'à l'assassinat, à Alger, de deux confrères très proches, puis la réception, en 1961, d'un papier à en-tête de l'OAS [Organisation de l'armée secrète, pour le maintien de la France en Algérie] qui annonçait ma condamnation à mort en donnant ordre à chaque militant de m'abattre « immédiatement » et « en tous lieux ». Je n'ai jamais eu peur. Sauf une nuit, au centre de torture du Casino de la Corniche, à Alger, où l'on m'avait jetée et où j'ai pensé avec culpabilité à mes fils de 3 et 6 ans, m'attendant à être exécutée.

Avez-vous rencontré le général Massu, le grand organisateur de toutes les exactions ?

Je me suis imposée un jour de 1957 dans son QG d'Alger. Sans rendez-vous, et dans un état de colère immense. J'avais attendu en vain un de mes clients à la prison de Barberousse. Il avait disparu de sa cellule, enlevé par les militaires pour de nouvelles séances de torture. J'ai couru sans réfléchir vers le bureau de Massu. Qui m'a reçue, contre toute attente. Visage osseux, fine moustache. Il a écouté patiemment mon flot de protestations et mes menaces de porter plainte pour enlèvement et séquestration. Et puis il a entrepris de défendre la torture. « Croyez-moi, pour avoir des renseignements, c'est efficace ! » Je n'arrivais pas à croire qu'il tente sur moi son prosélytisme abject. « Tout de même, vous, une mère de famille, comment acceptez-vous que des assassins cachent des bombes dans des couffins et tuent des enfants ? » Il m'écœurait. J'ai demandé : « De Gaulle est d'accord ? — Ne mélangez pas tout ! » a-t-il répondu.

De retour à Paris, vous faisiez tout pour alerter la presse et chercher des soutiens parmi les intellectuels français…

J'ai appelé Hubert Beuve-Méry, le patron du *Monde*, qui a été formidable. « Venez me voir », m'a-t-il dit. Et quand je suis arrivée dans son bureau de la rue des Italiens, il a levé les bras : « Maître Halimi ! Vous avez l'air d'une étudiante ! » Il a voulu que je lui raconte en détail tout ce que je savais, promettant de m'envoyer le lendemain un journaliste qui écrirait un article. C'est d'ailleurs *Le Monde* qui a accueilli, le 2 juin 1960, la tribune de Simone de Beauvoir « Pour Djamila Boupacha », cette jeune militante du FLN [le Front de libération nationale algérien] que je défendais de toutes mes forces et qui avait été violée et torturée par les militaires français. Le texte de Simone de Beauvoir était parfait, décrivant avec précision les tortures atroces endurées par la jeune fille, y compris la pire : le viol par l'introduction dans son vagin du goulot d'une bouteille. Mais, là, le rédacteur en chef adjoint Robert Gauthier s'est cabré. « On ne peut pas écrire le mot “vagin” dans *Le Monde*, c'est impossible ! Sachez, madame, que nous sommes les héritiers du *Temps* ! » Le journal *Le Temps* devait bien écrire la vérité ! Simone de Beauvoir a menacé de retirer son texte. J'ai négocié et proposé de remplacer « vagin » par « ventre ». « C'est ridicule, Gisèle, grondait Simone de Beauvoir. Comment voulez-vous enfoncer une bouteille dans un ventre ? »

Parlez-nous de votre rencontre avec Simone de Beauvoir…

Essentielle, bien sûr ! J'avais lu *Le Deuxième Sexe* avec passion, je trouvais qu'elle y avait posé toutes les bases théoriques du féminisme. Il nous restait à en inventer les luttes. Et, quand je l'ai vue arriver avec Sartre, ce soir de septembre 1958, à un meeting soutenant le non au référendum de De Gaulle, j'étais terriblement impressionnée. Elle m'a glissé quelques mots gentils et suggéré que nous déjeunions ensemble. Quelle joie ! Dès lors, je l'ai beaucoup fréquentée et je n'ai cessé d'apprécier sa lucidité, sa rigueur, sa combativité. Elle restait ma référence.

Dans votre livre Le Lait de l'oranger *(1988), vous avouez pourtant une petite déception : « J'attendais une sœur de combat, je découvrais une entomologiste »…*

C'est vrai. Son manque de chaleur me troublait. On ne lui sautait pas au cou ! Et elle se barricadait devant la moindre émotion. Sans élan et sans affection pour les personnages de mes grandes affaires, qu'elle considérait essentiellement comme des « cas » utiles pour mener un combat. Lors d'une conférence de presse du comité pour Djamila Boupacha, qu'elle présidait, j'avais demandé à sa jeune amie, Bianca Lamblin, de lire la lettre du père de Djamila, lui aussi torturé. Son récit était bouleversant, ses énumérations des tortures terribles. Bianca a éclaté en sanglots. Il y a eu un long silence, les journalistes retenaient leur souffle. Simone de Beauvoir a alors arraché la feuille des mains de Bianca et, d'une voix très sèche, a terminé le récit, très mécontente de l'incident. Elle ne supportait pas les failles. Mais elle était fiable ! C'était essentiel dans nos combats.

Vos relations avec Sartre étaient plus affectueuses…

Lui, je l'aimais comme un père ! J'avais infiniment plus d'intimité avec lui. D'ailleurs, quand j'ai eu un problème avec un de mes fils, c'est à lui que j'ai demandé conseil. C'était un juste. Un généreux. J'étais son avocate, et Dieu sait qu'il en avait besoin !

Pour ses affaires littéraires ou politiques ?

Pour tout ! Ses contrats, ses procès, ses impôts, les royalties de ses pièces jouées partout dans le monde sans qu'on lui paye les droits… Je cherchais à tout prix à le protéger et à lui épargner la moindre tracasserie. Il m'arrivait même de recevoir à sa place un metteur en scène qui rêvait de monter une de ses pièces, un acteur qui le sollicitait. Sa seule obsession était d'écrire. Le reste n'était que broutilles, et il trouvait toujours des excuses à ceux qui pirataient ses textes. Il se fichait de l'argent, et pourtant il avait des besoins, car il entretenait plusieurs personnes. C'était ainsi. Je faisais partie de ce que Simone de Beauvoir appelait « la famille » et nous dînions souvent à la maison autour d'un couscous.

En 1971, le manifeste des 343 femmes proclamant avoir avorté a lancé un sacré pavé dans la mare. Simone de Beauvoir, Françoise Sagan, Catherine Deneuve, Delphine Seyrig…

Et moi ! J'avais tenu à le signer malgré ma profession d'avocate et le blâme probable qui en résulterait. Car j'avais moi aussi, à 19 ans, connu la plus profonde détresse après un avortement réalisé par un jeune médecin sadique, un monstre, qui avait fait un curetage à vif en disant : « Comme ça, tu ne recommenceras pas. » J'ai beaucoup pleuré cette nuit-là, avec le sentiment qu'on m'avait torturée pour sanctionner ma liberté de femme et me rappeler que je dépendais des hommes. Mais je ne regrettais pas. La biologie m'avait tendu un piège. Je l'avais déjoué. Je voulais vivre en harmonie avec mon corps, pas sous son diktat.

Est-ce à partir de ce manifeste que vous avez créé le mouvement Choisir la cause des femmes ?

Oui. Car plusieurs femmes signataires ont été inquiétées et je me suis juré de les défendre toutes. Deneuve, Sagan ne risquaient rien, mais les autres ? Les « pas connues » ? Simone de Beauvoir a tout de suite été partante. Quant au nom, Choisir, il évoquait ce droit élémentaire pour les femmes de choisir de procréer ou pas.

Quelle effervescence alors dans votre cabinet !

Jour et nuit. Le jour, les femmes faisaient la queue, dans l'escalier de mon immeuble, pensant qu'il suffisait de s'inscrire chez moi pour avoir droit à un avortement. Le soir, jusque très tard, les militantes de Choisir fourmillaient d'idées, de débats, de projets. C'était stimulant, solidaire, inventif. Sans doute l'un des moments les plus extraordinaires de la vie des féministes.

Et puis est arrivé le procès de Bobigny, en 1972, dont vous avez fait un grand procès politique de l'avortement...

L'histoire était exemplaire, comme son héroïne, Michèle Chevalier, la mère si courageuse et si intègre de la jeune Marie-Claire, violée à 16 ans et accusée de s'être fait avorter. Alors, oui, j'ai choisi d'en faire un procès politique et de m'adresser, au-dessus de la tête des magistrats, à l'opinion publique et au pays. Les accusées reconnaissaient les faits, ne s'en excusaient pas, ne les regrettaient pas. Et, avec leurs témoins, elles faisaient le procès d'une loi et d'un système ineptes. Pendant que je plaidais, j'entendais la foule, aux marches du palais, crier avec Delphine Seyrig : « Libérez Marie-Claire ! » ou « Nous avons toutes avorté ! ». Ça porte, vous savez. Comme la colère que je ressentais devant ces hommes qui allaient nous juger et qui ne savaient rien de la vie d'une femme.

Ils ne savaient pas même à quoi servait un spéculum !

« Vous l'avez mis dans la bouche ? » avait demandé le président du tribunal à la femme qui avait pratiqué l'avortement. Quelle honte ! Une magistrate n'aurait jamais posé une question aussi stupide !

Le procès de Bobigny a ouvert la voie à la loi autorisant l'avortement en 1975. Quels étaient vos rapports avec Simone Veil ?

On s'aimait beaucoup. J'ai longuement travaillé avec elle et j'ai vu grandir son féminisme. Elle m'invitait à déjeuner chez elle et n'hésitait pas à chasser son mari pour qu'on puisse papoter tranquillement : « Antoine, tu nous gênes ! » Ou bien elle m'emmenait en virée dans sa voiture avec chauffeur à la recherche d'un bistrot, moche et bien planqué, où elle pourrait fumer sans être reconnue… car elle était alors ministre de la Santé. On buvait un verre de vin et on s'amusait en passant en revue le gouvernement ou en évoquant nos maris et nos fils.

C'est le moment d'évoquer Claude Faux, votre mari…

Claude, mon merveilleux compagnon pendant soixante ans… Nous étions si bien ensemble. C'était un avocat, mais c'était surtout un poète. Il avait été le secrétaire de Sartre. Aragon et l'artiste Jean Lurçat étaient nos témoins de mariage. Et nous avions mille complicités sur des choses fondamentales qui étaient pour nous des raisons de vivre. On parlait le soir. On parlait sans cesse. Et je n'ai pas connu d'homme plus féministe. On me l'enviait à Choisir ! Il me donnait des idées, des conseils : « Tiens, tu devrais travailler là-dessus, ce truc ferait avancer les femmes… »

Faire avancer les femmes, votre obsession de toujours…

Et plus que jamais ! Je suis encore surprise que les injustices faites aux femmes ne suscitent pas une révolte générale.

Que prônez-vous ?

La sororité ! Depuis toujours ! La solidarité ! Quand les femmes comprendront-elles que leur union leur donnerait une force fabuleuse ? Désunies, elles sont vulnérables. Mais, ensemble, elles représentent une force de création extraordinaire. Une force capable de chambouler le monde, sa culture, son organisation, en le rendant plus harmonieux. Les femmes sont folles de ne pas se faire confiance, et les hommes sont fous de se priver de leur apport. J'attends toujours la grande révolution des mentalités. Et je dis aux femmes trois choses : votre indépendance économique est la clé de votre libération. Ne laissez rien passer dans les gestes, le langage, les situations, qui attentent à votre dignité. Ne vous résignez jamais !

Christine and the Queens

« La grâce ultime de vivre,
c'est de tout embrasser »

Comment faut-il l'appeler ? Héloïse Letissier, son identité initiale ? Christine and the Queens, son premier nom de scène ? Chris, son deuxième nom d'artiste ? À moins qu'elle n'en choisisse un troisième, qui corresponde à son évolution ? Autrice, compositrice, chanteuse, performeuse, elle ne cesse de se réinventer, déconstruisant avec panache les représentations classiques du féminin.

Je ne serais pas arrivée là si…

Si je n'avais pas rencontré à Londres, alors que j'avais perdu mon souffle vital, trois drag-queens flamboyantes qui ont dévié ma trajectoire et m'ont fait renaître. C'est vraiment le bon mot : « renaître ». Car je suis née alors une deuxième fois. Avec détermination. En fait, ces travestis merveilleux m'ont sauvée, à ce moment de ma vie où j'allais mal, en manque de perspective et d'inspiration, perdue dans une impasse. Cela fait presque dix ans… Vous voyez, je suis encore une enfant !

Diriez-vous donc, comme Paul Nizan : « J'avais 20 ans. Je ne laisserai personne dire que c'est le plus bel âge de la vie » ?

Vingt ans, le plus bel âge ? Ah non alors ! Au contraire ! C'était terrible. Je n'ai aimé ni mon adolescence ni ma vingtaine et je suis infiniment heureuse de vieillir.

Pourquoi aviez-vous fui à Londres ?

C'était une mini-fuite et mon degré de rock'n'roll, convenons-en, assez bas : j'ai juste pris l'Eurostar ! Seule. Mais c'était déjà pas mal, vu qui j'étais.

Une jeune fille angoissée ?

Très angoissée. Qui avait peur des contacts, peur de décrocher le téléphone, peur de prendre le bus. Et qui était terrifiée par la mort. Une jeune fille empêtrée dans ses questionnements et qui avait longtemps pensé que la littérature était plus importante que la vie. Une jeune fille malheureuse et révoltée qui venait de se faire virer injustement de son école de théâtre, victime d'un sexisme d'autant plus violent qu'il n'était pas avoué. Alors oui, je suis partie, désespérée et perdue, traînant toute seule le soir dans les clubs de Londres en espérant qu'il m'arrive quelque chose. En cherchant même à le provoquer. Et puis voilà qu'un soir, une fois leur spectacle terminé, trois drag-queens ont remarqué dans la salle la jeune paumée et mal en point que j'étais. Elles se sont occupées de moi, m'ont questionnée, remplumée, encouragée à changer de perspective sur mes impasses du moment. Elles étaient à la fois rudes – à leur échelle, ce qui m'arrivait n'était pas gravissime – et tendres. Elles sentaient bien qu'il ne fallait pas grand-chose pour me réaligner.

Et elles vous ont encouragée à chanter ?

Oui. Je voulais faire de la scène, mais détestais ma voix chantée. Et il y avait cette timidité… « Tu as une belle voix, m'ont-elles dit. Qu'attends-tu pour chanter ? » Cette validation était sans doute le petit truc qui me manquait pour y aller. Et tout cela était si romanesque !

Il y avait là les ingrédients d'une légende à écrire…

C'est vrai. J'ai même pensé qu'il me faudrait un jour en faire un film : l'histoire de cette jeune fille qui souffrait d'être une jeune fille dans une société qui en donne une image horrible et que des drag-queens, elles-mêmes dans la performance de la féminité, recueillent pendant trois semaines… Je ne voulais pas être un garçon, mais je détestais la place assignée aux filles dès le collège. Je ne me reconnaissais pas dans l'image des jeunes filles hypersexualisées affichées dans les magazines féminins. Je ne voyais dans ces clichés que parodie et déguisement alors qu'il existe mille autres façons d'être une jeune fille. Je cherchais ma place en haïssant la comédie sociale dans laquelle les gars jouent au foot pendant que les filles, assises sur un banc, gloussent en les regardant. Quelle horreur ! Franchement, je ne voulais être ni là, ni là. C'était donc compliqué. Je me sentais monstrueuse. J'étais montrée du doigt. Cette histoire de la féminité était un vrai tourment.

Celle que Virginie Despentes qualifie « d'arnaque et de putasserie » ?

Celle qui étrique et qui emprisonne. Qui exige que les filles soient polies et pas trop drôles, sexy mais pas salopes. Qu'elles prennent moins de place que les garçons, n'expriment jamais leurs désirs, camouflent leur intelligence pour ne pas leur faire peur, et parlent de toute façon moins fort. J'enviais la situation des garçons, leur liberté d'être nus, sauvages, naturels, ébouriffés. Ce qu'on me demandait à moi, jeune fille, me semblait éreintant. Alors que faire ? Comment survivre ? J'étais tiraillée entre la rébellion – qui isole – et l'adaptation – qui épuise. Je me sentais différente, et mon identité, du coup, était comme un miroir brisé. Je ne comprenais pas que des jeunes s'accrochent à une identité figée pour créer une microsociété aux rapports de force établis par des siècles et des siècles de patriarcat. Moi, je m'évaporais.

À qui pouviez-vous exprimer ce trouble ou ce malaise ?

J'ai toujours eu la chance de pouvoir parler avec mes parents, qui sont des littéraires et qui ont foi en la culture. Je ne me suis pas construite contre eux, bien au contraire. Je viens d'un endroit où l'amour a été constant. Un endroit où il y a mille tendresses, le droit à la nuance, le respect de l'autre, le culte de la liberté. Il y a toujours eu chez nous de beaux livres, de grands films. Et mes parents m'ont donné très tôt les outils pour répondre à mes questionnements. Judith Butler, par exemple. Lire à 15 ans son *Trouble dans le genre* m'a fait comprendre et nommer les choses.

Judith Butler à 15 ans ? Cela devait créer un décalage avec les autres adolescents.

C'est vrai. Car j'ai intellectualisé et déconstruit très tôt les modèles. J'ai réfléchi à mes désirs et arrêté de « performer » la jeune fille au risque de m'isoler. Il y avait une telle hypocrisie en matière d'égalité femmes-hommes ! Certains disaient : voyons, les années 1970 sont passées par là, il n'y a plus besoin de féminisme ! Je crevais d'envie de leur dire : mais ouvrez vos yeux ! Voyez les carcans, les préjugés et les normes phallocrates qui continuent de régir la société ! Moi, j'avais envie de naturel et de liberté. J'avais envie d'être vraiment intelligente, et d'avoir des relations sexuelles comme je l'entendais et sans que cela pose problème.

Et les études ne vous faisaient pas peur ?

Au contraire ! Je m'épanouissais dans mes études. Hypokhâgne, khâgne, c'était passionnant. Au programme, il y avait la poésie contemporaine qui me parlait beaucoup. Et puis j'aimais la littérature, la philosophie, l'histoire. Je bossais, j'adorais ça, et la réussite à Normale Sup est arrivée dans la foulée. Je ne voulais pas du tout être prof (je visais la section études théâtrales), mais le concours était un défi intellectuellement stimulant. Pour mes parents professeurs, qui ont toujours été très humbles, et même complexés – ma mère, fille d'ouvrier, mon père, fils de paysan –, ce fut une vraie joie, et je trouvais ça émouvant. J'ai eu la sensation de prendre symboliquement une revanche pour toute une famille.

Comment vous projetiez-vous dans l'avenir ?

À 10 ans, je voulais être écrivaine. Et à 11 ans, j'ai écrit des nouvelles. La première était gothico-dark et a inquiété mes parents. Ma mère a même cru que je l'avais trouvée sur Internet, ce qui m'a offensée. J'ai tellement lu, étant jeune ! Les Brontë, les Dickens, les Dostoïevski, Albert Cohen… Et l'écriture a surgi comme une pulsion, je parle même d'une maladie. Une maladie avec laquelle je vis, mais qui m'impose sa loi. Ma vie s'est organisée autour de cette activité-là.

Au point de vouloir vivre des choses pour pouvoir les écrire ?

Et de tomber amoureuse pour – aussi – pouvoir l'écrire. C'est là que cela devient confus. Car je sais – et ce ne sont pas les histoires les plus heureuses – que je vais parfois au-devant de situations conflictuelles parce que j'écrirai très bien dessus. Mais sait-on jamais où se trouve la pureté d'un amour ? Bref, j'écris tout le temps, dans les trains, les bus, les avions. Parfois deux paragraphes, d'autres fois quatre pages, notamment si je cristallise sur un amour… J'ai écrit des nouvelles et des pièces de théâtre. Avant d'être virée de mon école, à Lyon, j'avais même reçu une bourse pour monter ma pièce sur le sujet des saints et des martyrs qui m'a toujours fascinée. Et en rentrant de Londres, j'ai écrit Christine and the Queens.

Un personnage inventé ? Fantasmé ?

Ah là là ! Je ne sais pas quel mot utiliser pour que l'on me comprenne. Si je dis « personnage », cela voudrait dire que ce n'était pas moi. Mais Christine était moi. Enfin, c'était celle que je voulais être. Et qui me révélait. Ce n'était pas un masque, plutôt de l'autofiction. Je me donnais de l'audace. Et je mettais un nom sur une autre façon d'être une jeune fille. Une manière d'exister au naturel, en liberté, délestée du passé et autres pesanteurs. Comme on peut le faire uniquement sur scène, qui reste le lieu de l'utopie. On me pose souvent la question : où se cache Héloïse ? Où commence et où finit Christine ? Mais je suis partout !

Et aujourd'hui dans Chris !

Bien sûr ! En fait, je me précise. Et il y a de la malice et de la jubilation à avancer et aussi à surprendre. Comme dans un jeu d'échecs, où le partenaire se demande : mais pourquoi a-t-elle sorti son cheval ? Ou comme dans un roman dont on attend le prochain chapitre. Chris, après Christine, est donc un chapitre 2, affichant une féminité conquérante, inspirée de mythes masculins que j'adore. Rappelons-nous encore une fois les drag-queens : on peut voler à un autre genre pour raconter sa propre histoire. Eh bien moi, je raconte ma féminité en empruntant certains codes de la virilité (cheveux courts, muscles huilés) qui sont en réalité très féminins. Mon changement de look a choqué, comme si j'avais inventé la poudre à explosif. Mais enfin ! Il y avait eu avant moi Annie Lennox, Grace Jones, de nombreuses femmes des années 1990 qui étaient des amazones ou des tomboys ! Je n'ai rien inventé. Je montre simplement que j'ai gagné en force, en confiance, en puissance. Que j'écoute mes désirs sans plus songer à m'excuser. Et que je m'épanouis désormais comme une femme…

« Phallique », avez-vous déclaré à plusieurs reprises. N'est-ce pas entretenir un cliché archaïque ?

J'avais lu ce mot dans un portrait de Rihanna et je l'avais trouvé beau. Cet imaginaire binaire existe encore même si je suis là pour le dynamiter. Je m'en amuse pour créer des zones de trouble. Mais vous avez raison : le phallus synonyme de puissance est un cliché à bannir. Et la « big dick energy » dont parlent les Anglo-Saxons pour évoquer la confiance en soi devrait être remplacée par la « big clit energy ». Car il y a de l'asservissement dans le langage. Il nous faudrait un nouvel Antonin Artaud pour saisir un marteau et mettre en pièces la langue sexiste.

Comment le succès de Christine et de Chris a-t-il changé Héloïse ?

Le succès a été inattendu. Aucun calcul, pas le moindre calibrage. Tout est parti d'un geste hypersincère. Et ça a marché commercialement. Ça me met au défi de poursuivre, de penser au troisième chapitre en remettant tout sur la table, car j'aime le risque. Et je ne suis plus du tout au même endroit. J'ai longtemps cru que j'étais faible, incapable de voyager, de parler devant un groupe, et voilà que je fais le tour du monde et m'adresse à des foules. Je me croyais fragile mais

« performer » est devenu un métier. Mon rapport à la féminité passe donc aujourd'hui par un corps en santé et en force ; qualités réputées viriles qu'on oppose à la douceur, la langueur, voire la mollesse supposées des femmes. Ma sensualité en est plus détendue. Donc ma vie. Et la scène est devenue une addiction. J'en parle comme d'une substance, moi qui n'en prends aucune, car je crains le manque et connais parfois des angoisses : si un jour on venait à se lasser de moi, à ne plus vouloir m'écouter, que ferais-je ?

Les messages fervents de vos centaines de milliers de followers sur Instagram prouvent un impact immense sur les jeunes.

Oui. Je reçois des lettres qui m'émeuvent, des témoignages de filles me remerciant de leur avoir donné l'audace d'assumer leur sexualité ou la force de se lancer dans un projet personnel. J'envoie des signaux, c'est vrai. J'affiche une façon d'exister en tant que femme qui m'a manqué à l'adolescence comme elle a dû manquer à d'autres. En cela mon geste est militant. Le personnage maquillé de David Bowie, dans *Life on Mars*, m'a donné un jour un signal de liberté. Je ne sais pas s'il a changé ma vie, comme je ne sais pas si j'en change d'autres. Mais j'aimerais offrir des espaces de discussion. Et il m'est arrivé d'utiliser Twitter pour poster un livre qui me semblait ouvrir l'horizon. *Testo Junkie*, de Paul B. Preciado par exemple.

Avez-vous le sentiment que la société évolue ? Que les questionnements de jeunes gens sur l'identité, notamment, sont moins douloureux ?

Certaines choses vont dans le bon sens. En 2014, il n'y avait quasiment aucune personnalité très exposée qui se proclamait féministe. Je me souviens d'actrices déclarant : « Je ne suis pas féministe, je suis humaniste. » N'importe quoi ! Et quand moi, j'affirmais l'être clairement, c'était limite : faut la mettre avec les chiens enragés ! #metoo est heureusement passé par là. Devant l'avalanche de témoignages d'agressions sexuelles, les hommes ont d'abord été sceptiques : ah bon ? Vraiment ? Et nous, on ripostait : mais on a dix histoires comme ça ! Beaucoup de nos copines ont vécu ça ! Et peu à peu, tout le monde s'est senti concerné. Donc ça bouge. Même si la sexualité des femmes reste taboue (le stigmate de la salope est toujours là). Et même si je me méfie de lames de fond réactionnaires. J'espère que le mouvement #metoo n'est que le début d'une longue conversation. J'y crois. Comme je crois en les nouvelles générations – allons bon, je parle comme une daronne !

Les discussions les plus passionnantes que j'ai eues à propos de Chris, c'était avec des filles de 15-16 ans, qui m'ont posé des questions, hyperéduquées. Et alors que certains affirmaient que j'avais transitionné, elles m'interrogeaient de façon très respectueuse : « Comment doit-on te genrer ? » Je répondais : « C'est très sympa de me le demander ainsi, mais je reste résolument une femme ! » « Ah, OK. C'était juste pour savoir. » Cette ouverture d'esprit m'a paru vraiment cool. Oui, la société change. La fluidité devient plus naturelle.

Comment voyez-vous l'avenir ?

Dans la création artistique, quelle que soit sa forme. Le cinéma, le théâtre, pas forcément toujours la pop music où la nuance est si dure à imposer. Il y a tant de formes possibles. Tant de belles choses à faire.

Vieillir ?

Ah, ça, je pense que ça va me plaire ! J'ai 30 ans et plus je vieillis, mieux ça va ! Je sais que ce n'est pas facile quand on est un personnage public et ça me rend dingue les ricanements ou attaques contre Madonna. Mais j'aime l'idée de vieillir dans une industrie qui fétichise la jeunesse et sa « lisseur ». Moi, la rugosité ne me dérange pas puisque je n'ai jamais été lisse. Et je me fiche de rester mégacommerciale. Le défi artistique m'excitera toujours plus que de préserver quelque chose. Et je ne ferai jamais de compromis.

Comment vos parents ont-ils vécu l'aventure Chris ?

Ils ne sont pas surpris. Ils voient la cohérence : Chris était dans Christine qui était dans Héloïse. Le dialogue entre nous n'a jamais cessé, naturel, stimulant. Ils aiment la romancière. C'est à elle qu'ils posent des questions. Et les textos incessants de ma mère, lettrés, référencés, n'ont cessé de me nourrir et de m'encourager. Elle a suivi mes trajets d'artiste, et plus je vais loin, plus elle est prête à me suivre :

« Garde tes audaces ma chérie, les audaces sincères sont celles qui durent. » Sa confiance inaltérable m'a portée, comme sa capacité de révolte. Et j'aime sa conviction que la grâce ultime de vivre, c'est de tout embrasser.

Rossy de Palma

« La sororité nous donne des ailes »

Elle est fantasque et pleine d'humour. Audacieuse et poétique. Rebelle et subversive. Artiste hors cadre, hors norme, hors frontières. Pas étonnant que le cinéaste espagnol Pedro Almodóvar et le styliste Jean Paul Gaultier en aient fait leur muse…

Je ne serais pas arrivée là si…

Si je n'avais pas osé ! Osé sortir des rails. Osé remettre en cause l'ordre établi. Osé refuser le packaging de la vie tel qu'on me le proposait. Osé transformer les choses à ma convenance plutôt que de me couler dans le moule. Osé prendre mes droits, tous mes droits, et inventer ma vie. Sans subir !

Votre mère était-elle un modèle de ce point de vue ?

Elle était moderne et très cultivée par rapport à mon père. C'est même elle qui lui a appris à lire, lui qui avait grandi tout seul, sans connaître son père, petit gardien de vaches dans la montagne des Asturies, au nord de l'Espagne. À 14 ans, il avait remarqué des maçons qui construisaient une maison et il s'était dit que ce métier était à sa portée. Eh bien, à 18 ans, c'était fait : il commandait des ouvriers de 40 ans, portait un costume, conduisait une moto et gagnait sa vie. C'était un bosseur et il s'est vite installé à Majorque pour suivre le boom de l'immobilier. Je ne l'ai jamais vu s'arrêter. S'il lui arrivait de rentrer malade à la maison, il mélangeait du lait, du rhum et du miel, transpirait un bon coup et repartait au labeur le lendemain. Il était très doué de ses mains et réalisait, sans s'en rendre compte, des constructions qui ressemblaient à de l'art africain ou à des créations de Gaudí. Mais sa simplicité s'est heurtée à la complexité de ma mère, et le mélange n'a pas fonctionné.

Qu'entendez-vous par « complexité » ?

C'était une artiste. Elle écrivait, brodait, peignait des aquarelles, s'intéressait aux plantes, chantait merveilleusement. Elle avait un potentiel formidable, mais elle a fui son talent et n'a exploité aucun de ses dons. Les disputes avec mon père qui lui faisait payer le fait d'être plus cultivée que lui étaient incessantes. Elle a connu des dépressions, et son catholicisme l'a sûrement empêchée de commettre l'irréparable. Mais cela ne l'a pas empêchée d'essayer de nous donner le maximum de chances à moi et à mes deux frères, malgré le manque cruel d'argent. Elle m'a mise à la danse classique pendant huit ans, elle qui avait toujours rêvé de danser. Elle nous a inscrits au solfège. Elle a passé un accord avec l'épouse britannique de son agent bancaire pour qu'elle nous donne des cours d'anglais. Et puis elle nous parlait vrai. Je la vois encore nous expliquer, à mon frère aîné et à moi, qui devais avoir 11 ans, les cycles menstruels, l'utérus, les ovaires, la masturbation. Les autres filles de ma classe ne savaient rien de ces choses-là !

Aviez-vous la même sensibilité artistique ?

J'étais impatiente et en perpétuelle recherche d'un ailleurs. Un autre monde m'attendait, j'en étais sûre. Un monde où tout serait plus intense, plus magnifique et où l'on comprendrait que j'étais un cygne, et non pas le vilain petit canard que voyait mon entourage. J'éventrais toutes mes poupées pour savoir ce qu'il y avait à l'intérieur. Il n'y avait rien, bien sûr, et j'étais chaque fois déçue. Mais j'étais si curieuse ! Je sais maintenant que la vie est comme un oignon qu'il ne faut pas se précipiter d'éplucher, car il n'en reste rien que l'humidité des larmes versées pour le dépouiller…

La poésie a, semble-t-il, joué un grand rôle dans votre éveil artistique.

C'est la mère de tous les arts. Toute petite, j'écrivais des poèmes, des histoires, des chansonnettes. Ma tante les dactylographiait et ma mère les a conservés. Il y avait notamment un poème déchirant où une femme, contrainte de partir à Paris, disait au revoir à son amant aveugle ! Les mots… Les mots me permettaient d'exprimer tant de choses dans mon environnement difficile. Un jour, je suis tombée sur un poème dadaïste qui m'a illuminée. Et j'ai compris que l'art propulsait dans une autre dimension où sensibilité, beauté et émotions avaient toute leur place. Puis, vers 13 ans, j'ai traversé une phase mystique. Une cousine m'avait offert un livre intitulé *Sainte à ton âge* et j'ai ressenti un besoin de grandeur et d'utilité. La certitude d'avoir été élue, moi aussi, pour quelque chose d'immense.

Comment viviez-vous cette singularité ?

Ces yeux, de formes et de couleurs différentes ? Ce nez, parfait jusqu'à ma communion, mais qui a soudain pris son autonomie – comme la Catalogne – et s'est tordu sans même me consulter ? Mon physique n'a jamais été un problème, même quand des ados en ont fait un sujet de moquerie à l'école. Mon nez m'a même servi de bouclier, me forçant à analyser ce qui pouvait conduire certains à reprocher aux autres des choses auxquelles ils ne pouvaient rien. Il m'a fait mûrir. Et je savais de toute façon que mon étrangeté venait d'ailleurs. De ce bouillonnement intérieur, de ce fatras de questions, de cette quête d'intensité… N'ayant pas fait d'études, je manquais d'outils pour me comprendre. « Mais qui va donc t'aimer avec toute ta complexité ? » m'a dit un jour ma mère. Et la question m'a hantée : qui allait m'aimer en effet ? Il y avait de la douleur là-dedans. Mais la neurolinguistique m'a aidée, plus tard, à formuler et à évacuer tout ça. Et l'art, je le sais maintenant, est une formidable thérapie. J'en ai fait un spectacle : *Résilience d'amour*. Et j'ai remercié un jour Boris Cyrulnik d'avoir développé ce concept que j'avais expérimenté avant même d'en connaître le mot. Oui, d'une grande tristesse peut naître quelque chose de très beau.

À 19 ans, en pleine movida, vous quittez Palma pour Madrid, et vous vous produisez sur scène avec un groupe de musiciens et artistes pop punk…

Le groupe s'appelait Peor Impossible (« pire n'est pas possible ») et réunissait des jeunes gens créatifs, musiciens, danseurs, plasticiens, performeurs. C'était délirant, spontané, inconscient, tellement pur ! Pas d'Instagram. Pas de followers. Il n'était question ni de gloire ni d'argent, mais d'envie de partager des expériences et d'unir nos désirs. Quelle époque géniale et explosive, celle de l'après-Franco ! Quelle fête !

Mais aussi que de dangers !

Oui. Madrid, dans les années 1980, était un lieu de perdition. Les gens s'y droguaient beaucoup, le sida est arrivé. La plupart de mes amis ont plongé dans la drogue, mais moi, quelque chose m'a retenue. Un sentiment de responsabilité que n'avaient pas les autres. Le fait d'avoir abandonné à Majorque mon petit frère que j'avais aidé à élever. Le fait de recevoir parfois de ma mère les quelques pesetas qu'elle réussissait chichement à économiser… Je ne me sentais pas le droit de perdre mon temps. J'étais là pour construire quelque chose. Et même si j'étais une fumeuse de cannabis et si j'ai cédé à bien des tentations, je restais la raisonnable du groupe. La cartésienne. Celle qui protégeait, réparait les bêtises, maintenait de l'ordre. La maman en quelque sorte. La maman qui, après avoir sillonné l'Espagne pour nos spectacles, partagé des chambres et des maisons, supporté la dèche ou les excès des autres, a fini par en avoir un peu marre. Je n'en pouvais plus de voir les gens s'abîmer et en arrivais à refuser de servir un deuxième gin tonic à quelqu'un qui me le réclamait.

Et Pedro Almodóvar a croisé votre route…

Il suivait nos concerts, on se côtoyait tout le temps dans les nuits madrilènes. Et un jour il m'a proposé un petit rôle de journaliste télé dans *La Loi du désir*. Mais à condition que je reste moi-même, c'est-à-dire habillée, coiffée, maquillée telle qu'il m'avait remarquée. C'était si peu un rôle de composition que je ne me suis pas sentie comédienne. Mais quelque chose a pris. Le film, sorti en 1987, a fait scandale. Mon personnage de journaliste est devenu mythique. Des gens se sont fait tatouer sa silhouette. Et j'ai été confrontée à ce drôle de phénomène qu'est la célébrité. Quel piège ! Je ne pouvais plus chercher du travail n'importe où. Je dépendais soudain du désir des autres et devais attendre que l'on m'appelle.

Le fait est que, sur scène comme sur un plateau de cinéma, vous étiez immédiatement à l'aise et dépourvue de trac…

C'est vrai. La scène est pour moi l'endroit où il est enfin licite d'attirer l'attention, contrairement à la rue, où les regards insistants sur moi ou sur ma mère – qui a aussi un grand nez, c'est notre ADN basque ! – ont pu être embarrassants. Il se trouve aussi que ma peau attire la lumière, il y a des peaux comme ça. Le chef opérateur a beau essayer d'illuminer les autres comédiens, je donne l'impression d'absorber toute la lumière. « C'est dingue, protestait Victoria Abril. Tu as avalé une ampoule ? »

Et les films se sont enchaînés ?

Oui. Des films et des spectacles. Près d'une soixantaine. Le travail, la recherche, la créativité forment ma structure vitale. Je ne me suis jamais arrêtée, même à la trentaine, lorsque, après une séparation, j'ai décidé soudain de vivre mon adolescence, et je me suis accordé trois années de folie, confiante dans mon destin.

Comment avez-vous réussi à échapper au regard normatif des metteurs en scène ?

Certains m'ont sûrement engagée avec de mauvaises intentions. Mais je suis forte et j'ai rangé mes placards. Je ne suis pas dans la vanité, mais dans la vérité et la simplicité. J'ai décidé une fois pour toutes que le regard de l'autre, c'est sa responsabilité, pas la mienne. À moi de savoir m'en protéger, et de n'absorber ni sa perversité ni son malaise. Et je vous assure qu'un regard de compassion, au lieu d'un regard de colère, change totalement le rapport.

Que signifie « ranger mes placards » ?

Travailler sur soi. Investiguer, lire, réfléchir, analyser pourquoi on a réagi comme ça, comment on s'est mis dans telle impasse. Penser sa propre responsabilité à l'égard du monde. Refuser d'être victime et de blâmer les autres en geignant : « Le monde est injuste envers moi ! » Cela reviendrait à se mettre soi-même des menottes. J'ai beaucoup lu Krishnamurti, ce philosophe indien, adepte de la pensée positive. Et Pessoa qui, sans sortir du Portugal, avait une compréhension universelle du monde, et assurait que le sens du ridicule n'existe que pour les autres.

Êtes-vous féministe ?

Bien sûr ! Comment pourrait-on être une femme sans être féministe ? Je trouve d'ailleurs que cette époque est fascinante. Il y a évidemment urgence pour la parité et l'égalité salariale. Mais il faut désormais penser bien au-delà et écrire enfin notre histoire, à nous, les femmes. Nous avons tellement grandi qu'il faut ajuster le costume du féminisme : les coutures craquent. Il faut donner une autre ampleur à notre mouvement. Trouver un autre langage. Le vocabulaire actuel est trop restreint, affreusement daté et ne nous correspond pas. Il faut inventer notre langue, à nous qui avons tellement servi les autres, en nous effaçant, en nous oubliant, et sans prendre le temps de nous connaître. Nous sommes en dette avec nous-mêmes ! Alors il faut certes continuer de nous déployer, comme les poupées russes qui grandissent, grandissent infiniment, fortes de toutes les autres, qui constituent leur noyau. Mais sans oublier le voyage intérieur, l'exploration de notre substance. Faisons preuve de curiosité envers nous-mêmes. Travaillons notre estime de soi. J'ai l'impression qu'on vient de naître !

Avec la libération de la parole dans le sillage de l'affaire Weinstein ?

Oui. Dans le cinéma comme dans tous les milieux. On a toutes eu des expériences difficiles. Des types m'ont dit : « Si tu n'es pas gentille, tu ne travailleras plus jamais. » Et je répondais : « Je suis arrivée là sans vous, monsieur. Je continuerai sans vous ! » J'ai toujours pensé que j'avais le choix. Et j'ai souvent eu recours à l'humour pour m'en sortir. À un metteur en scène qui voulait que je couche avec le chef opérateur, « afin qu'il connaisse mieux ton corps », j'ai répondu : « C'est vous qui devriez coucher avec lui, il vous connaîtrait ainsi parfaitement ! » Mais j'ai connu des comédiennes qui ont été violées par un acteur ou un metteur en scène en plein tournage. Oui ! Lors d'une prise ! Devant tout le monde ! Et quand, effarée, je leur demandais : qu'avez-vous fait ? La réponse était : « Rien. J'avais tellement honte. J'étais paralysée. » Je comprends.

Croyez-vous en la solidarité des femmes ?

Mieux que cela : je crois en la sororité ! J'en vois la force et l'incroyable beauté. Entre femmes, pas besoin de masques, d'artifices, de mensonges. On est transparentes. Spirituellement connectées. Et ça donne une merveilleuse liberté. Je me suis toujours méfiée des femmes qui disaient : « Je n'ai pas trop de copines, je m'entends mieux avec les mecs. » Moi, mes copines sont essentielles et viendraient à mon secours au bout du monde. Il faut développer ce lien entre femmes. La sororité nous donne des ailes.

Caroline Fourest

« Mon modèle, c'est Zola »

Foudroyée par l'attentat contre Charlie Hebdo*, elle avait délaissé le front du journalisme pour se concentrer sur son premier long métrage,* Sœurs d'armes*, un film de guerre féministe dans lequel elle a mis toute son âme. « Un tournant de vie », annonçait-elle alors, avant d'être à nouveau happée par l'actualité et le débat d'idées. La voix est posée, et l'œil pétille. Mais il n'est pas si simple de fendre l'armure de cette polémiste virtuose…*

Je ne serais pas arrivée là si…

Si je n'avais pas réalisé, très jeune, que j'étais une femme qui aimait les femmes. Je l'ai annoncé à ma mère à l'âge de 5 ans. Ça l'a terrorisée. Pour ne pas la blesser, j'ai dû lutter contre mon désir toute mon adolescence… avant de trouver le courage de m'autoriser enfin à être qui j'étais.

Avec quelles conséquences ?

Quand j'ai réalisé que je n'étais pas une citoyenne comme les autres, c'est-à-dire que j'avais les mêmes devoirs que les hétéros mais pas les mêmes droits, je me suis battue pour vivre cet amour sans être discriminée. C'est ce qui a forgé ma passion pour l'égalité et aussi nourri ma défiance envers ceux qui se mettent en travers ; les intégristes religieux notamment, qui sont devenus les sujets de mes premières enquêtes. Je suis née à l'engagement par le journalisme.

Et pas le militantisme ?

Non. En dehors de la période où j'ai effectivement milité pour le Pacs, je ne me suis jamais vraiment reconnue dans l'étiquette de « militante ». Ma façon à moi d'être engagée, c'est de convaincre ou de toucher, de prendre la plume pour informer et démontrer, de réaliser des films pour stimuler un autre imaginaire.

Mais tout passe par l'écriture.

L'écriture m'est toujours venue naturellement. J'ai perdu un oncle à l'âge de 16 ans et ma famille s'est tournée vers moi en disant : « Si quelqu'un peut écrire son éloge à l'église, c'est toi. » Ça leur semblait une évidence, tant ils m'avaient toujours vue écrire. Je fabriquais déjà des petits livres à la maternelle ; et j'écrivais, j'écrivais… Il ne faisait aucun doute que ma vie serait liée à l'écriture. Après le bac, grâce à une cousine, j'ai décroché un stage dans une émission de débats sur France 3. Les débats télévisés me passionnaient depuis toute petite. Mes parents me retrouvaient régulièrement endormie devant *Apostrophes* que je ne voulais pourtant pas louper. Pendant mon stage, j'ai rencontré une journaliste qui m'a permis de proposer des papiers à un journal étudiant. J'ai tenté un premier article qui leur a plu, puis j'ai proposé une enquête sur une secte charismatique qui recrutait des étudiants. Je l'ai infiltrée pendant des semaines pour rapporter un récit qui a beaucoup fait rire le rédacteur en chef, et c'était parti. Il m'a embauchée. C'était en 1995, j'avais 20 ans.

Quel était alors votre ressort ?

Disons que le journalisme m'a happée alors que j'étais encore étudiante et que je nourrissais une multitude d'envies. Mais j'y ai vu un moyen de lutter contre ceux qui menaçaient nos droits, nos libertés, une qualité de vie dans un pays que je trouve assez exceptionnel. Ce besoin de protéger le pays peut paraître fou, il m'était pourtant viscéral. Je voyais monter le Front national, les discours haineux contre les sans-papiers, les actions des catholiques intégristes contre l'avortement, les droits des femmes et des homosexuels. J'avais 20 ans, j'assumais enfin qui j'étais et je le payais cher. Mais j'y puisais aussi de la force. Et il se trouve qu'une rencontre, essentielle, a précipité et renforcé cet engagement.

Une rencontre qui pourrait être une deuxième réponse à « Je ne serais pas arrivée là si… » ?

Oui, car elle est fondatrice. Un soir de 1996, alors que je travaillais déjà pour *Transfac*, le journal étudiant pour lequel je réalisais des enquêtes sur l'extrême droite, j'ai vu à la télévision une jeune chercheuse en sciences politiques démasquer et torpiller calmement une passionaria anti-IVG qui était en train de séduire tout le plateau. Elle s'appelait Fiammetta Venner, elle venait de sortir un livre décisif sur les anti-avortements, et elle m'a fascinée. Dès le lendemain, j'ai appelé son éditeur pour l'interviewer par téléphone. Et quelques jours plus tard, elle m'a donné rendez-vous, ainsi qu'à d'autres journalistes, au procès que lui intentaient les anti-avortements, à la 17e chambre correctionnelle. Je suis arrivée dans un tribunal rempli de féministes mais aussi de militants d'extrême droite qui juraient de la faire taire. Quand on s'est vues, un éclair a traversé la fenêtre du tribunal et nous a percutées. Un coup de foudre. Un vrai. Comme dans les films. Il y avait 200 personnes au tribunal, mais c'était comme si nous n'étions que deux dans la pièce. On ne s'est plus quittées.

Mêmes urgences, mêmes combats, mêmes engagements ?

Oui. Elle arrivait du Liban et elle écrivait une énorme thèse de sciences politiques sur l'extrême droite. C'est une chercheuse surdouée, avec une capacité d'emmagasiner et de trier des données à une vitesse hallucinante. On a créé ensemble la revue *ProChoix*, en 1997, écrit des livres et des documentaires en travaillant de façon complémentaire. Même quand on est chacune concentrée sur un sujet, on se consulte et on se relit mutuellement. Elle est mon roc, mon bouclier, mon mentor aussi.

C'est elle qui m'a initiée au féminisme, devenu le fil conducteur de tous mes combats. Et c'est avec elle, très vite, que je me suis battue pour le Pacs, que j'ai entrepris des enquêtes pour démonter les réseaux secrets de Christine Boutin, dégonfler la pétition des maires anti-Pacs. Et bien plus tard que j'ai défendu le mariage pour tous… Car je ne voulais pas vivre dans un monde qui m'interdise de me marier et d'avoir des enfants. L'idée m'était insupportable, même si je n'avais ni envie de me marier ni de faire des enfants. Je me battais farouchement pour le principe d'égalité. Aujourd'hui, avec le vote de la PMA (procréation médicalement assistée) étendue à toutes les femmes, je me sens enfin citoyenne comme les autres, à ma place dans cette République que j'aime. Et libre de me concentrer sur des envies plus personnelles.

Les combats se sont pourtant enchaînés. Comment êtes-vous passée de Christine Boutin à Tariq Ramadan ?

Le choc du 11 septembre 2001 a créé de tels antagonismes, ranimé de telles haines, que nous avons décidé, Fiammetta et moi, de comparer les intégrismes juif, chrétien et musulman dans un livre – *Tirs croisés* – afin d'en extirper la gangue raciste et essentialiste. Et en creusant, je suis tombée sur Tariq Ramadan, un prédicateur musulman dont beaucoup s'entichaient et dont je ne savais que penser. Était-il moderniste ou fondamentaliste ? J'ai enquêté, lu ses discours, ses interviews, écouté ses dizaines de cassettes destinées à la jeunesse musulmane. Et j'y ai trouvé de vraies contradictions accréditant l'idée, avancée par certains spécialistes comme Antoine Sfeir, qu'il tenait un « double discours ». Aussitôt, ses partisans me sont tombés dessus. Il prenait tellement d'importance en Europe. Grasset m'a proposé d'écrire un livre pour y voir plus clair. J'ai répondu : « Je signe pour l'enfer ! »

Alors pourquoi plonger dans cette aventure ?

Mon côté petit soldat. Le service de l'intérêt collectif. L'extrême droite me caricature parfois en Jeanne d'Arc, elle n'a peut-être pas tort ! (Rires.) À l'époque, écrire ce livre est de l'ordre de la mission. Je me dis : si je ne le fais pas, personne ne le fera. Ou ce ne sera pas bien fait et il va s'en sortir. Or je suis consciente que ce prédicateur, redoutable manipulateur, peut à lui seul radicaliser les musulmans d'Europe, embarquer avec lui une partie de la gauche et, au final, régaler l'extrême droite. Il faut l'arrêter. Je m'immerge neuf mois dans son univers, décortique point par point sa mécanique, et démonte son double discours. Je prouve qu'il y a bien une visée stratégique et que, loin de s'en détacher, il est parfaitement fidèle à son grand-père, l'Égyptien Hassan El-Banna, le fondateur des Frères musulmans.

Que se passe-t-il à la sortie du livre, en 2004 ?

La bourrasque. Il renverse l'accusation et me traite de menteuse. Un refrain repris en chœur par ses alliés, ses fidèles, ses fanatiques, le réseau des Frères musulmans, et puis tous ceux que je démasquerai au fil des années : les soraliens, les fans de Dieudonné, les complotistes et bien sûr l'extrême droite frontiste. Me voilà taxée d'islamophobie, moi, la journaliste antiraciste obsédée par l'égalité. Cela se traduit par des chaînes d'insultes, de trolls, de menaces. Mon adresse est divulguée… Le plus douloureux est que des gens pour qui je me suis toujours battue sont sensibles à ses propos, car il est redoutable : des gens de gauche, des féministes, des homos. J'ai le sentiment du devoir accompli, mais un goût amer d'injustice personnelle. Et je vois venir le danger.

Vous ne manquez alors pas de tribunes pour vous exprimer…

Le rôle de l'éditorialiste m'a toujours intéressée davantage que celui de reporter. Mais ce registre-là dans les rédactions a longtemps été un fief masculin. Très peu de femmes osaient y prétendre. Il faudra des années, et notamment le succès de mon blog personnel, pour que l'on me fasse confiance et qu'on me propose de tenir une chronique au *Monde* ou à France Culture. Même à *Charlie*, où j'ai tellement aimé écrire, décrocher ce rôle était presque illusoire. C'est l'une des raisons de mon départ quelque temps après l'affaire des caricatures dans laquelle j'avais défendu le journal avec passion. Heureusement il y avait les livres. La France est un des rares pays où les livres ont encore le pouvoir de changer le cours du débat et du monde. Alors je les utilise pour lancer des alertes, parfois un peu trop tôt, souvent seule contre tous. J'entreprends des enquêtes complexes en essayant de donner toutes les armes, toutes les clés, sur des sujets qui me semblent menacer notre société. *La Tentation obscurantiste* mettait en garde la gauche contre la tentation victimaire et complaisante envers l'islamisme dès 2006.

La tragédie de Charlie *sera le point de bascule ?*

Comment oublier ce matin du 7 janvier 2015 ? Je suis au théâtre où les survivants se sont réfugiés, juste après l'attentat. J'entends Patrick Pelloux égrener en pleurant la liste des proches tombés sous les balles… Cela faisait dix ans que nous sonnions l'alarme. Dix ans que nous dénoncions les mots tordus qui armaient les tueurs. Dix ans qu'on redoutait ces morts. Et voilà qu'ont ressurgi les « oui, mais » et les accusations d'islamophobie ! C'était mettre des cibles sur nos têtes. J'ai vécu sous protection policière juste pour avoir le droit de continuer à m'exprimer en France, alors que c'est en Irak et en Syrie que se jouait notre liberté… Cette dinguerie m'a soudain prise à la gorge. Cela faisait si longtemps que je refoulais ma peine. J'ai compris alors, dans ce tourment émotionnel, que même pour être utile, il y a des choses que je n'étais plus prête à accepter. Trop de furieux aux basques, trop d'ennemis, trop de pression. Trop ! J'avais besoin d'air, de liberté, de cinéma !

Le cinéma était donc un de vos rêves ?

Depuis l'enfance ! Je n'avais pas les mots, je ne connaissais pas le métier, ma famille de commerçants du sud de la France n'avait rien à voir avec le milieu artistique. Mais je dévorais les films et j'adorais l'image. Pour ma première communion, on m'a offert mon cadeau le plus précieux : un appareil photo. Puis, je me suis jetée sur une caméra numérique. J'écrivais des sketches, des discours, des interviews, j'imitais des hommes politiques. Je faisais éclater de rire à la fin des banquets familiaux. Et mon héros de l'époque s'appelait Louis de Funès, mon grand-père fictif ! Je connaissais ses films par cœur et rêvais de devenir comique. Vous voyez, j'ai un peu ripé…

Comique n'est en effet pas le mot qui vient à l'esprit pour vous décrire !

Pourtant l'humour fait vraiment partie de ma vie. Mon père, mes amis sont de grands déconneurs. C'est presque une condition sine qua non pour entrer dans mon cercle. J'ai besoin de cet oxygène, de cette distance et du deuxième degré. C'est pour ça que j'ai tant aimé l'aventure *Charlie.* Un jour, j'avais confié à une de mes tantes : « Quand je serai grande, je serai comédienne. » Elle avait éclaté de rire : « Caroline, tu serais incapable de dire une ligne que tu n'as pas écrite ! » Elle savait mieux que moi que je rêvais en fait d'être cinéaste… Mais à 11 ans, je ne savais pas en quoi ça consistait.

Quel est le déclic qui vous a lancée dans l'écriture d'un film ?

Une vidéo sur les réseaux sociaux, dans laquelle on assiste à la foire aux esclaves et où l'on voit des combattants de Daech, rigolards, évaluer les petites Yézidies, yeux bleus, yeux marron, qu'ils sont prêts à échanger contre leur pistolet ! Cette scène me hante. Je n'arrive plus à passer à autre chose. Je me rends au Kurdistan irakien, comme Charb en avait d'ailleurs le projet avant d'être assassiné. J'y rencontre des bataillons de femmes kurdes, à 800 mètres du front. J'ai envie de les rejoindre. Mais je ne sais *sniper* qu'avec des mots. Il faut l'ampleur du cinéma pour raconter cette histoire inouïe qui combine un sommet d'oppression misogyne et un sommet de puissance féminine. J'écris donc un film de guerre. Un film de guerre féministe.

L'actrice Camélia Jordana dit que ce film a été pour vous une forme de « réparation »…

Elle a raison. Je me suis soignée avec ce film. J'ai pu jouer avec les symboles qui me hantaient, entendre des milliers de crépitements de kalachnikovs, voir des gens mourir et se relever pour aller manger à la cantine, entendre Camélia Jordana crier à un djihadiste qu'elle abat : « Et maintenant, il est où ton paradis, connard ? », avant que les maquilleuses marocaines nous prennent dans leurs bras en disant : « On est fières de faire ce film. » Des figurants berbères se sont identifiés à des Yézidis. Des Kurdes, des Arabes, des juifs, des homos, des hétéros et même des trans ont travaillé tous ensemble. J'ai eu l'impression qu'on s'en sortait par le haut, qu'on transformait ces années sinistres en créativité. J'aime les combats joyeux.

À la sortie de Sœurs d'armes*, vous annoncez vouloir changer de vie. Fini le journalisme, place au cinéma ! Et pourtant, vous publiez très vite un nouveau livre,* Génération offensée *; on vous revoit à la télévision commenter l'actualité ; vous avez même lancé un nouveau journal,* Franc-tireur *! Que s'est-il passé ?*

Le devoir, ce fichu sens du devoir m'a rattrapée ! Plus sérieusement, diriger un journal a toujours fait partie de mes rêves. D'ailleurs, si je devais citer un seul modèle, ce serait Émile Zola. Il a grandi en Provence lui aussi ; il a ferraillé contre l'aveuglement, secoué la gauche complice du pire, alerté contre l'antisémitisme, pris des coups pour avoir vu juste, sans jamais renoncer à l'écriture de romans et de séries qui racontaient son époque. Eh bien, c'est mon envie. Continuer à pouvoir alerter par la plume ou dans l'agora publique, continuer à éditorialiser dans la presse, tout en écrivant des films et des séries pour le plus grand nombre.

« La passion est encore ce qui aide le mieux à vivre », écrivait justement Zola…

On ne fait aucun effort lorsqu'on est passionné ! On se donne sans compter et l'on reçoit beaucoup. C'est la passion de la raison qui me pousse à me battre pour ce que je crois juste, au risque de l'épuisement et de l'oubli de soi. Mais j'ai d'autres passions qui, heureusement, me protègent : l'amour de l'amour et l'amour du beau… Le secret de l'harmonie réside dans l'équilibre des passions.

Anne Sylvestre

« Là où j'ai peur, j'irai ! »

Ses Fabulettes *ont, certes, marqué des générations d'enfants. Mais parmi ses 400 chansons pour adultes, il est quelques chefs-d'œuvre – « J'aime les gens qui doutent » – devenus des classiques, qui la placent parmi les figures les plus marquantes de la chanson française. Notre rencontre a eu lieu dans un vieux bistrot, deux ans avant son décès, à 86 ans. Et elle tremblait encore en évoquant son enfance… « du mauvais côté ».*

Je ne serais pas arrivée là si…

Si je n'avais pas eu ce nez !

Ce nez ? Je ne l'avais pas remarqué. Qu'a-t-il de particulier ?

Il n'est pas petit, comme la mode l'exigeait à l'époque où j'ai commencé à chanter, il y a soixante ans. Il était alors interdit d'avoir un grand nez et vous n'avez pas idée du nombre de fois où l'on m'a conseillé de le faire refaire, sans même penser que cela aurait pu altérer ma voix en modifiant les résonateurs.

« Vous seriez tellement plus mignonne ! Pour faire des photos, ce serait tellement mieux ! » Ah là là ! ce que j'ai pu entendre ! Je débarquais dans ce milieu sans rien savoir. Juste l'envie de chanter avec ma guitare. Et c'est ce nez qui, de façon inouïe, devenait un obstacle.

Et vous vous êtes cabrée !

Bien sûr ! J'ai réagi. Arrêtez de me parler de mon nez ! Ça suffit ! Qu'est-ce qu'il a ? Je ne vais pas le changer ! Pas question de me modeler ! Alors on a dit que j'avais un sale caractère. Que j'étais insolente. Simplement parce que je savais ce que je voulais… et ne voulais pas. Je me souviens de deux attachés de presse dans ma première maison de disques qui ne savaient que faire de cette grande fille à cheveux longs, nez fort et jupe plissée. J'aurais préféré chanter en pantalon, mais on m'avait dit que cela ferait mauvais genre. Ils ont fait passer l'idée aux journalistes que j'avais décidément très mauvais caractère. Quand on ne rentre pas dans le cadre…

Vous l'avez ressenti comme une humiliation ?

Sur le moment, j'ai été très meurtrie. Vous imaginez ? Un soir, dans un cabaret où je me produisais, un homme a dit très fort à sa compagne, entre deux de mes chansons : « Avec un nez comme ça, elle pourrait jouer Cyrano. » J'ai fondu en larmes. Ce n'est qu'une anecdote. J'avais déjà un caractère assez bien trempé. Mais mon premier directeur artistique, Jacques Canetti, qui m'a donné la grande liberté de chanter ce que je voulais, m'avait lui-même dit, à l'audition : « Vous faites de belles chansons, mais vous ne serez jamais interprète. » Ce à quoi j'avais répondu : « C'est ce qu'on verra ! »

Au lieu d'être un frein, ce nez s'est donc révélé un moteur ?

Eh bien oui. « Ah ! vous n'aimez pas mon nez ? Eh bien, vous allez voir ! Et vous n'allez pas m'empêcher d'avancer ! » Mais ce nez est sans doute le symbole d'autre chose. D'une différence, sans doute. D'une détermination à toute épreuve. Et d'une belle insolence. Car c'en était une d'oser monter sur scène si jeune, sans se ranger aux directives des producteurs et maisons de disques, en prétendant chanter ses propres chansons. Il y avait très peu de femmes auteures-interprètes, vous savez.

Sur scène, dans vos premiers cabarets, étiez-vous à l'aise ?

Oh non ! J'étais terrifiée. Mes genoux flageolaient. Défendre ses propres textes, c'est exposer aux autres ses tripes et son cœur. Et, les premiers soirs, je pleurais après avoir chanté mes trois chansons en début de spectacle. Je courais m'enfermer aux toilettes, désespérée à l'idée de n'être pas à la hauteur de ceux qui chantaient après moi. Je me promettais de ne plus revenir. Et le lendemain j'étais pourtant là.

D'où venait la flamme ?

J'avais envie.

De quoi ?

De chanter devant les gens. J'avais trouvé le mode d'expression qui me convenait : l'écriture de chansons. Je ne voyais pas ce que j'aurais pu faire d'autre. Prof de latin et de littérature, puisque j'avais étudié les lettres ? Non, impossible. Écrire des chansons était ce qui me plaisait, malgré la terreur d'affronter le public. J'ai retrouvé sur un de mes cahiers de l'époque cette phrase qui pourrait être une devise : « Là où j'ai peur, j'irai. » Tout est dit. Mais il y a eu un long décalage entre mon engagement dans ce métier et l'acceptation de l'idée que des gens puissent apprécier mes textes et m'aimer. Il m'a fallu des années pour l'admettre. Je n'y croyais pas.

Mais vous persistiez !

Oui. Et en 1973, alors que je chantais depuis quinze ans, que j'avais eu bien des ennuis avec des maisons de disques et que j'étais devenue productrice indépendante, j'ai écrit la chanson « Me v'là ». « Pour avoir mon âme et ma peau/Fallait messieurs-dames, se lever tôt/Oui j'ai la peau dure, je vais mon allure/Parfois je me hâte, mais jamais à quatre pattes/Me v'là, me v'là, me v'là. » Cela voulait dire : il va falloir compter avec moi ! Sur scène, j'en avais même durci les paroles : « Ils voulaient mon âme et ma peau, ils n'ont pas eu ma flamme les salauds... » J'avançais, malgré l'adversité. D'ailleurs j'avais une revanche à prendre.

Sur cette enfance si singulière ?

Oui. Ma petite enfance fut heureuse et protégée. Mais après...

Votre père, Albert Beugras, un des bras droits de Jacques Doriot, fut un collaborationniste qui s'est enfui en Allemagne en 1944 avant d'être arrêté en 1946. Que saviez-vous pendant la guerre ?

J'avais 6 ans en 1940, 10 ans à la Libération. C'est bien jeune ! Je savais que papa partait souvent le soir, et que maman pleurait. Mais un enfant ne cherche pas à explorer là où il se doute que ça fait mal. Et j'avais eu le temps d'aimer mon père avant qu'il ne disparaisse… Quand il est parti en Allemagne, une nuit, il a emmené mon frère Jean, qui avait 18 ans, parce qu'il avait peur qu'il paye pour lui. Nous, c'est-à-dire ma mère, ma petite sœur, mon autre frère, Paul, et moi, on est allés se cacher à Suresnes, dans le petit appartement de ma tante, abandonnant le nôtre et tout ce qu'il y avait dedans. Et puis on a appris que mon frère était mort dans un bombardement allié et que mon père était arrêté et emprisonné à Fresnes.

Qu'avez-vous su de son procès, en 1948 ?

Maman a voulu que j'y assiste. Et j'ai vu quelqu'un pointer mon père du doigt en disant : « Cet homme mérite la mort. Cent fois la mort. » À l'école, les élèves m'ont mise en quarantaine. Leurs parents leur ont interdit de me fréquenter. Alors, voyez-vous, dans cette histoire de nez – que j'ai d'ailleurs hérité de mon père – et cette volonté de revanche, il y a une résurgence de ce que j'ai pu éprouver à l'époque : « OK, mon père est un traître. Mais je vous emmerde et je serai Prix d'excellence. » Et j'ai été Prix d'excellence.

Mais que compreniez-vous, à l'époque, de la situation ?

Je suis allée voir mon père en prison chaque semaine, pendant dix ans. Il écrivait des lettres. Mais je ne lui ai pas posé la moindre question. C'était déjà assez difficile… Je me souviens qu'un jour tous les enfants de notre quartier, à Suresnes, sont descendus au bois de Boulogne voir les soldats américains qui y avaient établi leur campement. Ils ont emmené la petite que j'étais alors. Tous les gosses étaient excités parce que les Américains distribuaient bonbons, chewing-gums, chocolats. Mais moi, j'ai refusé.

Pourquoi ?

Je n'y avais pas droit.

Vous aviez de vous-même intégré cette idée ?

Oui. J'avais grandi du mauvais côté. Et même le chagrin que j'éprouvais pour la perte de mon frère aîné, qui était mon dieu, semblait illégitime. Mais j'ai eu la chance d'être protégée de façon magnifique par des gens du quartier, comme par la directrice de mon école de dominicaines, qui était une sœur du colonel Rémy, grand résistant, et qui elle-même avait été déportée.

Lorsque votre père est rentré, avez-vous pu avoir de vraies conversations ?

Non. Je n'ai pas davantage posé de questions. Je n'ai pas osé. Je commençais déjà à chanter et il est très vite venu me voir et me soutenir. D'ailleurs, un soir, au cabaret La Colombe, où m'avait introduite un copain de l'école de voile des Glénans, il a tout de suite bondi lorsque quelqu'un a fait une énième réflexion sur mon nez : « Il ne vous plaît pas, le nez de ma fille ? »

Mais dans le métier vous gardiez le secret de votre identité ?

Oui. C'était mon secret honteux. Et je vivais dans la crainte d'être démasquée. Quelle panique lorsque ma jeune sœur, Marie Chaix, a sorti un livre racontant son histoire en 1974 ! « Surtout ne dis pas que nous sommes sœurs », l'ai-je suppliée. Mais ça n'a bien sûr tenu qu'un temps. Et le moment de la révélation fut très très dur à encaisser. Ceux qui m'ont le plus soutenue furent mes amis juifs.

En 1994, c'est pourtant vous qui prenez la plume pour évoquer l'amour impossible entre « Roméo et Judith », séparés par l'histoire opposée de leurs familles, l'une bourreau et l'autre persécutée.

Je m'exprimais par la voix de Roméo : « J'ai souffert du mauvais côté/Dans mon enfance dévastée (...) Sur moi la honte s'accumule/Le sang que je porte me brûle/Je ne peux me l'ôter du corps. » Bien sûr que l'histoire de ce père collabo me poursuit. Le sentiment de culpabilité ne s'efface pas ainsi. Un soir, lors d'un dîner, des amis juifs ont évoqué devant moi le grenier où ils s'étaient cachés, enfants, pendant l'Occupation. Je me suis sentie oppressée. Je suis vite rentrée chez moi. Il fallait que j'en parle. Je n'avais pas le choix. Et j'ai écrit « Le P'tit Grenier ». « Vous y grimpiez par une échelle/Qu'on installait dans l'escalier/Finis tous vos jeux de marelle/Et vos parties de chat perché… »

Le refrain était : « Moi, j'ai le cœur tout barbouillé, quand vous parlez du p'tit grenier. » Vous n'imaginez pas la tension et l'émotion lorsque je l'ai chantée sur scène. C'était fou.

Vous avez écrit plus de 400 chansons, abordé tous les thèmes, raconté des dizaines d'histoires. Quels étaient vos principaux sujets d'inspiration ?

La vie, les gens, l'amour, la maternité si essentielle pour moi, les tempêtes du cœur, la déshumanisation de la société, un mari parti à la guerre en Algérie, l'histoire d'amour tragique de Gabrielle Russier, les enfants qui nous pompent l'énergie, le désastre de l'*Amoco-Cadiz*, la beauté des cathédrales… J'ai beaucoup parlé de la situation des femmes parce que je connaissais bien le sujet. Et il y avait une sorte de désert puisque les paroliers étaient quasiment tous des hommes. J'ai eu l'instinct de combler le manque. Et puis cela me rendait furieuse de voir des vieux birbes parler par exemple du ventre des femmes ! C'est ainsi que j'ai écrit la chanson « Non, tu n'as pas de nom » sur le libre choix d'avorter ou pas.

C'était audacieux. L'avortement était alors interdit.

Je n'ai jamais été inquiétée, ni même interrompue. Je la chantais sur scène les yeux fermés. Mais, bien sûr, la chanson ne passait pas à la radio. Gisèle Halimi, plus tard, demandera à ce qu'on la diffuse lorsqu'elle était interviewée sur le sujet.

Les mouvements féministes vous soutenaient-ils ?

Il y avait beaucoup de sympathie, mais je n'ai jamais fait partie de groupes ou de mouvements. Je n'aime pas les défilés ni les manifestations. Ce n'est pas pour moi. En mai 1968, je suis partie à la campagne avec mes filles. Mon histoire personnelle faisait que je ne me sentais aucun droit de m'engager politiquement. Encore aujourd'hui je ressens un malaise lorsqu'on me demande de signer une pétition. J'avais compris, enfant, que la politique signifiait brûlure et je faisais un blocage. J'étais donc isolée, écrivant des chansons engagées et féministes comme Monsieur Jourdain écrivait de la prose. Sans le savoir. Mais s'il est une étiquette que je ne renierai jamais, c'est pourtant bien celle-là, même si elle m'a nui dans les médias, où le fait d'être taxée de « féministe de service », c'est-à-dire d'emmerdeuse, vous barrait les antennes.

Le mouvement #metoo n'a-t-il pas inversé la situation ?

Le flambeau a bien été repris. Il a sauté une génération. Mais comme cela a pris du temps ! Vous souvenez-vous de cette chanson que j'avais écrite après l'affaire Dominique Strauss-Kahn en réaction au fameux « Y a pas mort d'homme » de Jack Lang ? Elle s'appelait « Juste une femme » et fustigeait ce « petit monsieur, petit costard, petite bedaine, petite saleté dans le regard » qui ne voyait pas ce qu'il y avait de mal à « saloper » ou à « bafouer » une femme.

À quoi sert une chanson ?

Principalement à consoler les gens. À leur dire : vous n'êtes pas tout seuls. Je suis une sorte d'écrivain public. À moi de trouver les mots pour exprimer les troubles, peurs, douleurs, bonheurs, sentiments des autres. Mais comme c'est dur d'écrire !

« Écrire pour ne pas mourir », n'est-ce pas le titre d'une de vos plus belles chansons ?

Figurez-vous qu'un jour, alors que je la chantais à La Cigale, j'ai eu un trou de mémoire extraordinaire. La phrase commençait par : « Que j'aie pris ma revanche ou bien trouvé refuge / Dans mes chansons, j'ai toujours voulu… » Et je me suis arrêtée net. J'ai voulu quoi, déjà ? Je n'en avais aucune idée. La salle a ri. Et, dans le public, quelqu'un m'a soufflé : « Exister ! » Oui, c'était bien cela. J'ai toujours voulu exister.

Élisabeth de Fontenay

« Je suis une juive d'Auschwitz »

La Shoah, Diderot, Lucrèce, la question animale, la vulnérabilité des vivants… La palette de cette philosophe-vigie, née en 1934, est immense. D'une plume inquiète et tranchante, elle explore sans relâche l'énigme de l'humanité. Inconsolée par ses propres secrets de famille qui continuent de la hanter.

Je ne serais pas arrivée là si…

Si ma mère n'avait pas été juive, si ma famille maternelle n'avait pas été exterminée à Auschwitz et si le secret dont tout cela a été entouré ne m'avait à la fois détruite et construite. C'est la première chose.

La deuxième : si cette longue catastrophe silencieuse qu'est mon frère Gaspard, handicapé mental, enfermé en lui-même et coupé du réel, n'avait influencé toute ma vie, y compris mes décisions philosophiques et politiques. En cela, je dis qu'il fut une sorte de maître intérieur.

Enfin, si je n'avais pas eu le bonheur de rencontrer Jankélévitch et d'être son assistante à la Sorbonne. Juif russe comme ma mère, résistant comme mon père, il fut en quelque sorte la conciliation entre les deux, conciliation si difficile pour moi…

Mère, père, frère… Revenons donc à l'enfance. Ne décide-t-elle pas, selon le mot de Sartre ?

Sans doute. L'enfant que j'étais vivait dans un trouble permanent sans en connaître la cause. Ma mère, donc, était juive, promise au pire, et je ne le savais pas. Elle était née à Odessa, avait fait des études scientifiques et s'était fait baptiser afin d'épouser mon père, avocat certes, mais aussi hobereau normand, de famille conservatrice et très catholique. Ils m'ont inscrite au collège Sainte-Marie de Neuilly en 1939 – j'avais 5 ans –, une école jésuite pour filles que j'ai beaucoup aimée et envers laquelle je ressens une dette immense, mais où j'étais tellement insupportable qu'on me renvoyait de temps en temps. Un symptôme évident de mon mal-être.

Pourquoi ?

J'ai souvenir d'une angoisse persistante. Mon père s'était engagé dans la Résistance dès la première heure et était donc très absent. Il n'avait guère de temps pour s'intéresser à ses enfants, si ce n'est ce jour où il nous a emmenés faire un tour sur sa bicyclette, mon petit frère installé sur le cadre, et moi, folle de joie, sur le porte-bagages. J'ai appris longtemps après que nous n'avions eu ce privilège que parce qu'il avait été averti que la Gestapo viendrait l'arrêter à la maison et qu'il attendait avec nous que le péril soit passé. Début 1944, il a d'ailleurs disparu pendant un an dans la clandestinité. Quant à ma mère, elle avait tenu à garder son cabinet dentaire bien que dénoncée et inscrite sur la liste des dentistes juifs à arrêter. Elle a alors commencé à passer la nuit hors de la maison et à se cacher. Car elle aurait dû mourir à Auschwitz. Vous entendez ? Ma mère aurait dû être assassinée à Auschwitz, comme sa famille et comme tant d'autres. Et ça, rien que d'y penser, je perds la tête.

Mais que saviez-vous alors du danger qu'elle courait ?

Rien. On cultivait le secret et on ne disait rien. Je n'ai donc rien su de la soudaine disparition de ma grand-mère, de ma tante, de son mari, et de nos deux cousins qui avaient notre âge, arrêtés par la police française en mars 1944, déportés et gazés à Auschwitz. Rien, même quand nous avons dû nous cacher après leur arrestation. Et même quand la guerre a été finie. Sa famille avait disparu, mais ma mère ne m'a rien dit. Elle ne pouvait rien me dire. C'était juste indicible.

Posiez-vous des questions ?

Je m'étonnais de ne plus voir mes cousins, mais je ne posais pas de questions. J'imaginais qu'ils étaient partis au Canada ou en Australie, ou que nous étions brouillés avec eux. À vrai dire, je ne savais rien. Je n'interrogeais pas mon père pour ne pas trahir ma mère, et je n'interrogeais pas ma mère parce que j'étais terrorisée à l'idée de lui faire du mal et qu'elle me réponde… Mais, vous savez, je peux comprendre. C'était effroyable pour elle de se dire que sa mère, sa sœur, ses neveux avaient été éliminés comme des déchets. Beaucoup de parents juifs de l'époque se sont murés dans le silence pour protéger leurs enfants, sans se rendre compte que ce silence détruisait leurs enfants.

Les années passant, avez-vous pu parler ?

Non. J'étais pourtant troublée par des interrogations et des doutes infinis. Je voyais bien que ma mère n'était pas comme les autres mères de mes amies de Sainte-Marie. Même si elle allait à la messe, il y avait quelque chose de différent… Difficile à expliquer. Elle était très russe. D'une blondeur inouïe. Et elle était née Hornstein, un nom qui sonnait étrangement. Mais je ne savais pas ce que voulait dire être juif. Et son visage donnait le change. Et puis, à 17 ans, j'ai lu les *Réflexions sur la question juive*, de Sartre, il disait qu'il n'y avait pas de race juive, et que, du reste, certains juifs étaient blonds. Ce fut une révélation ! Ma mère, si blonde, était juive !

N'était-ce pas le moment d'avoir la conversation attendue ?

Impossible. Je n'ai déterré les secrets qu'un à un, au fil du temps, me construisant en fin de compte sans mes parents et contre eux. D'abord sur mon ascendance juive. Et sur Auschwitz. Car c'est un fait : je n'ai pas été déportée, mais je suis une « juive d'Auschwitz ». Un jour, constatant la tristesse que j'avais à n'avoir jamais pu m'entretenir avec ma mère de ces questions, une amie l'a appelée : « Écoutez madame, Élisabeth voudrait parler avec vous de toutes sortes de choses, notamment de votre famille. Vous devriez… » Ma mère lui a dit : « Venez ce soir à 5 heures. » Quand je suis passée chez elle en fin de matinée pour lui apporter son déjeuner, elle était morte.

C'était donc bien indicible…

Oui. L'histoire est effrayante, n'est-ce pas ? Les secrets de famille qui cuirassaient mes parents m'ont donné, après leur mort, la force d'éclairer l'ombre.

Parmi ces secrets, il y avait ce frère, de deux ans votre cadet. Ce frère… différent.

On ne qualifiait pas son état. Du moins dans la famille. Et j'ignore le diagnostic posé à l'époque par les médecins sur cette fatale déficience. Là encore régnait comme un secret, et je me perdais en conjectures, perplexe et impatiente. C'était un très bel enfant mais coupé de la réalité, de la causalité, de la rationalité. Avec quelques accès de violence. Il avait certains symptômes caractéristiques de l'autisme, mais que l'on attribuait alors à la schizophrénie. Si ce mot a été prononcé – mais comment le savoir ? –, il a dû effrayer mes parents qui l'ont éloigné de moi lorsqu'il a eu 15 ans. Les médecins que j'ai interrogés me parlent de psychose infantile. Et ce mot me console, parce qu'il s'oppose à l'idée de nature, qu'il implique que Gaspard n'est pas simplement débile ou arriéré, et qu'il sous-entend une histoire. Quelque chose est bien arrivé à mon frère…

Quelle était l'attitude de vos parents à son égard ?

Celle de mon père exprimait à la fois une grande douleur et un vrai stoïcisme – il y avait forcément l'échec dans la transmission du nom. Mais après la guerre, il avait été nommé directeur de l'ENA et il avait une vie très remplie. C'est ma mère que j'ai vue à la fois espérer et se désespérer. Comme mon père avait exigé après la guerre qu'elle ferme son cabinet, elle a investi toute son énergie dans l'éducation de Gaspard. Je l'ai vue s'acharner à lui apprendre à lire, écrire, compter. S'obstiner à lui inculquer les bonnes manières, à table et en société. Il pratique encore merveilleusement le baisemain et conserve une orthographe parfaite.

Aviez-vous avec lui une quelconque complicité ?

Non. On jouait ensemble et je me distrayais en l'énervant, en le poussant à bout, en déclenchant sa colère. Ça se terminait par des jets de cubes ou de quilles contre la porte de ma chambre. J'avais un peu honte de sa bizarrerie et je n'osais pas faire venir des amies dans ma chambre de crainte qu'elles ne le croisent dans le couloir. Quand il a quitté la maison, je me suis sans doute sentie libérée. Mais je percevais la détresse de ma mère. En Suisse, où il a d'abord été hospitalisé, il a été assommé par les premiers neuroleptiques, alors qu'à Paris il avait commencé une psychothérapie analytique et qu'il s'était mis à parler, lui, le silencieux. Mais ça n'a pas duré. Qui sait ce qui aurait pu se passer, de dangereux et de vivant, s'il avait continué cette analyse ?

Vous vous cognez toujours à son immense mystère ?

Oui. Et son apathie comme son manque d'affect me font souffrir bien plus que son retard mental. Il n'y a jamais partage d'émotion, de tristesse, de pitié.

Quand notre mère est morte et que je suis allée le lui annoncer dans l'institution où il vit, j'ai espéré, je crois, que cela lui fasse mal. Mais il n'a pas fait montre de la moindre émotion. Pas plus qu'il ne manifeste quoi que ce soit, quand nous nous quittons ou nous retrouvons trois fois par an. Lorsqu'il s'en va, il me demande seulement quand il reviendra.

Le désarroi de votre père devant son fils lui a-t-il fait reporter sur vous ses espoirs ?

Oui. J'ai pris la place du fils. Et j'en nourris toujours une culpabilité vis-à-vis de Gaspard. Je sauvais le couple de mes parents : ils n'avaient pas entièrement échoué. Si j'ai passé l'agrégation, c'est parce qu'ils m'ont harcelée. J'étais très paresseuse.

En quoi ce petit frère déficient a-t-il influencé votre vie ?

Il a fait de moi une femme de gauche. Il m'a fait détester tout ce qui est de l'ordre de la compétition, de la rivalité, de la performance, j'ajouterais même des grandes écoles, moi qui aurais pourtant rêvé d'être normalienne. Entendre des parents se vanter de ce que leur enfant est le meilleur en classe m'est odieux. Mon orientation politique vient donc de lui. Un rejet du libéralisme et la volonté d'un État protecteur pour les plus faibles, pour ceux qui boitent et peuvent tomber sur le bas-côté de la route. Je ne peux pas dire que ce fut mon maître spirituel ou mon ange gardien, mais il a veillé sur mon parcours, m'a empêchée d'écrire des bêtises, de m'égarer dans une croyance en la toute-puissance des idées et m'a protégée de tout excès politique.

Sans doute est-il aussi à l'origine de mon intérêt et de mon combat pour les animaux, leur vulnérabilité et leur sensibilité. Je comprends aujourd'hui que c'est à son mystère que je dois d'avoir réfléchi plus avant. Il est à la source, avec mon origine juive, de mon choix de la philosophie.

Pourquoi écrire sur lui, maintenant ?

Avant, ce n'était pas possible. Maintenant, il le fallait. Il a atrocement et subitement vieilli, cela m'a frappée très récemment. Et j'en ai une peine infinie. Nous atteignons tous deux le grand âge. Alors, par l'écriture, j'ai voulu sceller nos histoires. Pour le sauver. Pour nous sauver. Sauver notre minuscule fratrie qui disparaîtra sans descendance. Je ne pouvais pas laisser se terminer nos deux vies sans essayer d'en simuler l'achèvement. Faire en sorte que notre nom et nos deux prénoms imprimés dans un livre survivent dans le clair-obscur de bibliothèques. Cela vaut mieux qu'une tombe.

La sérénité est-elle enfin possible ?

Non. Le livre a retiré de ma chair l'épine qu'a été Gaspard ma vie durant. Car ce fut un bonheur d'écrire sur lui. Mais je ne connais pas la fameuse résilience. Je ne suis pas réconciliée avec l'humanité qui fut capable de la Shoah. Ma révolte est intacte. Et j'ai en moi une volonté inassouvie et inassouvissable de justice.

Vous arrive-t-il de vous demander ce qu'aurait été votre vie si Gaspard avait été « normal » et si…

Et si ma famille n'était pas morte à Auschwitz ? Ah ! C'est la grande et vertigineuse question que je me pose ! Et c'est avec effroi que je me demande ce que je serais devenue – sans doute pas grand-chose si je n'avais pas eu ces deux gouffres qui m'ont construite.

Effroi ? Quel mot étrange !

C'est effrayant de penser que de cette double négativité absolue a pu naître quelque chose de positif. J'en suis arrivée là… grâce à ces deux réalités irréversibles et inassumables.

Isabella Rossellini

« La vie m'aime et me plaît »

Elle tient une ferme près de New York. Pourtant, c'est au musée d'Orsay qu'a lieu notre entretien puisqu'elle y présente, vêtue d'un manteau-cape somptueux imitant la parure du paon, un spectacle hilarant sur les mœurs animales. À presque 70 ans, l'actrice et mannequin italo-américaine recueille avec détermination la moindre goutte de bonheur.

Je ne serais pas arrivée là si…

Si je n'avais pas fait preuve d'audace en m'inscrivant à l'université à l'âge de 55 ans. Avouez que ce n'est pas un âge classique pour faire son entrée à l'université, mais ce fut une idée géniale qui m'a permis d'étudier l'éthologie, la science du comportement des animaux – une passion depuis mon enfance – et qui a donné à ma vie une nouvelle impulsion. Je traversais alors un désert professionnel. J'avais travaillé toute ma vie comme mannequin et actrice, et vers 45 ans, le téléphone s'était brutalement arrêté de sonner. Les contrats s'étaient raréfiés, les rôles avaient disparu. Rideau sur la femme mûre ! Ma mère m'avait prévenue : entre 45 et 60 ans, toutes les comédiennes connaissent un creux. Mais que cela m'arrive à moi m'a stupéfiée. Comme d'ailleurs ce brusque rebond de carrière, la soixantaine venue. C'est incroyable : je suis assaillie de sollicitations alors que j'approche des 70 ans ! Mais voilà : entre-temps, j'ai acquis un master en éthologie et cela m'a ouvert d'autres horizons.

Lesquels ?

Je me suis mise à écrire, produire et interpréter plusieurs séries de petits films sur les mœurs des animaux (*Green Porno*) ; une pièce sur le même thème (*Bestiaire d'amour*), sous forme de long monologue coécrit avec Jean-Claude Carrière ; et des spectacles-conférences (*Le Sourire de Darwin* et *La Migraine de Darwin*), comme ceux que j'ai donnés en juillet au musée d'Orsay, à Paris… C'était incroyable de me retrouver dans un musée aussi prestigieux et de raconter – à ma façon – Darwin, son génie, ses découvertes, sa théorie de l'évolution… et sa perplexité devant la queue du paon. Figurez-vous qu'elle lui donnait la migraine ! Comment, se demandait-il, expliquer une telle splendeur ? J'ai désormais quelques connaissances scientifiques, mais je suis avant tout une raconteuse d'histoires. Alors quelle joie de conter le monde animal ! D'autant que j'ai une petite ferme bio sur laquelle je vis, à une heure et demie de New York, et où j'élève des poules, des moutons, des abeilles.

Vous n'aviez pas fréquenté l'université, à Rome ?

Non. J'étais allée à l'Académie du costume et de la mode, pour devenir costumière. J'avais un peu travaillé pour un petit théâtre et comme assistante de la première épouse de mon père, Roberto Rossellini, qui faisait les costumes pour chacun de ses films. Et puis, je me suis envolée pour l'Amérique afin d'apprendre l'anglais. Là, à New York, on m'a proposé de faire des photos pour *Vogue*. C'était totalement inattendu. Mais que planifie-t-on dans la vie ? Je me suis dit pourquoi pas ? C'est marrant, et, quand je serai vieille, je pourrai dire à mes petits-enfants : regardez, j'ai été très belle ! *Vogue* m'a même photographiée une fois !

Une fois ? Des centaines de fois !

Je n'ai jamais rêvé d'être mannequin. Il y a eu tout simplement un enchaînement de circonstances. Bruce Weber, qui était connu comme pionnier de la photographie de mode masculine, me propose un jour de faire des photos. C'est un ami, il est très drôle, je dis : OK. Et puis voilà que le grand patron de Condé Nast voit les photos, s'enthousiasme et demande un nouveau shooting avec un autre photographe, Bill King. Là, franchement, j'hésite. Je ne vois pas l'intérêt. Avec Bruce, au moins, je riais, c'était un jeu. L'autre, je ne le connais même pas. Une amie insiste. Je n'y vais que pour lui faire plaisir.

Et alors ?

Alors les photos plaisent. Et on me redemande pour la couverture du *Vogue* américain réalisée par le photographe Richard Avedon. Je traîne les pieds. Je crains que cela nuise à mon avenir de costumière. Mannequin, je trouve ça tellement frivole. Je cède et, en une nuit, ma vie est chamboulée. Les demandes affluent de partout, le téléphone n'arrête pas de sonner. J'enchaîne la même année quatre couvertures du *Vogue* américain… Je me rassure en me disant que, après tout, je ne suis pas si loin de ma vocation : je porte des « costumes » ! Et puis Lancôme m'a contactée pour que j'incarne le visage de la marque pendant deux ans. Parfait, deux ans, me suis-je dit. Mais le contrat a été renouvelé. Deux ans + deux ans + deux ans. Au total, quatorze ans. Bref, à 30 ans, à l'heure où beaucoup de mannequins prennent leur retraite, ma carrière a explosé.

Vous vous interdisiez alors le cinéma ?

Mon cerveau l'excluait. Ma mère était Ingrid Bergman, la grande actrice ; mon père Roberto Rossellini, le grand metteur en scène. J'avais trop peur que les gens imaginent que je profitais de mon nom et de mes origines, le contraire de la méritocratie. Quand on est vieux, on se fiche bien de ce que pensent les gens. Mais quand on est jeune, c'est une grande préoccupation. Il fallait à tout prix que je fasse autre chose. Ce fut donc la mode. Ça, au moins, c'était mon territoire.

Votre mère a-t-elle vu vos photos ?

Elle est morte juste avant la fameuse couverture avec Avedon. Mais, trente ans plus tard, j'ai été conviée à une fête en l'honneur de Grace Mirabella, la rédactrice en chef de *Vogue* qui m'avait lancée. À mon arrivée, elle m'a prise à part : « Viens. Je t'ai apporté quelque chose que j'ai précieusement gardé depuis trente ans. » Et elle a sorti de son sac un petit mot portant l'écriture de ma mère : « Grace, je te remercie d'avoir proposé à Isabella cette photo avec Avedon. Elle ne se rend absolument pas compte de ce que cela signifie… » Cela m'a bouleversée. Imaginer ma mère, si attentive et discrète. Et comprendre que Grace avait eu la délicatesse de taire ce courrier, se doutant bien qu'à l'époque, j'aurais mal pris que ma mère se mêle de mes affaires ou, pire, j'aurais pensé qu'elle m'avait pistonnée !

Mais alors, qu'est-ce qui vous a fait faire le pas vers le métier d'actrice ?

Je pense que c'est Richard Avedon. Lorsqu'il me photographiait, il me disait toujours : « Isabella, je me fiche que ton nez soit beau ou tes yeux magnifiques. La seule chose qui m'intéresse, ce sont les émotions. C'est ça que je veux capter. C'est ça que tu dois exprimer devant mon appareil. » Et puis un jour, alors que nous avions appris à nous connaître, il m'a demandé : « Pourquoi refuses-tu de jouer au cinéma ? Pour moi, un mannequin, c'est comme une actrice du muet. » Cela m'a fait réfléchir. Au fond, j'avais peut-être été à la bonne école. Et j'ai tourné *Soleil de nuit*, avec Baryshnikov, puis *Blue Velvet*, ce film si puissant qui fut très controversé à sa sortie avant de devenir culte.

Vous y donniez une image sulfureuse, bien différente de celle promue par Vogue ou Lancôme !

Ça a tellement choqué que mon agence m'a renvoyée. Mais je me fichais bien de mon image ! Ce qui comptait, c'était la force et l'originalité du scénario de David Lynch qui traitait de la violence faite aux femmes et m'offrait le rôle le plus passionnant que j'aie incarné à l'écran. Jusque-là, la plupart des propositions suintaient la nostalgie de ma mère et misaient sur notre ressemblance. *Blue Velvet* m'a libérée de cette quête et ouvert les portes d'un cinéma d'avant-garde dont les metteurs en scène se foutaient que je ressemble ou pas à Ingrid Bergman. J'aime les réalisateurs audacieux et pionniers qui se battent pour imposer des idées fortes. C'est le cas de David Lynch bien sûr. Et de Martin Scorsese, avec qui j'ai été mariée mais avec qui je n'ai pas fait de film. C'était aussi le cas de mon père.

Que pensez-vous avoir hérité de vos parents ?

La curiosité. C'était leur moteur à tous les deux. Ils ne pensaient pas carrière, stratégie, image. Ils agissaient par passion. Envie de comprendre, d'apprendre, d'explorer. Ce sont eux, j'en suis sûre, qui m'ont inspiré ce retour à l'université en pleine panne de travail : « Fonce ! La vie est pleine de choses intéressantes et drôles. Suis ton instinct. » C'est étrange, hein ? Nos parents meurent, on est choqué, et puis on reprend un dialogue avec eux, on les interroge, on imagine leurs réponses… Mon père est mort en 1977, ma mère en 1982, et je continue de penser à eux tous les jours.

Étiez-vous une « fille de son père » ou une « fille de sa mère » ?

Enfant, j'étais vraiment une fille de mon père. Contrairement à ma mère, discrète, presque timide, mon père était extraverti, incroyablement vivant, et tendre. Il se décrivait lui-même comme « une mère juive » ! Il riait et faisait beaucoup rire. Je tiens de lui ce tempérament joyeux. Oui, la vie m'aime et me plaît. Mais mon père était aussi colérique et autoritaire ; il s'attendait à être obéi au doigt et à l'œil, comme les hommes machos de ce système patriarcal. Et vous n'imaginez pas la jalousie italienne devant mes premiers boyfriends ! Je crois même que c'est ce qui m'a poussée à partir en Amérique.

Et votre mère ?

Mon rapport avec elle a évolué. Avec l'âge, je suis davantage devenue la fille de ma mère. J'ai mieux compris le courage qu'il avait fallu à cette femme talentueuse pour imposer son indépendance. Car l'époque était impitoyable envers les femmes. Et quand on avait quatre enfants, ce qui est très rare pour une actrice, il fallait se battre pour exister, car la règle était de ne pas travailler. Mais ma mère ne voulait pas renoncer à sa carrière, ni bien sûr à l'amour. Et, quand elle est tombée amoureuse de mon père, qu'elle a attendu un enfant de lui avant d'avoir divorcé de son premier mari, d'origine suédoise, elle a été chassée d'Amérique, s'est vu confisquer ses biens et son argent, et a été privée de la garde de sa première fille. Des sénateurs se sont emparés de l'affaire, elle a reçu des tonnes d'insultes et Hollywood l'a boudée pendant plusieurs années malgré son oscar. Ce fut un énorme scandale. Croyez-vous qu'elle ait montré alors la moindre faiblesse ? Certainement pas. Elle a assumé son choix avec infiniment de dignité. Chapeau bas, maman ! Quelle force ! Quelle modernité ! J'ai beaucoup pensé à elle lorsque, à mon tour, j'ai eu des enfants et dû affronter le hiatus entre la carrière et la vie familiale.

Vous ne conceviez pas de ne pas avoir vous-même d'enfants ?

Non. Même sans compagnon. J'ai d'abord eu ma fille Elettra, avec qui j'ai une relation fusionnelle et qui vient d'avoir un deuxième enfant. Et, dix ans plus tard, j'ai adopté, comme maman célibataire, mon petit Roberto, qui n'avait que deux jours. Et je trouve que c'est une chance formidable d'avoir eu ces deux expériences. L'adoption n'est pas un pis-aller ou une solution de repli. C'est un acte romantique qui vous relie aux gènes de l'humanité. Quand on a un enfant génétiquement relié à nous, on a toujours tendance à rechercher dans ses traits, son regard, son tempérament, un peu d'histoire de la famille. A-t-il les yeux d'Ingrid Bergman ? Le caractère de Roberto Rossellini ? Mais quand on adopte, on recherche tout simplement l'humanité. Il n'y a pas de vanité génétique. Il n'y a qu'amour pur. Je me souviendrai toujours du jour où, dans une chambre d'hôpital, on m'a déposé le petit Roberto dans les bras. Je l'ai regardé, pleine d'émotion. Et j'ai dit : « Qu'est-ce qu'on fait maintenant ? » parce que je m'attendais à signer un tas de papiers. La femme a dit : « Voulez-vous que je vous appelle un taxi ? » Cette simplicité dans la rencontre de nos deux destins m'a semblé vertigineuse. Ainsi a commencé notre vie commune. Dans un taxi qui nous ramenait tous deux à la maison. Qu'importe si on ne nous prend pas pour une famille lorsqu'on paraît en public. Ma fille est blonde, mon fils noir, sa fiancée d'origine philippine, et alors ? L'amour est là.

La soixantaine serait-elle une décennie joyeuse ?

Ah oui ! À 63 ans, j'ai eu la surprise que Lancôme revienne à moi, vingt ans après m'avoir virée parce que je n'incarnais plus la jeunesse à laquelle, pensaient les patrons de la boîte, rêvent toutes les femmes. Mais c'est une femme qui dirige aujourd'hui l'entreprise. Une femme intelligente et moderne qui n'a pas peur de remettre en cause les vieux clichés et de s'interroger sur l'inclusion, le féminisme, la fluidité des genres. On y prend le pouls de la société, et cela me passionne. La révolution féministe qu'on attendait depuis si longtemps est en cours, et franchement, si vous me demandez à quel siècle j'aurais souhaité vivre, c'est bien celui-ci ! Je veux poursuivre mes études à l'université et je suis déterminée à assurer l'indépendance économique de ma petite ferme. S'il est une chose que j'ai apprise, c'est qu'il faut toujours faire le choix de ce qu'on aime. S'autoriser cette liberté est fondamental. Des problèmes risquent de surgir ? On les résoudra !

Clémentine Autain

« Je dois à ma mère le goût de la liberté »

À 45 ans, la députée vibrante de Seine-Saint-Denis, regard clair et verve frondeuse, s'est enfin décidée à écrire sur sa mère, l'actrice Dominique Laffin, égérie culte du cinéma des années 70-80, décédée à 33 ans, en 1985. Le livre s'appelle Dites-lui que je l'aime…

Je ne serais pas arrivée là si…

« Là » ? Là où ? Il faut d'abord définir le « là » pour s'interroger sur le « si »…

Eh bien, voici une piste : vous ne seriez pas arrivée là, femme politique en vue, âgée de 45 ans, publiant un livre sur votre mère, ce personnage-clé dont vous n'aviez encore jamais parlé, si…

Si je n'étais pas enfin apaisée par rapport à cette histoire. Si je n'avais pas aujourd'hui une vie suffisamment équilibrée et joyeuse pour oser affronter et revisiter ma mémoire. Si je ne sentais pas des bases solides, notamment dans ma vie affective, pour être certaine que me rapprocher de ma mère ne me mènerait pas, comme je l'ai longtemps cru, vers la chute. Et puis, disons-le, si mon mari n'avait pas eu l'idée saugrenue de ce livre.

L'idée ne venait donc pas de vous ?

Non ! Je suis tombée des nues lorsqu'il m'en a fait la suggestion. Il m'aurait dit « Pourquoi ne vas-tu pas sur Mars ? » que cela m'aurait fait le même effet. C'était totalement loufoque ! Mais quelque temps après, alors que je racontais cette « dernière blague » à une amie d'enfance, elle a réagi le plus sérieusement du monde : « Bien sûr que tu vas faire ce livre ! On le sait tous ! » J'étais sciée. Alors j'ai appelé mon oncle Olivier, celui qui a vu ma mère morte dans sa baignoire en 1985 : « Mais Clémentine, c'est une évidence ! » Alors là… Mes proches sentaient visiblement quelque chose que moi-même n'imaginais pas.

Sans doute étiez-vous prête…

À affronter mon cadavre dans le placard ? Sans doute. Je l'avais emmuré depuis si longtemps. Je ne voulais pas y penser. Mais il y avait les questions récurrentes de mes enfants, ces éponges à émotions, à propos de leur grand-mère dont je ne leur parlais jamais… Alors je me suis lancée dans l'écriture. Pour moi d'abord, sans éditeur. Pour faire face à mon histoire. À la recherche de cette mère partie si brusquement. À la découverte de cette femme, actrice, dont je n'avais pas voulu visionner les films, ne voyant en elle que ma mère, ce qui n'était vraiment pas son meilleur rôle. Ce fut une lente maturation. Trois ans et demi…

Au bout desquels vous êtes sortie différente ?

Oui. Car ce n'est pas un livre sur elle. C'est un livre sur nous deux. Sur cette relation mère-fille si difficile dans laquelle la mère n'a pas su prendre soin de sa fille, laquelle, pour lui survivre, pour se construire, pour ne pas risquer le naufrage dans lequel avait sombré la mère, l'a mise à distance et a obstinément cherché à être son envers.

C'est-à-dire ?

Je trouvais déjà que j'avais de la chance de ne pas lui ressembler physiquement. Je suis petite, blonde aux yeux bleus, elle était grande, châtain aux yeux noisette. Mais j'étais aussi certaine de n'avoir rien à voir avec elle sur le plan du caractère. Elle était insomniaque alors que je dors comme un loir et si possible avant minuit. Elle était artiste, je fais de la politique. Elle était systématiquement en retard, j'ai mis un point d'honneur à être ponctuelle pendant longtemps. Elle s'enivrait de vin rouge, je n'y ai pas touché avant 30 ans. Elle ne vivait que dans le désordre, alors que j'aime l'ordre d'une maison avec un canapé carré comme ma vie, ou plutôt comme la vie que je fantasmais. Son contraire absolu ! En tout cas, j'avais tout fait pour le croire et le faire croire.

Mais pourquoi ce rejet initial ? Quelle fut donc cette enfance dans l'ombre de Dominique Laffin ?

J'ai encore du mal à évoquer certains épisodes douloureux. Et puis je relativise. Ça va, hein ! Je n'ai pas connu la misère ou la guerre ! Mais ma mère était une femme à la dérive qui, d'année en année, a eu de plus en plus de mal à s'occuper de moi : s'assurer que j'étais rentrée de l'école, que je portais des chaussettes un jour de neige, qu'il y avait à manger à la maison. Elle avait bien autre chose en tête, et je pense qu'elle était surtout très malheureuse. Une souffrance liée à l'enfance et au fait de n'avoir pas été aimée. Au fond, c'est ça, la pire des maltraitances. Ma mère n'a pas réussi à prendre soin de moi, mais je ne peux pas dire qu'elle ne m'a pas aimée.

À quoi ressemblait votre vie de petite fille auprès d'elle ?

Incertitude, tristesse et crainte devant sa déprime… Et attentes. Attentes interminables dans la loge de la concierge de l'école où elle finissait par surgir, empestant souvent l'alcool ; ou attentes chez mon père où elle passait me chercher avec un ou deux jours de retard, parfois pour me déposer chez d'autres gens parce qu'un casting ou un nouvel amant l'attendaient. Y compris un 24 décembre…

Et les vacances ?

Quelques scènes de violence m'ont marquée à vie. Comme cet été où elle s'est violemment disputée avec son amoureux du moment, en Grèce, et où je l'ai surprise nue et en sang, complètement ivre, prête à se jeter du balcon. Ou comme cet autre soir où, fâchée de voir que le bar de l'hôtel était fermé, elle a dézingué avec une canne toutes les bouteilles alignées sur les étagères en hurlant qu'elle voulait boire. Je l'ai aidée à remonter dans notre chambre, j'ai caché les anxiolytiques parce que j'avais compris que cela ne faisait pas bon ménage avec l'alcool et je lui ai tenu la main jusqu'à ce qu'elle s'endorme. Je ne serais pas arrivée là si… je n'avais pas nourri très tôt le sens de la responsabilité que m'a assigné la part d'irresponsabilité de ma mère.

Quel était le sentiment qui dominait ?

La honte bien sûr. Au bistrot, où les hommes la regardaient bizarrement. Ou ce jour où elle est tombée du train sur les rails et où j'ai traversé la gare de Lyon avec elle, ivre morte, dans le chariot à bagages. En fait, je n'ai jamais nourri de fierté vis-à-vis d'elle, alors que j'aurais pu, c'était tout de même une star de cinéma. Elle était belle, elle était drôle… Mais non. Je voyais en elle uniquement ma maman défaillante.

Et vous la jugiez ?

En tout cas, je n'avais aucune confiance. Je peux même dater le soir où mon lien avec elle s'est rompu. J'avais 7 ans, je m'étais mise en pyjama, glissée dans mon lit et elle m'avait lu une histoire avant de m'embrasser et de me dire qu'elle était, bien sûr, dans la chambre d'à côté. Mais quand je me suis relevée un peu plus tard, inquiète du grand silence, j'ai découvert que l'appartement était vide. Ma mère était partie, me laissant seule après avoir menti. J'en ai fait des cauchemars pendant des années ! Il aura fallu ce livre pour dépasser le regard de la petite fille et adopter le point de vue d'une adulte sur une autre. J'aime beaucoup cette phrase de Marceline Loridan : « Il faut vieillir pour accéder aux pensées de ses parents. » Cela prend en effet du temps.

Comment est-elle morte ?

On l'a retrouvée dans sa baignoire. Et l'idée d'un suicide a vite été avancée. Il n'y avait pas de lettre, mais sa sœur a estimé que la proximité d'une boîte vide de barbituriques et d'un magazine ouvert sur une page consacrée à la mort de la comédienne Pascale Ogier signait une sorte d'aveu. Je n'en sais rien. Mais un jour, en entendant l'expression « suicide accidentel » dans un documentaire consacré à Marilyn Monroe, je me suis dit : C'est ça ! C'est un curieux oxymore, mais ça me va. Ce qui est sûr, c'est qu'on m'a incitée à conclure, quand elle est morte, que « c'était peut-être mieux comme ça ». Cette idée a sans doute pour vertu de faciliter la résilience. Mais c'est terrible de pouvoir penser, à 12 ans, qu'on va mieux vivre grâce à la mort de sa mère…

Comment avez-vous réagi ?

Le manque était immense. Je recherchais son parfum, tournais autour de sa tombe. C'était une obsession. Et puis sont venues la colère et la haine. Et un irrépressible rejet. Je ne voulais plus en entendre parler. Pour m'en sortir, jeune adulte, je me suis construite contre. Violemment contre.

Quel était alors votre grand rêve ?

Devenir prof, fonctionnaire ; avoir une carte famille nombreuse et un pavillon en banlieue avec des chiens, des chats, et une vie sans heurts, équilibrée, extrêmement stable.

Il y avait déjà la politique, quand même !

Oui. C'est une passion que j'ai ressentie très jeune. L'empathie que je n'ai pas eue pour ma mère, je l'ai développée pour les drames des autres, les malheurs sociaux. Militante associative, journaliste, élue, j'ai toujours eu besoin de faire des choses auxquelles je croyais. Mais je n'avais aucun plan de carrière politique. Quand je suis devenue la benjamine de l'équipe de Bertrand Delanoë, loin d'être rassurée ou grisée, j'ai même ressenti une nouvelle angoisse : ma mère aussi avait connu très jeune le succès. Sa chute n'en avait été que plus rapide. Pour plus de sûreté, il me fallait la conserver aux oubliettes, serrures fermées à double tour.

Ce livre les a pourtant fait sauter…

Un jour, avec ma fille, je suis descendue à la cave ouvrir une malle rescapée de mes déménagements et pleine de photos et d'articles sur ma mère. J'y ai découvert des petites phrases sombres, écrites de sa main, qui m'ont bouleversée. Et d'autres choses qui m'ont fait rire. Comme cette interview de Claude Miller dans laquelle il raconte comment il l'a choisie pour interprète principale de *Dites-lui que je l'aime*. Elle débarque un matin à un casting. « Il paraît qu'on prépare un film ici ? » Miller n'est pas là mais il y a son producteur : « Oui. Vous avez déjà joué dans quoi ? » Elle répond : « Dans un court métrage de Gérard Zingg, *Tous les chats sont gris.* » Il dit : « Vous savez, il s'agit du rôle principal, il nous faut une star. » Et là, elle fait cette réponse hallucinante : « Mais je suis une star. Ça tombe bien, vous ne trouvez pas ? »

C'est magnifique, non ? Un jour, une amie m'a dit que j'avais sûrement hérité de ma mère le culot. Cela m'a sidérée. Je ne me reconnaissais absolument pas ce trait de caractère. Mais peut-être que finalement…

Était-ce le début d'une reconnaissance de filiation ?

C'est arrivé peu à peu. J'ai commencé par acheter un album pour y mettre des photos de famille. Mon premier album à 44 ans ! Et puis je me suis prise au jeu. Une fois ma colère explosée et couchée sur le papier, celle que je n'avais pas pu crier à haute voix pendant l'adolescence, je pouvais passer à autre chose. Et me rapprocher d'elle doucement. Alors j'ai décidé de mener une sorte d'enquête. J'ai appelé des gens qui l'avaient connue, des amies comme Marianne Sergent ou d'anciens amoureux comme Jacques Doillon. Et voilà qu'a surgi la facette lumineuse de ma mère, que j'avais ignorée : son intelligence, sa sensibilité, son humour. Voilà que des souvenirs de moments joyeux sont réapparus, des instants de complicité, des fous rires merveilleux. Quel étrange phénomène, la mémoire !

Et vous avez compris que vous étiez plus proche d'elle que vous ne le pensiez…

Oui ! Je la faisais renaître et mon rapport à elle était transformé. Comme une petite révolution intérieure qui m'a fait gagner en liberté. Je m'en rends compte aujourd'hui : je peux enfin laisser s'épanouir une part de moi-même à laquelle je résistais. Une fantaisie que j'avais brimée, un tempérament que j'avais cadenassé. Par instinct de survie.

Votre engagement féministe fait-il partie de son héritage ?

Bien sûr ! La filiation est évidente ! Elle était militante dans les groupes MLF, elle dessinait dans *Les Pétroleuses*, un journal féministe de l'époque. Elle faisait partie de cette première génération qui voulait « jouir sans entraves », hurlait son refus de la soumission et son désir de liberté, sans savoir où aller, et quitte à se fracasser. Je dois à ma mère le goût de la liberté.

Il est rare qu'un personnage politique se dévoile aussi intimement…

C'est pourquoi j'ai beaucoup hésité avant de signer chez un éditeur. Mais n'est-ce pas ma liberté ? Je ne suis pas qu'une femme politique ! Je fais ce que je crois juste, avec sincérité. Je suis heureuse de faire connaître ma mère à ceux qui ne la connaissaient pas. Je suis heureuse de réparer une injustice qui l'a versée dans l'oubli quand Patrick Dewaere, dont elle partage un peu le destin, reste une sorte de mythe. Et puis, les rapports avec les parents, la façon dont on se construit, contre eux, avec eux, en dépit d'eux… N'est-ce pas une histoire universelle ?

Clara Luciani

« Les enfants harcelés développent d'autres atouts »

Son premier tube, « La Grenade », est devenu un hymne repris dans les manifestations féministes, et son deuxième album, Cœur, *vient de la consacrer, à 29 ans, « artiste de l'année » lors des Victoires de la musique 2022. Elle en rit ! Et remercie l'une de ses professeurs de lycée…*

Je ne serais pas arrivée là si…

Si mon père, en jouant de la guitare, ne m'avait pas inconsciemment poussée à porter sur mes épaules son propre rêve de musique. Il était employé de banque, fou de Paul McCartney, et faisait de la basse avec ses amis et devant ses deux filles. C'était très joyeux. Mais à l'adolescence, j'ai soudain pris conscience que ce papa était sans doute passé à côté de sa vocation. Et ce fut un vrai choc. Un jour, il a lui-même formulé ce sentiment : « Tu vois, tous les matins, je me réveille à la même heure, j'enfile mon costume pour aller travailler et, sur le trajet, je me dis que ma vie aurait tellement pu être autrement. » Moi, j'ai entendu : « C'est à toi de réaliser mon rêve. » Et son rêve est devenu mien.

S'agissait-il d'une injonction à prendre des risques et à tenter votre chance ?

Une injonction à n'avoir jamais de regrets. Avant de quitter la maison pour monter à Paris, à 19 ans, je lui ai dit : « Il faut à tout prix que je m'en aille. Je veux avoir des choses à raconter à mes petits-enfants. » Il a souri… Aujourd'hui, à chaque fois que survient quelque chose de fou et d'inespéré, une Victoire de la musique par exemple, il me taquine : « Tu en auras, des choses à leur raconter ! »

Formiez-vous une famille très unie ?

Plus que cela ! On forme un monstre à quatre têtes, dans la fusion, pour le meilleur et pour le pire. Et je savoure d'autant plus mes réussites que je pense instantanément : « Ils vont être trop contents ! » Ce sont les premières personnes que j'appelle. Mon père, ma mère, ma sœur… Quand j'entends dans l'intonation de leur voix qu'ils sont fiers – la pudeur familiale nous empêche de trop verbaliser les sentiments –, c'est du bonheur multiplié par quatre.

Vous souvenez-vous des premières chansons en public ?

Bien sûr. Dans les dîners d'amis, à la maison, il y a toujours eu le rite des chansons de fin de repas auquel mon père se prêtait. Mais dès que j'ai eu 11 ans, on s'est aussi tourné vers moi pour que je fasse ma performance. J'avais acheté ma première guitare dans un vide-grenier, et je savais jouer une chanson, une seule : « Talkin' Bout a Revolution », de Tracy Chapman. Ma mère l'adorait. Je lui dois beaucoup à elle aussi. Féministe, et confiante dans l'éducation et la culture pour nous ouvrir toutes les portes. Nous étions issus d'un milieu très modeste et il était d'autant plus capital, selon elle, de bien nous tenir et nous exprimer. C'était un truc de fierté et de dignité. Elle nous amenait tous les mercredis à la bibliothèque de Martigues et j'y trouvais mon paradis.

Et l'école ?

Affreux ! J'étais trop grande, trop étrange, avec un physique ingrat. Je mesurais 1,76 mètre à 11 ans, c'est vous dire combien je n'entrais pas dans le cadre et subissais moqueries et rejet des autres enfants. Je me souviens, en primaire, de cartouches d'encre et de punaises déposées sur ma chaise. C'était très violent, d'autant que j'étais la première de la classe. J'adorais apprendre mais détestais l'école. Je vivais dans mes livres, dans mes rêves, dans un monde imaginaire qui ressemblait à un film de Jacques Demy. Mais je ne regrette pas le parcours, si douloureux fût-il. Il a constitué un terreau fertile pour ce qui adviendrait plus tard. Les enfants harcelés développent d'autres atouts.

Mais ils restent traumatisés…

Oui. J'ai beau avoir mûri et m'être physiquement transformée, je continue de voir dans le miroir une petite fille de 8 ans au physique disgracieux. C'est très bizarre. Ma perception de moi-même est totalement faussée et cela me rend plus vulnérable qu'une autre aux critiques et aux commentaires haineux des réseaux sociaux. Ils me ramènent d'emblée dans la cour d'école où pleuvaient les insultes. Et je me dis :

« Oh non, ça recommence ! » Alors que si j'avais été une jolie petite fille populaire, cela me passerait au-dessus de la tête.

Les années lycée furent-elles aussi douloureuses ?

Moins, parce que j'y ai cultivé ma bizarrerie et que j'en ai fait ma signature. Quitte à ce que les élèves se moquent de moi, autant leur donner de la matière ! Je me suis pointée au lycée avec un bibi à voilette des années 1930, déniché dans un de ces vide-greniers que j'arpentais le week-end avec mon père car ma mère, aide-soignante, travaillait. Ça n'a pas loupé : tout le monde a gloussé. La nouveauté, c'est que je m'en fichais. Ou plutôt que j'étais ravie : « Vous rigolez ? Mais regardez-vous ! Tous habillés pareil. Aucune audace. Aucune originalité. Vous n'osez rien ! » Et à partir de ce moment-là, j'ai commencé à être perçue autrement. Un truc s'était dénoué. Et puis, il y a eu Mme Murat…

Qui était-elle ?

Une professeure de français d'une bienveillance extraordinaire. Un jour de railleries de la classe à mon égard, elle a lancé : « Vous pouvez bien vous moquer. Vous ferez moins les malins quand vous verrez les livres de Clara en vitrine de la Fnac et de toutes les librairies. » Ces mots… Vous n'imaginez pas l'impact qu'ils ont pu avoir sur moi. Ils m'ont dopée. Si je me suis toujours cramponnée à mes rêves et si j'ai continué d'écrire, c'est peut-être parce que je me disais secrètement : « Mme Murat a dit qu'un jour j'y arriverai. » La phrase d'un professeur peut faire basculer une vie.

Vous écriviez donc dès l'école…

Un journal, sous forme de blog. Sur la vie du collège, ou sur la maladie d'Alzheimer dont a souffert ma grand-mère. J'aurais pu écrire un journal intime. Mais non, c'était ouvert au public et c'étaient donc les prémices de l'exercice d'exhibitionnisme que je pratique aujourd'hui en chantant sur scène des textes personnels. J'ai eu très jeune une passion pour le romantisme, les personnages de Gustave Flaubert, les histoires de Charlotte Brontë, le couple George Sand-Alfred de Musset. Mais j'aimais Charles Baudelaire. J'avais découvert *Les Fleurs du mal* dans la bibliothèque familiale, avec l'impression d'avoir ouvert une porte sur quelque chose d'interdit, et de possiblement dangereux. Il ne se passait pas grand-chose dans ma vie, alors cette lecture constituait ma grande aventure.

Mais elle est au programme scolaire !

À mon désespoir d'alors. Lorsqu'on l'a abordée en classe, Baudelaire faisait partie de ma vie depuis longtemps déjà et je n'avais aucune envie de le partager. *Les Fleurs du mal* était MON livre ! Et l'idée de le disséquer publiquement, d'y distinguer, comme disait la professeure, « les différentes figures de style » m'était insupportable. Comment aborder à l'école ces thèmes à la fois si sensuels et si irrévérencieux ? J'étais consternée.

Écriviez-vous vous-même des poèmes ?

Non, des chansons, comme aujourd'hui. Mais quand je récite les vers à voix haute, sans musique, je veux qu'ils sonnent comme des poèmes. Ce qui m'interdit d'y glisser des mots contemporains comme « Instagram » ou « portable ». J'aime que mes textes aient quelque chose de suranné. J'y parle, par exemple, d'un facteur qui n'arrive pas et dont on attend fiévreusement le courrier alors qu'a priori, à mon âge, en 2021, on surveille plutôt ses SMS.

Comment vous projetiez-vous ?

Je m'imaginais vivre à Paris une vie à la Sartre-Beauvoir, étudier l'histoire de l'art et remplir des cahiers au Café de Flore. Et puis j'ai rencontré le collectif rock La Femme, accepté leur invitation de me joindre à eux, tourné le dos à mes études d'histoire de l'art et pris le chemin de Paris, ma guitare sur le dos, sans plan B ni argent. J'ai exercé plein de boulots, hôtesse d'accueil, pizzaiolo, vendeuse chez Zara. Et la nuit, je répétais et rencontrais des gens du monde de la musique. Je vivais dans une chambre de bonne, glaciale l'hiver. Et j'ai connu la galère, surtout quand je me suis éloignée du groupe pour écrire mes propres chansons. Au bout de trois ans, j'ai eu la brève tentation de jeter l'éponge et de rentrer dans le Sud pour étudier la pâtisserie. Mais une petite voix me disait que ça finirait par marcher et la chance a placé sur ma route des gens magnifiques : Raphaël, qui m'a embauchée pour une tournée avec ses musiciens ; et Benjamin Biolay, qui a aimé les chansons que je lui ai envoyées par e-mail et m'a proposé de faire ses premières parties. Et hop !

Quelle a été la genèse de la chanson « La Grenade », devenue hymne des manifestations féministes ?

C'était d'abord une chanson de révolte personnelle. J'étais en tournée avec une ingénieure du son et je découvrais, outrée, la condescendance avec laquelle nos collègues garçons nous traitaient. Ils ne nous prenaient pas pour des musiciennes mais pour des poupées, maladroites et fragiles, auxquelles il fallait tout expliquer. Quelle horreur ! Je déteste la pseudo-galanterie qui n'est ni plus ni moins que l'expression d'un mépris de genre.

C'était donc votre rébellion contre le sexisme ambiant…

Exactement. Et je vous assure qu'à l'époque où je l'ai écrite, quelques mois avant l'affaire Weinstein, je m'aventurais en terrain miné. J'étais encore très jeune et ce sujet n'était pas tendance, loin de là ! Et puis la vague #metoo a déferlé et ma chanson a pris une ampleur incroyable. Les paroles se sont retrouvées sur des pancartes de manifestations féministes, sur les murs de collèges pour dénoncer les féminicides ; des associations de femmes atteintes du cancer du sein en ont fait leur hymne. Je ne pouvais rêver meilleur destin pour cette chanson conçue de toute façon comme un chant de combat. Quand je l'interprète sur scène et que je sens l'énergie qu'elle génère, je me souviens pourquoi je fais ce métier : réunir, donner de la force, faire du bien.

Le sexisme perdure-t-il dans l'industrie musicale ?

Évidemment ! Il ne faut certes pas tomber dans la diabolisation des hommes. Mais le milieu reste misogyne et l'homme est roi dans la plupart des maisons de disques. Les filles ? C'est comme si, en plus d'être chanteuses, on leur demandait d'être mannequins. Et donc d'intégrer l'idée d'une date de péremption. Une ride ? Des kilos ? Un cheveu grisonnant ? Terminé. Quelle pression sur les femmes à qui on demande l'impossible : être jeunes et belles pour toujours ! Ce n'est pas le cas pour les garçons. Et ça fait de nous des créatures anxieuses et pleines de doutes, à l'affût des jeunes rivales. C'est odieux ! Heureusement que j'appartiens à une génération de filles qui ont l'intelligence de se parler et de se serrer les coudes. Cela n'exclut pas l'opportunisme de certaines ! La conversion soudaine au féminisme est devenue à la mode. Mais je vous assure qu'il y a de belles histoires de sororité bien plus profondes que l'exhibition d'un tee-shirt « Girl Power ».

Avez-vous un modèle dans ce métier ?

Françoise Hardy. C'est ma bonne fée. Elle n'en finit pas de m'inspirer, elle qui semble inconsciente de sa beauté et de son talent. « J'aime les gens qui doutent », chantait Anne Sylvestre. Eh bien, j'ai l'impression que Françoise Hardy est constamment dans le doute, et cela me bouleverse. Quelle immense parolière ! Ses textes sont des flèches dans le cœur, ciselés, sans fioritures, mais puissants. Une écriture blanche comme celle d'Annie Ernaux, qui m'a décomplexée elle aussi, en montrant que les choses les plus quotidiennes pouvaient constituer une belle matière, à condition de savoir les conter. C'est la phrase de Colette que j'adore : « Il faut, avec les mots de tout le monde, écrire comme personne. »

Avez-vous ressenti le décalage social dont parle Annie Ernaux quand elle évoque ses origines ?

Bien sûr. Mes parents sont d'un milieu très humble, aux antipodes du monde de paillettes auquel j'ai désormais accès. Ils m'ont appris à aimer les choses simples et à trouver le bonheur ailleurs que dans le luxe et les mondanités. Du coup, quand je me suis retrouvée, toute jeune, invitée à des réceptions ou des défilés de mode, j'ai ressenti comme une honte. Pas celle de mes origines ! Mais celle de faire des infidélités à mon milieu, à ce grand-père sicilien, ex-mineur à Alès (comme celui de Julien Doré) et qui était mon héros. Il a été emporté par le Covid-19, mais il m'a vue chanter une fois, au théâtre de Martigues, lui qui n'était jamais allé à un spectacle. Au milieu du concert, j'ai dit au public qu'il y avait dans la salle quelqu'un de très important pour moi. Et sans qu'on lui demande rien, pépé Jeannot s'est levé sous les applaudissements. Ça n'arrêtait plus, je riais, il ne songeait même plus à se rasseoir. Quel bonheur d'avoir vécu cela !

Avez-vous le sentiment d'avoir changé ?

Je me suis un peu abîmée. Comment sortir indemne de ces années intenses ? J'ai vécu si longtemps dans mes romans et dans *Les Demoiselles de Rochefort*. Disons que je me suis un peu déniaisée. Peut-être est-ce cela vieillir…

Mona Eltahawy

« Mais pourquoi nous détestent-ils ? »

Avez-vous déjà vu une femme très en colère ? Une colère profonde qu'elle affiche par un buisson de cheveux rouges et des tatouages rebelles. Une colère créative qui alimente articles, conférences et livres : « J'ai écrit le dernier avec suffisamment de rage pour propulser une fusée. » Une colère que cette féministe, née au Caire en 1967 et désormais installée aux États-Unis, résume par un mot d'ordre : « Fuck le patriarcat ! »

Je ne serais pas arrivée là si…

Si ma famille égyptienne ne s'était pas installée en Arabie Saoudite l'été de mes 15 ans. Rien ne m'avait préparée à ce pays. Le choc fut effroyable. Je débarquais sur une planète dont les habitants ne semblaient souhaiter qu'une seule chose : que les femmes n'existent pas. C'était surréaliste. Or deux options s'offrent aux femmes parachutées sur un tel territoire : devenir folles ou féministes. Moi, j'ai commencé par perdre la tête. Je suis tombée en dépression.

Pourquoi votre famille avait-elle déménagé dans ce pays ?

Mes parents avaient quitté l'Égypte, lorsque j'avais 7 ans et mon frère 3 ans, pour préparer à Londres leurs doctorats en médecine. Ils avaient obtenu une bourse du gouvernement égyptien, et je les voyais partir tous les matins, égaux et enthousiastes, pour le laboratoire de l'université. J'ai assisté, très fière, à la cérémonie de remise de leurs diplômes. Nous étions élevés dans la religion musulmane – pas d'alcool, pas de cigarettes, pas de petits amis – mais ma mère, évidemment non voilée, conduisait sa voiture et nous vivions comme tout le monde. Et puis mes parents ont trouvé un emploi à l'université de Djeddah pour enseigner la microbiologie clinique, ma mère à l'intention des femmes, mon père à destination des hommes. Leur job leur plaisait beaucoup, même si d'un coup, ma mère, interdite de conduite, s'est mise à dépendre de mon père pour tous ses déplacements. C'est pour moi, adolescente, que ce fut une catastrophe.

Vous découvriez l'oppression des femmes ?

L'oppression, l'humiliation, l'infantilisation, la violence... Je découvrais, stupéfaite, que toute femme doit avoir un protecteur homme – père, frère, fils – et ne peut rien sans son autorisation. Qu'elle n'a pas le droit de voyager, d'ouvrir de compte en banque, de postuler à un travail ni même de se faire soigner sans l'accord d'un homme. Qu'elle peut être condamnée à des coups de fouet pour avoir enfreint l'interdiction de conduire une voiture (un chef religieux prétendait que cela endommageait les ovaires), et à la prison pour être montée dans la voiture d'un homme ne faisant pas partie de sa famille. Et que seules quelques banquettes étaient réservées aux femmes au fond du bus. Comme en pleine ségrégation. Bien sûr, je devais camoufler mes tenues d'ado sous l'abaya noire, et je me couvrais vite la tête, au centre commercial, dès que j'apercevais la police religieuse en patrouille. Bref, traumatisée par ce chambardement, et profondément déprimée, j'ai décidé, à 16 ans, de me voiler.

Qu'est-ce qui vous a pris ? Un accès de religiosité ?

C'est compliqué. Moins d'un mois après notre arrivée à Djeddah, nous sommes allés en pèlerinage à La Mecque. C'était la première fois que je portais un voile de la tête aux pieds, un voile blanc qui me faisait ressembler à une nonne. Et alors que je tournais avec ma famille et des milliers d'autres pèlerins autour de la Kaaba, cette structure cubique vers laquelle tous les musulmans s'orientent pour prier, j'ai senti des attouchements sur mon corps. J'étais tétanisée. C'était la première fois qu'un homme me touchait. La foule était trop dense, je ne pouvais ni m'enfuir ni me retourner. Et le type persistait, alors que nous étions dans le saint des saints, théoriquement concentrés sur nos prières. Horrifiée et impuissante, j'ai fini par éclater en sanglots. Il n'était pas question de raconter ce qui se passait à mes parents. Garder en soi le silence et la honte est une leçon que l'on apprend rapidement. J'ai prétexté être oppressée par la foule. Mais un peu plus tard, en allant avec ma mère embrasser la pierre noire, autre rituel du hadj, un policier saoudien m'a caressé furtivement le sein. Oui, à deux pas de la Kaaba, alors même que je pratiquais le cinquième pilier de ma religion ! Cette agression m'a complètement foutue en l'air. Je n'ai pas pu en parler avant des années. Mais dans cette atmosphère d'oppression sexuelle insidieuse, j'ai soudain eu envie d'être invisible. De camoufler tout mon corps. En fait, de me protéger.

Vos parents vous ont-ils approuvée ?

Non ! Ils ne comprenaient pas et m'ont demandé d'attendre. Tu es bien trop jeune, disait ma mère. Attends un an ou deux ! J'ai donc patienté un peu. Mais je m'enfonçais lentement dans la dépression. Tout était *haram* (interdit) dans ce pays et j'avais l'impression de devenir folle. Alors j'ai conclu un marché avec Dieu : comme tout le monde dit qu'une bonne musulmane doit se couvrir les cheveux, eh bien je le ferai si vous me guérissez l'esprit. Et je me suis voilée.

Cela vous a-t-il protégée ?

Pas du tout ! C'était de la folie de penser ça. Le hijab ne me protégeait en rien des mains et des doigts baladeurs. Si je mettais une tache de peinture partout où mon corps a été touché, caressé, empoigné sans mon consentement, même lorsque je portais le hijab, tout mon torse, devant comme derrière, en serait recouvert !

Pourtant vous jouiez le jeu ?

Oui. Ce n'était pas trop contraignant à Djeddah car je passais le plus clair de mon temps avec des femmes, et je n'étais donc pas obligée de me voiler. En revanche, quand je suis retournée en vacances à

Londres, c'est devenu une épreuve atroce. Je suffoquais, coupée du monde et repliée sur ma tristesse. Le vent dans les cheveux me manquait. Très vite, j'ai donc regretté mon choix. Je ne me reconnaissais pas dans le miroir. Ce n'était plus Mona. Mais j'étais piégée. Adopter le hijab est beaucoup plus facile que de le retirer. Je l'ai porté neuf ans, il m'en a fallu huit pour l'enlever. Comme quoi mon choix n'en était pas vraiment un.

Quel regard portiez-vous alors sur la situation des femmes dans cette société ?

Je nourrissais ma déprime et ma frustration sans avoir encore les mots pour exprimer cette sensation d'étouffement. Et puis un jour, par je ne sais quel miracle, je suis tombée sur des textes féministes dans les rayonnages de la bibliothèque universitaire de Djeddah.

C'est incroyable ! Découvrir le féminisme au cœur de l'Arabie Saoudite ?

Oui. Peut-être un prof ou un bibliothécaire dissident les avaient-ils volontairement placés sur mon chemin, toujours est-il qu'ils m'ont sauvée. Il y avait des écrits féministes provenant du monde entier, mais aussi, et c'est ce qui m'a le plus étonnée, des textes émanant d'autrices du Moyen-Orient. Cela prouvait un héritage féministe propre à cette région du monde, et pas importé d'Occident comment veulent le faire croire les ennemis de la libération des femmes. J'ai découvert Huda Shaarawi qui a lancé le mouvement des droits de la femme en Égypte en ôtant son voile en public au Caire en 1923. Et aussi la formidable Doria Shafik qui, dans les années 50, est entrée de force dans le Parlement égyptien à la tête d'un groupe de 1 500 femmes pour demander une évolution de leurs droits avant de mener plusieurs grèves de la faim. C'est fou ce que ces exemples m'ont donné de clés et de force pour analyser ce qui se passait autour de moi ! Serais-je devenue la féministe lucide et en colère que je suis aujourd'hui si je n'avais fait cette étape en Arabie Saoudite ? Probablement pas.

J'imagine qu'après cet éveil au féminisme, vous ne pouviez plus rester dans ce pays.

Ah non ! J'y avais étudié la littérature pendant deux ans et j'ai demandé à mes parents de m'inscrire en journalisme à l'université américaine du Caire. J'étais hyperpolitisée, je me mobilisais contre l'apartheid en Afrique du Sud, je collectais des fonds contre la famine en Éthiopie, et je suivais la politique égyptienne avec passion. J'avais quitté Le Caire à 7 ans, j'y revenais à 21 et j'étais abasourdie par la misère de la population. Quant aux femmes, le joug qui pesait sur elles me semblait de plus en plus ahurissant. D'autant que j'ai vite été adoptée par le milieu féministe du Caire qui m'invitait à ses réunions, questionnait l'islam, évoquait les mariages forcés, le harcèlement sexuel, les violences conjugales. L'un de mes premiers reportages a d'ailleurs porté sur ce sujet. Mais l'ordre patriarcal veillait au grain : l'édition entière du journal a été censurée ! J'ai découvert à cette occasion que le code pénal égyptien permettait à un homme de battre sa femme s'il avait « de bonnes intentions ». Vous pouvez me dire, s'il vous plaît, ce que l'on entend par « bonnes intentions » ?

Vous vous étiez débarrassée du hijab ?

Je vous ai avoué que cela a pris du temps. Un jour que j'interviewais une journaliste féministe que j'admirais, elle m'a demandé : « Pourquoi couvrez-vous vos cheveux ? Ne voyez-vous pas que vous détruisez tout ce que pour quoi nous nous battons ? » Quel choc ! L'idée de nuire à mes sœurs d'armes m'a horrifiée. J'ai bafouillé : « Mais c'est moi qui ai choisi de le porter. » Ce n'était pas le problème. Je l'ai compris à la remarque d'un collègue de mon père qui avait dit à ma mère, apprenant que je n'étais pas encore mariée : « Ne vous inquiétez pas. Elle porte le voile, elle trouvera un mari. » Peu importait qui j'étais, mes qualités, mon intelligence, mes choix. Je n'étais qu'un voile. Et ce voile avait plus de valeur que ma personne. Ce voile me faisait disparaître du champ public. C'était insupportable. Antinomique avec le féminisme. Je ne pouvais être du côté de cet homme. C'est la journaliste qui avait raison ! J'ai donc définitivement abandonné le voile, et ça a été très compliqué. Quelle déception de m'apercevoir plus tard à quel point la gauche européenne fait preuve de lâcheté sur la question du voile et sacrifie les femmes sur l'autel du politiquement correct.

Et le mariage ?

Mes parents étaient modernes. Mon père m'a rapidement dit, après mon installation au Caire : « Tu sais que nous t'aimons. Et nous pensons que le mariage te rendrait heureuse. Si tu veux que nous t'aidions à trouver un mari, nous le ferons. » Je me suis empressée de répondre : « Non merci, je suis très bien comme ça. » Et pendant des années, je me suis concentrée essentiellement sur mon travail. Mes parents ont été d'une grande correction. En revanche, mes oncles et tantes s'en sont donné à cœur joie : tous les mois ils voulaient me présenter quelqu'un. Et tous les mois, je refusais, sachant combien le fait d'avoir mon mot à dire était un privilège. Bon, j'ai quand même fini par me marier un jour, en 2003, avec un Américain. Et j'ai déménagé aux États-Unis alors même que je m'étais juré de ne jamais quitter un pays pour un homme. Deux choix désastreux. J'ai divorcé au bout de deux ans. Le mariage n'était pas fait pour moi.

Le printemps arabe, en 2011, vous a-t-il cueillie par surprise ?

Ah oui ! J'habitais alors aux États-Unis et j'ai passé des jours et des nuits dans les studios de radio et de télévision américains à commenter les insurrections. J'étais totalement exaltée. Enfin ! Enfin la révolution ! Hommes et femmes, manifestant côte à côte contre la tyrannie de Moubarak et exigeant liberté, justice, dignité. C'était du jamais-vu ! J'avais l'espoir fou qu'allait surgir une nouvelle Égypte. Mais très vite, cet espoir a été douché. Les rumeurs sur les offenses faites aux femmes se sont multipliées. Des forces de sécurité et des civils ont violé des femmes sur la place Tahrir. Le 29 mars 2011, un mois seulement après la destitution du dictateur, des soldats ont arrêté des militantes en les rouant de coups et ils ont pratiqué sur elles des tests de virginité. Vous entendez ? Des officiers se sont permis d'introduire leurs doigts dans le vagin de femmes révolutionnaires pour contrôler leur hymen ! Des femmes qui auraient dû être traitées en héroïnes ! C'était ça notre révolution ? L'armée et le peuple main dans la main contre les femmes ? J'étais écœurée. J'ai pensé que le peuple allait réagir, qu'il y aurait un énorme scandale et j'ai écrit dans le *Guardian* une tribune rageuse réclamant une révolution féministe qui placerait l'égalité hommes-femmes au cœur des revendications. Sinon, à quoi bon ?

Résultat ?

Rien, voyons ! Personne n'avait envie de mettre en cause l'organisation de la société, encore moins les fondements du patriarcat. En novembre, alors que je couvrais sur place la suite des manifestations de la place Tahrir, j'ai été prise dans un affrontement, tabassée par la police, arrêtée et agressée sexuellement. J'ai eu le bras gauche cassé ainsi que la main droite. Et quand j'ai enfin pu retrouver l'usage de mes doigts, après des soins douloureux aux États-Unis et une immobilisation forcée, j'ai écrit un long article dans *Foreign Policy* : « Pourquoi nous détestent-ils ? » Et j'y ai déversé toute ma colère. Oui, pourquoi cette culture fondamentalement hostile aux femmes ? Pourquoi cette obsession à nous assujettir, contrôler notre corps, réprimer nos désirs, nous maintenir dans la dépendance et l'humiliation ? Pourquoi 100 % des Égyptiennes sont-elles systématiquement harcelées dans la rue ? Pourquoi 90 % d'entre elles sont-elles excisées ? Pourquoi 60 % subissent-elles des violences conjugales ? J'accuse la trinité de la misogynie : l'État, la rue, le foyer. Tout se conjugue pour maintenir l'oppression. Sans parler de la religion ! Tant que nous n'aurons pas renversé les Moubarak qui colonisent nos esprits, nos chambres et nos places publiques, la vraie révolution ne pourra avoir lieu. Une révolution qui ne dénonce pas le patriarcat n'est pas une révolution.

Vous avez développé cette idée dans un livre,* Foulards et Hymens : Pourquoi le Moyen-Orient doit faire sa révolution sexuelle*, qui a été traduit dans une quinzaine de langues. Les livres et les réseaux sociaux sont donc devenus vos outils de combat ?

Tous les outils pour lancer des alertes et rassembler les femmes sont précieux. Quand, en février 2018, j'ai appris qu'une jeune Pakistanaise était attaquée pour avoir dénoncé sur Facebook son agression sexuelle lors d'un pèlerinage à La Mecque, j'ai décidé de lancer une action à grande échelle. J'ai apporté mon soutien à la jeune fille sur Twitter et annoncé qu'il était temps, pour celles d'entre nous qui pouvaient parler, de partager nos expériences sous le hashtag MosqueMeToo. En quelques heures Twitter s'est embrasé. L'Indonésie, premier pays musulman, s'est réveillé. L'Inde, le Pakistan, la Turquie, l'Iran, le Maghreb… C'était un déluge de tweets. Des musulmanes du monde entier témoignaient pour la première fois d'agressions en pèlerinage, dans les écoles coraniques ou les mosquées. Une tornade relayée par les médias et suivie d'un déluge de réactions masculines, scandalisées et menaçantes.

Quelques jours après, je suis allée danser un soir dans un club, de passage à Montréal. Et une fois de plus, sur la piste de danse, j'ai senti une main m'agripper les fesses. Comme un flash, m'est revenue l'image de l'adolescente timide de 15 ans, ensevelie sous un voile blanc, dans la foule de La Mecque. J'en avais désormais 50, je portais un jean et un débardeur, et j'étais nettement moins vulnérable. D'un bond, j'ai attrapé la chemise de mon assaillant qui tentait de fuir. J'ai tiré si fort qu'il est tombé par terre. Alors je me suis assise sur lui à califourchon et j'ai frappé, frappé, frappé en hurlant : « Ne porte jamais la main sur une femme ! » Toute cette rage accumulée depuis si longtemps… J'ai raconté l'agression sur Twitter sous le hashtag IBeatMyAssaulter (je bats mon agresseur). Lui aussi est devenu viral. Les femmes ont compris le pouvoir de dire « moi aussi » ! Et l'immense vertu de la colère.

Votre féminisme a des allures guerrières !

Mais bien sûr ! Je voudrais même qu'il terrifie tous ceux qui veulent faire taire les femmes et perpétuent des siècles d'oppression. J'ai la triste impression qu'on n'a toujours pas pris la mesure de la plus grande injustice de l'humanité. Allez, imaginez un seul instant que « la guerre contre les femmes » fasse le titre principal du journal télévisé du soir. Qu'on rapporte scrupuleusement chacun des 150 viols déclarés quotidiennement au Brésil ; chacune des opérations d'excision pratiquées sur les petites Égyptiennes ; chaque assassinat de bébé fille en Asie ; chaque féminicide commis en France, en Grande-Bretagne, en Amérique ; chaque aspersion d'acide au visage, tabassage conjugal, inceste, agression ou harcèlement sexuel. Comment réagirait-on ? Comprendrait-on enfin l'ampleur du phénomène ? Consentirait-on à apposer le mot « guerre » sur ces attaques ciblées ? Ou le mot « terrorisme » ? Sortirait-on de cette indifférence généralisée ? Ou alors faudrait-il que la même chose arrive aux garçons pour que les leaders de la planète crient à la barbarie et déclarent enfin le monde en état d'urgence ?

Melody Gardot

« À 19 ans je suis morte. À 19 ans je suis née »

Son prénom dictait-il un destin ? Il sied à sa voix de velours, ses chansons sensuelles et son allure glamour. C'est une diva du jazz qui envoûte son public et peut lui mettre les larmes aux yeux. Une survivante aussi, qui revient de très loin…

Je ne serais pas arrivée là si…

Si je n'avais rencontré sur ma route autant d'amour.

Où ? Quand ? De qui ?

Partout ! En permanence ! Derrière les épreuves ou les drames qui nous frappent, les gens ne voient toujours qu'âpreté et souffrance. Moi, je vois surtout l'amour. C'est lui qui m'a permis de me redresser et de remarcher après qu'un chauffard m'a renversée à bicyclette quand j'avais 19 ans et laissée polytraumatisée, en miettes, quasi amnésique, sur la chaussée. Lui qui m'a orientée vers la musique alors que je pensais devenir artiste peintre. Lui qui m'a nourrie, protégée, aiguillonnée depuis ma naissance et me maintient encore debout.

À l'origine, de quel amour parlez-vous ?

De celui de ma mère, qui a mené un nombre incalculable de guerres pour que nous puissions survivre toutes les deux. Nous étions pauvres à Philadelphie. Une ou deux paires de chaussures, peu de vêtements, une boîte de conserve à nous partager le soir. Et un logement précaire qui nous obligeait à déménager fréquemment faute d'argent. Hop, tout devait tenir dans deux valises ! Nous formions une petite cellule de deux personnes, une équipe soudée à la vie à la mort. Elle était artiste photographe, mais prête à tous les jobs pour gagner un peu de fric. Je la regardais se démener, se fatiguer, faire des sacrifices, si seule et si combative. Et surtout si aimante. Cela vous donne de la force pour la vie, une mère comme ça !

Y avait-il des hommes dans cette micro-cellule ?

Non. En tout cas pas au début. Plus tard, quelques-uns sont passés. Et j'étais comme la petite voix de sa conscience : « Allons ! Tu lui donnes trop de chances à celui-là ! Tu t'égares ! » En tout cas, son amour m'a forgée. Comme celui d'autres gens qui ont pris le relais. Je suis comme un petit bateau dont la voile est gonflée par le souffle de l'amour. Je ne suis rien sans ce vent. J'ai beau avoir un caractère de rebelle, j'ai toujours besoin de sentir qu'on m'aime et qu'on me le démontre, comme savent le faire les enfants. Vous voyez ce que c'est un câlin d'enfant ? C'est dix fois plus fort que tous les autres, plein de confiance, sans retenue ni mesure. Alors que les adultes ont peur de rester dans les bras d'un autre, bourrés de doutes et de questions. Quelle erreur ! Moi, je refuse de refuser l'amour. Même si je sais que mes amoureux passeront toujours après la musique, car je suis mariée à mon instrument [la guitare]. Et même si ma vie de voyages me contraint à dire sans cesse au revoir à tous ceux que j'aime.

Pourquoi cette frénésie de voyages ?

D'abord pour le travail, les concerts, les enregistrements, les tournées. Et puis pour la curiosité. Je veux apprendre, apprendre. Je ne peux pas être satisfaite de ne parler que trois ou quatre langues. Et je veux connaître d'autres cultures, d'autres musiques. J'ai vécu à Rio, Buenos Aires, Lisbonne, Paris. Je veux découvrir et faire des croisements, suivre mon instinct, me perdre. Je ne suis pas docteur Freud, mais il n'est pas exclu qu'avoir été si longtemps coincée dans un lit y soit pour quelque chose…

Revenons donc à cet accident survenu en 2003. Vous auriez pu me répondre « je ne serais pas arrivée là si je n'avais pas croisé la route de ce chauffard en Jeep »...

C'est vrai. Ma vie a totalement basculé. Mais je crains que cette réponse minimise ou éclipse le rôle joué par ma mère. Je ne m'en serais pas sortie sans elle. Et donc une réponse sur l'amour permet de dépasser l'accident proprement dit. Mais vous imaginez bien que ce fut un séisme et chaque journée, dans les dix ans qui ont suivi, équivalait à gravir l'Everest ! Mon bassin a été brisé, ma colonne vertébrale atteinte, sans compter les lésions cérébrales et traumatismes multiples. Je suis restée un an à l'hôpital, allongée sur le dos, paralysée.

Le diagnostic était-il pessimiste ?

Désespéré ! Figurez-vous que, quelques jours après mon arrivée, il y a eu une inversion de dossiers médicaux avec une autre patiente. On m'a donc amenée à une séance de rééducation en tentant de me faire marcher. J'expliquais que je ne sentais rien à partir du bassin, mais on m'a forcée à bouger et je me suis mise à pleurer : c'était juste impossible. Les médecins, stupéfaits, ont alors compris leur méprise. Et en voyant mes radios, l'un d'eux m'a dit : « Tu ne remarcheras probablement jamais. » Eh bien c'est étrange : ces mots me sont passés au-dessus de la tête sans y pénétrer. Je ne sais pas si je ne comprenais pas ou si j'étais dans le déni. Cela n'avait tout simplement pas de sens. Et puis tout n'était pas perdu puisque j'avais mes mains ! Comme j'avais toujours voulu peindre, j'étais sauvée ! N'avais-je pas vu un reportage sur des handicapés qui tenaient leur pinceau entre leurs dents ?

Avez-vous connu des phases de déprime ou de désespoir ?

Non. Il y a eu des moments rudes, bien sûr. Être dépendante de quelqu'un pour aller aux toilettes était abominable et m'incitait à ne pas manger ni boire pour limiter mes déplacements. Je dépendais essentiellement de ma mère, puis d'une petite infirmière qui est venue chaque jour à la maison à partir du moment où j'ai dû quitter l'hôpital, faute d'argent.

Faute d'argent ? N'étiez-vous pas assurée ?

Je n'avais pas de voiture, donc pas d'assurance auto. Quant à mon assurance-maladie, elle était sans effet puisque ce n'était pas une maladie mais un accident de voiture ! Si vous saviez le nombre de médecins qui, pour des raisons de fric, m'ont fermé leur porte et l'accès aux traitements ! Nous étions dans une situation financière désastreuse : je vivais avec 150 dollars par mois d'assistance publique, plus 150 de prime handicap. Mais ma perte de mémoire engendrée par le traumatisme crânien avait au moins un avantage, c'est que je ne me souvenais jamais de la veille ni de ce qui aurait dû être mon grand sujet d'inquiétude ! L'inconvénient, c'est que j'ai dû réapprendre à tout faire : parler, manger, me laver les dents… J'ai encore du mal avec la notion du temps et l'organisation d'un calendrier, y compris pour mes tournées. Et ma mémoire reste capricieuse. Il y a des moments où je ne me souviens de rien du tout, et quand je chante en concert, je peux me tromper de mots ou affronter le vide. C'est pour ça que j'aime le jazz. Un trou de mémoire survient, et je me tourne vers le bassiste : « Solo ! » Pendant qu'il joue, j'essaie de retrouver le fil des phrases dans ma tête. J'ai des petits trucs qui marchent, ni vu ni connu…

Vous dites souvent avoir été sauvée par la musique…

C'est vrai ! Parmi mes troubles neurologiques, il y avait l'anomie, un trouble grave de la parole. Un truc fou. Mon cerveau fonctionnait, mais j'étais incapable de formuler des mots. Je balbutiais comme un bébé : *beup beup beup*. Et c'est là que la musique m'a aidée. Ma mère m'a apporté une guitare et j'ai appris à en jouer, entièrement allongée, en collant des onomatopées sur des sons, un peu comme le scat : *bap bap ta ta ta ba ba*. Puis j'ai varié les syllabes. Et au bout de plusieurs mois, les mots ont surgi, incertains, sur des airs, ce qui en faisait des chansons. C'est ainsi que j'ai recouvré l'usage de la parole.

Est-ce une méthode que vous avez improvisée ?

Totalement ! Je l'ai découverte à l'instinct et je voudrais maintenant la développer dans des hôpitaux, surtout avec les enfants. Les bribes de mots arrivaient, accolés à des notes, chargés de mes émotions. C'était comme le miroir de mon âme. Comme j'oubliais tout au fur et à mesure, j'enregistrais trois notes avec un petit magnéto, puis cinq, puis de courtes phrases, je réécoutais et j'enchaînais. Je confiais ainsi à ma guitare ce que je ne pouvais dire à personne, moi qui avais 20 ans et vivais comme un petit chiot, au jour le jour, immobile, incapable de me projeter dans l'avenir. Ce lien fort avec mon instrument a perduré. Je continue de ne me confier qu'à lui et ça énerve mes proches. « Tu compartimentes ta vie ! s'est énervé un ami. Tu ne me dis rien de toi ! » Que lui répondre ? « Tu n'es ni un piano ni une guitare. Je suis incapable de te dire ce que je ressens. »

Comment en êtes-vous arrivée à partager ces chansons créées sur un lit d'hôpital ?

Un ami a mis sur le site internet Myspace l'un de mes enregistrements qui n'était, au départ, qu'un exercice de mémoire. Puis quelqu'un m'a demandé si je ne voulais pas venir jouer deux ou trois chansons dans un concert de charité. J'ai été tentée, sachant pourtant que je ne pouvais pas rester assise plus de quinze minutes sur mon fauteuil roulant. Une radio de Philadelphie m'a alors réclamé un CD. Je n'en avais qu'un seul, enregistré sur mon pauvre ordinateur. Et ça a cartonné. Puis quelqu'un de merveilleux m'a proposé d'enregistrer un vrai disque, alors que je n'avais pas un rond, que j'étais toujours en fauteuil roulant, équipée d'un appareil auditif pour réguler l'intensité des sons qui résonnaient dans ma tête comme un haut-parleur détraqué, et de lunettes fumées pour me protéger de mon hypersensibilité à la lumière. Le CD a explosé, Universal m'a signée, et tout s'est enchaîné… L'amour, je vous dis. J'ai eu des anges sur mon chemin.

Le succès a été gigantesque et l'Europe vous a tendu les bras…

C'était si inattendu, tout ça ! Ces chansons si intimes qui devenaient publiques. Et ce corps disloqué que je travaillais à maintenir droit sur scène, soutenu par une canne si rassurante en cas de vertiges, et dont je ne me passe que depuis deux ans. J'ai pris de l'assurance, je sais que je peux faire ressentir au public un maximum d'émotions. C'est ce à quoi doit servir un concert, non ? Je ne suis pas une pianiste fabuleuse. Diana Krall me tue en trois notes ! Mais j'ai autre chose. Un feeling, une poésie, ma petite touche à moi.

Comment la définir ?

Lorsque j'écris, je suis en quête de vérité et de quelque chose qui me dépasse. Parfois, j'ai l'impression – fugace – d'être une marionnette : mes mains bougent toutes seules, mues par un truc mystérieux, venu de je ne sais où. Mais il me faut pour cela m'isoler du monde, me mettre en condition de capter ces étranges vibrations. Quel cadeau d'écrire !

En quoi le frôlement de la mort, l'expérimentation de la souffrance physique, toutes ces années de combat pour reparler, remarcher, être indépendante, ont-ils changé votre perception de la vie ?

J'ai l'impression d'avoir une deuxième vie. Le choc de l'accident m'a fait perdre la mémoire et a donc effacé toute trace de la première. Mes souvenirs d'enfance sont partis à jamais. J'en recrée quelques-uns, grâce aux récits de ma mère que j'écoute intensément, écris, relis. Ses histoires deviennent miennes. Je peux les partager, tout en étant incapable d'en donner les détails. Mais au fond, qu'importe ! Je suis bouddhiste et je crois que les vies se succèdent. À 19 ans je suis morte. À 19 ans, je suis née. Comme j'en ai aujourd'hui 33, du moins officiellement, cela signifie donc que je n'ai que 14 ans dans ma deuxième vie. Je suis une ado ! Une ado avec une vieille âme.

C'est-à-dire ?

Une ado qui sait le prix de la vie et qui a sans doute une hiérarchie de valeurs et de priorités différente de celle de ses contemporains. Une ado énervée quand elle voit les gens se plaindre de la pluie, du métro ou des embouteillages. « Allez donc rendre visite aux enfants de l'hôpital Necker ! ai-je envie de leur crier ; vous saurez ce qu'est la vraie souffrance ! » Une ado stupéfaite du sort réservé aux migrants dans une ville aussi riche que Paris, dont les flics, m'a-t-on dit, détruisent tentes et sacs de couchage. Moi, je leur distribue systématiquement vêtements et nourriture à l'issue de mes tournées. Une ado écœurée par la façon dont on laisse les malades croupir dans les hôpitaux, sans sortie, sans visite. À la moindre fête (celle des pères, des mères ou la Saint-Valentin), je prends ma guitare et je fais un tour dans les établissements à la ronde, quel que soit l'endroit où je me trouve dans le monde. Une ado, enfin, obsédée par son envie d'aider les enfants et les vieux. Je les adore. Les premiers pour leur innocence et leur drôlerie. Les seconds pour leurs histoires et leur fragilité. C'est nous, entre ces deux groupes, qui sommes merdiques et pathétiques, en faisant fi du cycle inéluctable de la vie et en jetant nos anciens.

Connaissez-vous les paroles de la chanson de Françoise Hardy : « On est bien peu de chose / Et mon amie la rose / Me l'a dit ce matin… » ?

Non ! Mais j'ai chanté « C'est trop tard », celle de Barbara. Et j'ai fini en larmes, comme mes musiciens, mes producteurs, mes techniciens. « C'est trop tard pour verser des larmes / Maintenant qu'ils ne sont plus là / C'est trop tard, retenez vos larmes / Trop tard, ils ne les verront pas. »

Marie-Christine Barrault

« Les morts nous apprennent à vivre »

Elle a tourné avec Rohmer, Wajda, Schlöndorff, Tachella, Woody Allen ou Manoel de Oliveira. Mais les planches demeurent sa passion et les grands auteurs – Tchekhov, Claudel, Duras, Yourcenar – des partenaires adulés qu'elle continue de servir. À 77 ans, cette actrice immense exerce son métier avec la même fougue et la même « nécessité » qu'à 17 ans.

Je ne serais pas arrivée là si…

Si je n'avais pas vécu cette enfance difficile où l'âpreté de l'existence m'a très tôt sauté à la figure alors qu'à la maison les sentiments n'étaient jamais exprimés. Perplexités, chagrins, désirs, révoltes… Rien ne filtrait jamais. On ne commentait pas les événements ou tragédies de la vie, on ne disait rien des émotions et questionnements qui nous traversaient. Silence dans la famille. J'étais emmurée parmi les miens, sans clés pour comprendre, et sans paroles pour exprimer mon bouillonnement intérieur. Ma vocation d'actrice est née de ça. Du désir de me libérer de mes chaînes et de dire ce que je vivais. Instinctivement, je suis allée vers le métier de la parole.

Comment cette « âpreté de l'existence » vous est-elle apparue ?

Il y a d'abord eu la séparation énigmatique de mes parents ; notre placement chez notre grand-mère, mon frère et moi, rythmé par les visites rapides de mon père et de ma mère ; puis la brusque réintégration dans une famille « recomposée » au sein de laquelle j'ai découvert, du jour au lendemain, deux petites sœurs et un beau-père inconnus ; la maladie de mon père, trahi, humilié, infiniment vulnérable ; et enfin sa mort, quand j'avais 14 ans. Un traumatisme absolu puisqu'on m'a volé cette mort en refusant de me prévenir qu'il agonisait dans un hôpital de province. C'est fou quand j'y repense. On m'a simplement dit au téléphone : ton père est mort, l'enterrement est jeudi. Personne n'a songé à me demander si j'avais du chagrin, alors que j'étais anéantie. Cette première confrontation avec la mort m'a instantanément donné un sens de la gravité et de la profondeur de notre condition.

Vers qui pouviez-vous vous tourner ?

Certainement pas vers ma mère, réfractaire à toute discussion d'ordre intime. Mon réflexe, après une nuit de sanglots, a été de me précipiter à mon collège, où je suis tombée dans les bras de ma professeure de maths, une religieuse d'une extrême bienveillance. C'est la première personne avec qui j'ai pu parler de ce décès et du mystère de la mort qui me cueillait par surprise et ne m'a d'ailleurs plus quittée. Pourquoi la mort ? Comment la mort ? Jusqu'où la mort ? Encore aujourd'hui, je reste d'une curiosité folle sur ce sujet. Il m'obsède mais ne m'angoisse pas. Car la religieuse, ce matin de novembre 1958, m'a fait cadeau d'une réflexion qui est devenue MA phrase : « Les vivants ferment les yeux des morts. Les morts ouvrent les yeux des vivants. »

De quelle façon ?

Ils leur ouvrent une fenêtre sur l'au-delà, les obligent à s'élever au-dessus des distractions terrestres pour scruter des ténèbres qu'ils illuminent. En fait, ils nous apprennent à vivre ! Ils sont vivants en nous qui les avons aimés. C'est un bel endroit pour continuer à vivre… Et je sais que les êtres avec qui nous étions en fusion continuent de nous tenir la main. Vous vous rendez compte ? C'est quand même pas mal d'avoir des relations dans l'au-delà ! L'amour partagé avec eux ne disparaît pas avec leur dépouille corporelle. Il subsiste, enchante, galvanise. Quelle ânerie que l'expression « il a rendu l'âme » ! Mais voyons ! C'est son malheureux corps qu'il a rendu, justement pas son âme. Elle continue de vivre, à la fois proche et éternelle. C'est un sujet passionnant, la mort. C'est même le seul sujet qui importe.

On fait pourtant tout pour l'oublier…

Pas moi ! Et j'aimerais y entrer « les yeux ouverts », selon la belle formule de Marguerite Yourcenar dans les *Mémoires d'Hadrien*. C'est-à-dire consciente et responsable. Pas en légume, branchée et bardée de tuyaux. Personne ne devrait se faire voler sa mort. L'instant ultime doit nous appartenir, je revendique la liberté de le maîtriser. C'est pour cela que je fais partie de l'Association pour le droit de mourir dans la dignité. Au fond, j'aimerais partir comme ma grand-mère paternelle, morte dans les bras de son fils, mon oncle Jean-Louis Barrault, en murmurant : « Si tu savais, c'est merveilleux ! »

Qu'est-ce qui peut être « merveilleux » ?

La délivrance d'abord, parce que ma grand-mère souffrait. Et le corps, enfin, lâchait prise. Et puis le formidable apaisement que procure un départ entouré d'êtres aimés. J'étais là à l'instant où Roger Vadim [1928-2000], le grand amour de ma vie, a rendu son dernier souffle, et malgré l'extrême chagrin, c'était une espèce de grâce. J'ai eu le sentiment d'accoucher de sa mort. C'était très charnel. J'avais pris sa main et l'avais posée sur mon ventre. Et j'ai respiré avec lui, au même rythme que lui, jusqu'à ce que ça ralentisse, et puis s'arrête. Nous étions ensemble dans l'acte de mourir et je l'ai accompagné… jusqu'au seuil de la mort. Eh bien, avoir vécu cela participe de cette lumière et de cette joie qui m'habitent depuis sa mort.

Y avait-il du temps pour une dernière conversation ?

Oui, et elle a été fondatrice pour la suite de ma vie. Car il a dit cette phrase extraordinaire : « Je pars en te laissant des devoirs de vacance. » C'était, bien sûr, jouer sur le mot « vacance(s) », mais pour moi c'était clair : il parlait des devoirs que m'imposerait sa « vacance » et le vide sidéral dans lequel il me laissait. Il m'enjoignait d'être digne de cet amour fou que nous avions partagé pendant douze ans. Et il me mettait au défi de vivre, travailler deux fois plus, ne jamais baisser les bras. Sa mort était une douloureuse épreuve, mais, à 56 ans, elle me condamnait au sursaut, à la grandeur, à la beauté, j'ai parfois dit « à la sainteté », au risque d'être moquée. Comment exprimer autrement l'exigence de dépassement de moi que j'ai alors ressentie ? J'étais écrasée de chagrin, mais c'était exaltant et la joie demeurait. Cette joie qui élève, domine la tristesse et projette vers l'avenir.

Quand avez-vous pris conscience de votre « vocation » d'actrice ?

Ça s'est lentement construit et tricoté. Mais je pense qu'à 11 ans, si je n'avais pas eu peur qu'on abîme mon rêve, j'aurais déjà proclamé que je voulais être actrice. La découverte des premières lectures, en 6e et en 5e, a été un tel éblouissement ! Je découvrais des écrivains qui traitaient de sujets enfouis au fond de mon cœur ; des personnages qui évoquaient tout haut les secrets qui commençaient à m'étouffer. Quelle sidération ! Des murs s'effondraient, des horizons se dégageaient. Ma prof de français me demandait d'apprendre 10 lignes de texte, j'en apprenais 50. Les réciter devant la classe me procurait une excitation folle. Je lisais bien et on me sollicitait sans cesse. « La petite Barrault nous lira *La Vierge à midi.* » Claudel, c'était mon tube !

Mais il n'était pas question de l'avouer en famille…

Sûrement pas ! La seule personne à qui j'ai pu confier mon rêve, à 11 ans – il en avait 14 –, est Daniel Toscan du Plantier, qui fut mon premier amour et le père de mes enfants. Lui seul pouvait alors comprendre. Sinon, c'était impossible. Même à Jean-Louis Barrault, mon oncle, et à sa femme, Madeleine Renaud, qui incarnaient la liberté de penser, de vivre, d'interroger le monde qui me faisait tant vibrer. Quand je me suis décidée à le leur dire, des années plus tard, ils ont fait la gueule. « Ma pauvre fille ! m'a dit Jean-Louis. Il n'y a qu'à te regarder pour voir que tu es faite pour le théâtre comme moi pour être notaire ! » Quant à Madeleine Renaud, systématiquement jalouse des autres actrices, elle me voyait mieux en étalagiste aux Galeries Lafayette. « Ma petite, avec le physique que tu as, ne compte pas faire de cinéma ! »

Cela aurait pu vous couper les ailes…

Ah mais j'avais lu Rilke ! J'avais dévoré sa réponse au jeune poète qui s'interrogeait sur sa vocation et ses chances de réussir. Et elle tenait en un seul mot : la « nécessité ». Est-ce que vous sentez en vous la « nécessité » ? Tout le reste est secondaire. Est-ce que, en rentrant en vous-même, avec la plus grande honnêteté, vous vous dites : si je ne peux pas faire ça, il me faudra mourir ? Eh bien moi, je répondais oui. Oui, c'est une nécessité. Oui, je préférerais mourir que de ne pas faire ce métier. Ça fait cinquante-cinq ans que je l'exerce, et chaque jour c'est une nécessité. Cela donne une joie ineffable de faire ce pour quoi on est sûr d'être fait. Savoir qu'on est dans sa voie… Jamais je ne m'arrêterai.

C'est donc plus qu'un métier ?

C'est un engagement de tout l'être, corps et âme. Une façon d'être au monde. C'est pour ça que c'est impossible d'arrêter. On meurt !

Mais quel est le ressort ? Traquer les ressorts tumultueux de l'âme ? Et incarner…

Incarner ! Incarner des rôles, des textes, des mots, des sentiments. Incarner. C'est l'un des deux mots les plus importants de ma vie. C'est d'ailleurs pour ça que j'aime la religion chrétienne : c'est la seule religion basée sur une incarnation. Mon autre mot préféré est « oui ». Le « oui » est une ouverture. Le « oui » offre tous les possibles. Derrière un « oui », vous avez le monde entier.

On dit qu'il faut pourtant apprendre à dire non…

C'est ce que me dit ma fille quand elle me voit trop travailler. Je lui dis : je ne pense pas. Et je ne cherche pas. Parce que, derrière tous ces oui que j'ai dits, qu'est-ce que j'ai eu comme cadeaux !

Vous avez déclaré un jour que les comédiens ne sont pas intéressants avant 30 ans…

Mais parce qu'on apprend au fil des rôles ! On mûrit. On progresse. On se bonifie. J'ai travaillé, travaillé, travaillé pour devenir une bonne comédienne. Et quelquefois, en repensant à des rôles que j'ai joués très jeune, je me dis : si seulement je pouvais les réinterpréter aujourd'hui (en faisant oublier mon âge), je serais formidable ! Mais je ne serais pas arrivée là sans la prof de chant avec qui j'ai travaillé trois fois par semaine pendant trente ans. Elle m'a mise au monde bien mieux que ma mère n'a su le faire. Elle m'a tout donné !

Est-ce en chantant qu'on apprend à être actrice ?

Un acteur est à la fois l'instrumentiste et l'instrument. L'instrumentiste peut être inspiré, mais si l'instrument est un crincrin… Eh bien Geneviève Rex, cette prof de chant, m'a donné l'instrument. Et, par là même, l'inspiration. Qu'on chante ou qu'on parle, on utilise les mêmes cordes vocales. Et on fait travailler tout le corps. Elle m'a recollée, moi qui arrivais chez elle en kit. Elle m'a donné du souffle et de la sérénité ; une force intérieure qui n'empêche pas le trac mais qui m'assure que j'ai du répondant. Grâce à elle, j'ai eu le sentiment que je pouvais tout jouer.

Même Claudel ?

C'est un peu à cause de lui que je suis devenue actrice. Quand j'ai vu, adolescente, jouer à l'Odéon le *Partage de midi*, je me suis dit que je raterais ma vie si je ne jouais pas un jour le rôle d'Ysé, alors incarné par Edwige Feuillère. Toutes les femmes de la terre sont contenues dans Ysé ! Je suis un personnage de Claudel, les pieds dans la terre, la tête dans le ciel, écartelée entre désir charnel et aspiration à la spiritualité.

Quel fut le tournant artistique après la mort de Vadim ?

J'ai eu moins de propositions de cinéma et de télévision – passé la cinquantaine, les rôles de femme s'amenuisent – mais de plus en plus de spectacles mêlant musique et littérature. Et une foule de lectures publiques. De lectures passions. De lectures que je conçois comme des spectacles pour partager des textes admirables : Hugo, Flaubert, Proust, Camus, Malraux, Blixen, Voltaire, Perec, Sand… J'ai plus de cinquante textes dans ma besace, et l'été, de festival en festival, je sillonne la France au volant de ma petite voiture, le coffre plein de valises. J'ai l'idée que c'est utile, qu'il n'y a aucune raison pour que les gens loin de Paris soient privés de culture.

Vous donnez-vous une sorte de mission ?

Une mission très agréable, hein ! J'ai l'impression d'être la petite sœur de Molière qui arpente les routes avec sa charrette.

Cela fait-il partie de vos « devoirs de vacance » ?

La vie est un cadeau incroyable. La vivre à moitié serait un péché. Mon devoir de vacance consiste à la vivre pleinement, utilement, et au niveau de mon bel amour. Mon rapport avec mon agenda est hystérique. La moindre journée libre se remplit dans la seconde car je ne suis jamais rassasiée et je trouve toujours un moyen de dire oui aux nombreuses sollicitations.

Et je m'en trouve heureuse. La petite fille qui aimait tant lire les textes en classe ne s'est pas perdue en chemin. Elle est près de moi, et je peux la regarder tranquillement, les yeux dans les yeux.

Pomme

« J'aurais tant aimé qu'on me dise :
"Tu peux aimer qui tu veux !" »

Elle n'a que 26 ans et a déjà sorti trois albums, remporté deux Victoires de la musique et imposé la singularité de son univers sur la scène musicale francophone. Chanteuse, autrice et compositrice, Claire Pommet, alias Pomme, n'aime rien tant que les tournées de concert et utilise volontiers sa notoriété pour défendre les causes féministes et écologistes qui lui tiennent à cœur.

Je ne serais pas arrivée là si…

Si je n'étais pas allée au Québec, l'année de mes 19 ans. Ce fut le tournant décisif de ma vie. Je m'y suis rencontrée et révélée à moi-même, à un moment hyper important : la fin de l'adolescence et le début de l'âge adulte. Le Québec est tellement en avance sur les questions de féminisme, de sexualité, d'identité de genre ! Du coup, j'ai fait un vrai saut dans le temps et gagné des années sur mes propres questionnements d'identité. Il régnait là-bas une telle bienveillance, une telle décontraction ! Je me suis dit : c'est donc uniquement en France que c'est compliqué d'être soi ! J'étais estomaquée !

L'impression de débarquer sur une autre planète ?

Carrément ! Tout y était si différent. Le rapport au corps, aux vêtements, à l'apparence. Le rapport à l'amitié et même à la tendresse qu'on manifeste là-bas avec tellement plus de chaleur et de spontanéité. Les câlins ! Les Québécois n'ont pas peur de se faire de vrais câlins, alors que nos bises à la française, désinvoltes, dénuées de sens, sont une convention si désuète. Et puis le rapport à la liberté sexuelle, bien sûr. On y a le droit d'être gay ou lesbienne dans la plus totale indifférence. Et, à ce moment-là de mon parcours, ce fut une vraie libération. Et la confirmation de l'intuition que j'avais eue, très jeune, d'un lien personnel avec le Québec.

Une intuition ? Que voulez-vous dire ?

Je pressentais, depuis l'âge de 14 ans, que ce serait un endroit qui me correspondrait. Qu'il s'y passerait des choses importantes et que Montréal me permettrait d'être enfin moi. C'est fou, hein ? J'écoutais de la musique québécoise ; je suivais les artistes qui venaient de Montréal. Et quand j'y ai débarqué, en 2015, j'ai instantanément ressenti une ouverture d'esprit et une liberté jusqu'alors inconnues. Je pouvais enfin me détacher de ma famille, de mon éducation, des normes qui m'opprimaient insidieusement. Et j'ai pensé avec certitude : voilà, c'est aussi ici ma maison !

Vous évoquez le droit d'être gay. Ce droit vous semblait-il dénié dans votre adolescence ?

Oui. Et je pense que l'influence écrasante de l'Église catholique – avec laquelle le Québec a justement rompu dans les années 1960 – y est pour beaucoup. C'est incroyable comme la religion, en France, continue de façonner notre culture et nos mœurs. Il se trouve que ma famille est catholique pratiquante. Enfant, j'allais donc au catéchisme, à la messe ; je faisais une petite prière le soir avant de m'endormir ; j'étais investie dans la paroisse ; j'ai même fait partie des chœurs pour un groupe de pop chrétienne. Bref, j'étais imprégnée de cette culture religieuse dans laquelle l'homosexualité est un interdit implicite. À l'école primaire puis au collège, j'ai eu plein d'amoureux. C'était très facile pour moi, j'étais hyper à l'aise. Et puis est arrivée l'adolescence, avec l'irruption de la sexualité, et là… C'est devenu très compliqué. Je continue de prétendre adorer les garçons, mais je ne suis pas du tout attirée sexuellement. Je me sens mal, ils ne comprennent pas. Il y a un blocage que je n'identifie pas. Je me crois anormale, je perds complètement confiance en moi. Et je n'ai pas d'autre option.

Pas celle d'aimer les femmes ?

Non ! Je n'y pense même pas.

On est pourtant dans les années 2012-2013, au moment des débats sur le mariage gay…

C'est vrai. Mais dans ma famille et le milieu dans lequel je baigne, des tas de signaux indiquent que si, par malheur, le sujet me concernait, ça ne se passerait pas bien du tout. Mon meilleur ami de l'époque a dit à ses parents : « Je suis gay. » Ils l'ont aussitôt emmené voir un psy et c'est devenu l'enfer. J'absorbe donc l'homophobie ambiante et développe une peur panique d'aimer les femmes. Je ne peux pas, je ne dois pas, ma vie serait juste horrible ! Quand une de mes amies de lycée me dit un jour : « Je sors avec Lucie », je suis stupéfaite et lui fais la gueule pendant deux jours. Elle est outrée : « La violence de ta réaction est trop bizarre. Tu ne serais pas lesbienne ? » J'ai crié : « Mais ça va pas ? » En fait, j'étais troublée. Complètement perdue. Ce n'est qu'en allant au Québec et en voyant des garçons et des filles vivre leur homosexualité ou bisexualité le plus naturellement du monde que j'ai commencé à analyser autrement mes inclinations. Et comprendre que j'étais amoureuse d'une de mes amies depuis des années. Je vous assure que si j'avais senti, dès le départ, que j'avais le droit d'aimer librement, j'aurais été une enfant bien plus heureuse.

Vous ne l'étiez pas ?

J'ai toujours eu un sentiment d'étrangeté. Je me sentais différente de mes frère et sœurs. Toujours en décalage. J'étais l'enfant à problèmes dans une famille d'enfants sages, et dont on exigeait beaucoup. J'étais pourtant bonne élève, mais avec un tel besoin d'être aimée et d'attirer l'attention ! On ne comprenait pas ma tristesse, mes émotions, et comme j'étais incapable de les exprimer verbalement, j'ai développé une passion de l'écrit. J'écrivais des lettres à ma mère que je posais sur sa table de nuit, ou à ma sœur… que je ne lui donnais jamais. Ensuite, j'ai écrit des poèmes et des chansons. Mais cette retenue dans l'expression des sentiments était partagée par toute la famille. Ma mère, qui a longtemps été mon modèle, est la personne la plus pudique que j'aie jamais rencontrée.

Au moins aviez-vous la musique…

Quelle chance ! Mes parents tenaient à ce que leurs quatre enfants jouent d'un instrument. Ma grande sœur a fait de l'accordéon, l'autre de la trompette, mon frère de la batterie ; et moi, j'ai commencé par le violoncelle, rejoint à 8 ans un chœur d'enfants et d'ados, et puis un peu plus tard, je suis passée à la guitare pour écrire des chansons. La musique était là, tout le temps. Celle des parents : Polnareff, France Gall, Renaud. La pop qui passait à la radio : Lady Gaga et Rihanna. Et puis mes artistes à moi, que personne de mon âge ne connaissait, mais que j'écoutais grâce au père d'une de mes amies qui vivait entouré de CD et de vinyles et à qui j'avais demandé de me mettre sur une clé USB, à l'ancienne, « des femmes qui s'accompagnent à la guitare ». Comme moi. Et c'est ainsi que j'ai découvert Joan Baez, Emylou Harris, Dolly Parton, Linda Ronstadt, June Carter… Je m'identifiais bien plus à ces chanteuses qu'à Lady Gaga. C'est devenu ma bulle, mon secret, et je n'écoutais que ça, la musique folk et la country. J'aurais pu répondre : je ne serais pas arrivée là si… je n'avais pas reçu cette clé USB.

… Et si vous n'aviez pas tout fait pour que la musique devienne votre métier !

Je le voulais à tout prix. Et ce rêve me portait. J'ai commencé à faire des concerts dans des bars lyonnais et parisiens, alors que j'étais encore au lycée. Je faisais de multiples allers-retours Lyon-Paris et j'envoyais partout un mail type : « Bonjour, je m'appelle Claire Pommet, j'ai 16 ans, j'aimerais jouer dans votre salle… » J'avais l'envie et le culot. Par des amis, j'ai rencontré les gens d'un label de disques, à qui j'ai présenté quelques chansons. Et j'ai commencé à travailler dans le studio du sous-sol de Polydor pour faire des maquettes. Le bac en poche, j'ai quitté la maison familiale, la guitare sur le dos, tellement impatiente. Il fallait que je parte ! J'ai transféré ma fac d'anglais de Lyon à Paris en pensant pouvoir à la fois être étudiante et faire ma musique. Évidemment, c'était impossible. Et je me suis accrochée à mon rêve, décidée à réussir coûte que coûte, d'autant que j'avais un accord moral avec mes parents qui acceptaient de m'aider financièrement pendant deux ans. J'ai bossé, serré les dents, et sorti mon premier disque à 20 ans.

Cela ressemble à une success-story, non ?

Ça y ressemble. Mais la réalité, c'est que je n'allais pas bien, que j'étais seule et anorexique, que je payais les conséquences d'une expérience hyper traumatisante vécue très jeune, avant le bac, et dont je n'ai pu parler que bien plus tard. Après MeToo. Après la lecture de dizaines de témoignages de femmes dans le cinéma ou ailleurs. C'est là seulement que j'ai compris qu'entre mes 15 et 17 ans, j'avais été manipulée, harcelée moralement et sexuellement, par un artiste bien plus vieux que moi, qui a développé une relation d'emprise et qui a voulu me façonner selon ses fantasmes et déviances psychologiques. Je n'en avais pas conscience à l'époque, je ne savais rien, et j'avais l'impression de jouer ma vie si je n'acceptais pas certaines choses. Mais en me rabaissant, en me sexualisant, en me faisant me sentir coupable, ingrate, anormale, ce type m'a brisée et fait perdre toute confiance. Après… Eh bien, j'ai joué le jeu de mon label, fait des compromis artistiques, accepté de m'habiller et de me maquiller comme d'autres le souhaitaient, de chanter des chansons qui ne me correspondaient pas. Et j'ai sorti un premier album qui ne me ressemblait pas.

La seule chose que vous pouviez contrôler, c'était la nourriture, c'est ça ?

C'est ça. Mon anorexie était une histoire de contrôle. Alors que tout m'échappait, que je ne maîtrisais ni ma vie, ni mon image, ni ma création, eh bien, j'ai pris le contrôle de mon corps et de ma silhouette. Je me suis affamée et suis devenue atrocement maigre. Mais il existe en France un tel culte de la minceur que personne n'a semblé s'en rendre compte. Et moi, toujours dans le déni et le silence – ne jamais rien avouer de sa souffrance ! –, je n'avais pas conscience d'être malade, alors que ça a duré des années.

Vous contrôlez désormais votre création et vous êtes sortie du silence. Aux Victoires de la musique 2022, et dans un papier de Mediapart, vous avez dénoncé les violences sexuelles dans l'industrie de la musique où les femmes sont particulièrement vulnérables.

Les tweets MeToo m'ont bien aidée en 2018. Alors, si moi, femme blanche, plutôt privilégiée, ne témoigne pas à mon tour, qui le fera ? Joan Baez a parfois le sentiment d'être investie d'une mission. Eh bien, moi aussi. Elle est très chrétienne, nous avons des similitudes. Je ne peux pas avancer dans la vie sans me dire que je dois tout faire pour changer les choses. Je me sens responsable.

À cause de cette notoriété et de vos 600 000 followers sur Instagram ?

Pas « à cause » mais « grâce à » cette notoriété. Ce n'est pas un poids, c'est une chance ! C'est comme être élue pour pouvoir faire entendre sa voix, et pouvoir aider, tendre la main, avoir de l'influence. J'aime et j'embrasse cette responsabilité. Elle m'oblige à développer une conscience sociétale globale, à avoir partout des antennes et à les garder en alerte. Le féminisme intersectionnel me tient à cœur. Comme l'écologie et l'avenir de la planète. J'ai engagé ma petite sœur en tant que régisseuse écoresponsable sur ma tournée…

Engagée sur tous les fronts ?

Je suis terrifiée par l'idée de mourir. Donc, je dois rentabiliser chaque heure de ma vie. La pandémie m'a rappelé cette urgence. Ma tournée avait été brusquement stoppée, j'étais anéantie. Je me suis alors rappelé mon vieux rêve d'être actrice, et j'ai démarché des gens du cinéma pour tourner au moins un film avant de mourir ! J'ai toujours l'impression que chaque minute, chaque seconde est comptée.

Dans un livre collectif, vous avez accepté d'adresser une lettre à Claire, l'adolescente que vous avez été…

Elle serait si heureuse de me voir aujourd'hui ! Et elle serait fière, je crois. Elle n'en reviendrait pas de voir tout ce qui s'est passé en dix ans, et de constater que j'ai pu réaliser tous ses rêves : j'ai découvert le Québec, chanté à New York, été tête d'affiche aux Nuits de Fourvière, rencontré des amis incroyables. Adolescente, il me semblait qu'il faudrait une vie entière pour pouvoir réaliser ces rêves ! Et puis elle verrait que, de ce sentiment d'anormalité qui l'étreint parfois, j'ai tiré une force et fait des chansons.

Lui parlez-vous d'amour ?

Oui, je lui annonce même que, deux ans après le lycée, je suis tombée amoureuse d'une fille et que c'est la chose la plus merveilleuse qui me soit arrivée. D'ailleurs, c'est cela que j'ai envie de dire aujourd'hui à tous les jeunes, filles et garçons : « Aime qui tu veux ! Quelle que soit ton orientation sexuelle, tu n'es pas anormal. » J'aurais tant voulu qu'on me le chuchote à l'oreille quand j'étais ado.

Simone Schwarz-Bart

« En amour, il me fallait du bouleversant »

Née en 1938, l'écrivaine guadeloupéenne consacre talent et énergie à défendre la mémoire de son mari André Schwarz-Bart, Prix Goncourt 1959 pour Le Dernier des Justes, *mort en 2006, conspué pour avoir voulu rapprocher les histoires et souffrances de la Shoah et celles de l'esclavage. Dans la véranda de sa maison créole, tout de blanc vêtue, elle nous raconte cette histoire d'amour éternel.*

Je ne serais pas arrivée là si…

S'il n'y avait pas eu André, mon mari, mon enchanteur, cet homme au cœur troué. Et s'il n'y avait eu mes grands-parents paternels qui m'ont donné foi en l'amour véritable, l'amour absolu, l'amour entre deux personnes qu'a priori tout sépare mais qui se comprennent et se ressentent de façon mystérieuse. Avoir vu vivre ensemble ces grands-parents splendides, elle, la petite négresse de Saint-Martin, qui ne parlait que le créole et l'anglais, ne savait ni lire ni écrire mais pouvait entrer en contact avec l'invisible, et lui, le fils de négociant en vin installé dans le port de Pointe-à-Pitre, éduqué chez les pères salésiens et amoureux des livres, m'a fait croire en la force des amours impossibles. Je n'étais pas prête à aimer n'importe qui, n'importe comment. Je ne voulais pas d'un coup de cœur facile. Il me fallait du bouleversant. Ma grand-mère me l'avait prédit : « Ta médaille se met toujours à l'arrière de ton cou ; c'est un signe : tu épouseras quelqu'un qui n'est pas de Guadeloupe, un homme d'une autre culture. »

Évoquait-elle son propre choix ?

Non. Mais je les observais et constatais l'osmose. Elle était entrée à son service comme femme de ménage, pauvre d'entre les pauvres, débarquée de son île, et il l'avait épousée, provoquant sa mise au ban de la communauté blanche et sa ruine immédiate. Ils sont donc allés vivre leur amour sur un îlet en face de Pointe-à-Pitre, respectueux de leurs mutuelles différences. Le soir, il revêtait son costume de drill blanc, avec des boutons dorés, pour s'installer à table et déguster un bon vin, tandis qu'elle préférait dîner de racines, d'ignames et de patates douces, assise sur la première marche du perron. Elle continuait de l'appeler « Monsieur Brumant », ce qui le désespérait. « Quand donc vas-tu m'appeler Amédée, Marie ? » lui demandait-il chaque jour. Rien n'y faisait. Elle ne pensait pas être digne de cet amour qu'il lui proclamait pourtant en français, en anglais, en créole. Mais quand elle a été paralysée, c'est à lui, et à lui seul, qu'elle a demandé de faire ses tresses et de préparer ses repas. Le soir, assis tous deux sur des balancelles sous la véranda, il lui faisait la lecture d'un roman à voix haute. Elle disait : « Vous êtes bien sûr que cette histoire est vraie ? Moi, j'en doute ! » Et ils riaient. Je n'ai jamais vu la moindre dispute ni la plus petite dissonance. Ce lien entre eux dépassait la raison et la norme. Je me disais : c'est cela l'amour. J'avais cette référence en tête lorsque j'ai rencontré André.

Racontez-nous cette rencontre déterminante.

Je m'en souviens comme si c'était hier. Ma mère institutrice avait voulu que je passe mon bac à Paris pour m'ouvrir l'horizon. Je m'y suis donc retrouvée l'année 1959 en classe de terminale, peu à l'aise dans cette ville immense, encore moins dans son métro. Le 15 mai, en allant chercher le duplicata de ma convocation à l'épreuve de philo, je me suis trompée de station. Et là, devant la bouche du métro Cardinal-Lemoine, alors que je ne savais vers où me diriger, un jeune homme maigre et pâle, affublé d'un manteau qui l'avalait, s'est approché de moi : « Vous cherchez votre chemin ? » Et il a ajouté, en créole : « Vous n'êtes ni de la Martinique ni de la Guyane, mais de la Guadeloupe. » J'en ai été interloquée.

Qu'avez-vous répondu ?

Je l'ai regardé attentivement. Il avait un air paisible. Et de ses yeux émanait une bonté fluide. J'ai pensé : en voilà un qui ne fait pas partie des agités du bocal. Mais j'étais troublée. Je voyais qu'il était jeune et je sentais qu'il était vieux. Quelque chose en lui donnait l'impression d'un monde disparu… Nous avons marché côte à côte, naturellement. Puis il m'a proposé de prendre un café. Je ne m'étais jamais attablée avec un homme seul, mais j'ai accepté, confiante. Il m'a prévenue qu'il n'avait que 1 franc en poche et qu'il faudrait nous abstenir de boire nos cafés à 45 centimes pour rester le plus longtemps possible ensemble. « Nous avons beaucoup à nous dire », a-t-il glissé en souriant. Et j'ai senti que c'était vrai. Arrivés à 14 heures, nous sommes sortis à 23 heures, et nous n'avons pas vu le temps passer. Ma vie venait de basculer.

En aviez-vous la certitude le soir même ?

Je suis partie en me disant que, même si je ne revoyais plus jamais cet homme-là, je l'avais aimé comme je n'aimerais plus personne sur terre… Il était pourtant le contraire de ce dont j'avais rêvé. J'étais coquette, je voulais quelqu'un qui sache danser, s'habiller. En une seconde, tout cela est devenu dérisoire. Cet homme m'ouvrait le monde dans sa férocité et dans son merveilleux. Il me dit qu'il a été ajusteur, éducateur, vendeur, couturier, et aussi communiste, et aussi résistant ; qu'il vient de déposer au Seuil un manuscrit qui lui a demandé un travail immense et qui est un hommage aux siens à jamais disparus. Un caillou blanc posé sur une tombe en fumée. J'écarquille les yeux. Et il me parle de sa famille exterminée à Auschwitz, d'un monde englouti par la Shoah dont je ne sais absolument rien. Mais qui est-il ? Il me dit qu'il est juif. Et j'en suis bouleversée. Il existe encore des juifs ? Je ne les ai rencontrés que dans la Bible. Cela confirme mon impression : cet homme-là a traversé le temps et vient d'une autre planète. Il me dit qu'il a 30 ans, mais il a l'âge de Mathusalem.

Et cela ne vous effraie pas ?

Cela me subjugue. Car au fur et à mesure qu'il me parle de son monde anéanti, de sa richesse, de sa spiritualité, je vois apparaître le mien. Au fur et à mesure qu'il me fait entrer dans son histoire, c'est la mienne qui frémit. La brûlure de la Shoah me renvoie à la brûlure de l'esclavage. Ses interrogations sur l'arrivée des déportés à Auschwitz ravivent mes obsessions sur les pensées du premier esclave ayant mis les pieds sur le sol de Guadeloupe. Et l'image des esseulés de l'hôtel Lutetia, à Paris, scrutant, en 1945, les listes de convois et rescapés des camps me rappelle celle des miens cherchant à retracer d'où viennent leurs ancêtres africains, quelle tribu, quel pays, quel transport. Je sens l'alliance souterraine de nos histoires et de nos souffrances. J'ai 20 ans, et j'ai la sensation de m'être trouvée. Je me sens instantanément mariée à cet homme, dussé-je ne jamais le revoir.

Comment la relation s'est-elle poursuivie ?

Par une correspondance assidue. Il m'envoie des cartes avec *Les Tournesols* de Van Gogh dont il est fou. Je les reçois à la pension religieuse où ma mère, repartie en Guadeloupe, m'a installée afin que je poursuive mes études à Paris. C'est là qu'un matin de novembre, une de mes amies m'annonce que le prix Goncourt vient d'être décerné à un dénommé André Schwarz-Bart. Je reste impassible. Mais j'ai envie de hurler de joie. André m'avait dit que si son livre rencontrait un seul lecteur il serait heureux. Alors je pense qu'il va être très heureux. Je n'imagine pas une seconde la fureur que *Le Dernier des Justes* va déchaîner. La presse découvre l'écrivain, si singulier dans sa tristesse et son intensité. Cependant les polémiques surviennent de toutes parts, y compris des cercles juifs et communistes. André est totalement pris de court.

Vous en parle-t-il ? Pouvez-vous lui être d'une aide quelconque ?

Il n'en dit mot et je me préserve moi-même, consciente que mes pleurs se transformeraient en rivière si je savais qu'on attaque ce garçon sincère et inconsolable. Un jour, il vient m'annoncer qu'il prend le large vers la Guyane. J'en suis glacée, mais de quel droit exprimer ma tristesse ? Lors de notre première rencontre, nous étions convenus que le couple ne devait être ni un piège ni une prison… Notre correspondance devient au fil des mois un lien vital pour l'un et l'autre. On s'écrit tous les jours. Parfois plusieurs fois par jour. Je découvre sa passion pour l'histoire de la Caraïbe, sa volonté de se lancer dans l'écriture d'un cycle de sept romans sur l'esclavage. Oui, lui, le juif, dont tout le monde attend un deuxième livre sur la Shoah. Quand il revient à Paris, au terme d'un long périple, nous comprenons que nous ne pouvons nous passer l'un de l'autre. Nous emménageons dans une chambre sous les toits. Et le 21 mars 1961, nous nous marions à la mairie de la place Saint-Sulpice. Tout seuls. André ne veut pas de mondanités. Mais il disparaît dans la nuit, me laissant dans les affres de l'incertitude. Regrette-t-il déjà ? Pense-t-il que sa mère aurait préféré qu'il épouse une juive ? Une petite voix me dit que cet homme en péril pourrait se noyer si je n'étais pas à ses côtés. Un rouleau compresseur lui est passé sur l'âme, chaque jour de sa vie, il voyage vers Auschwitz avec le regret de n'y avoir pas accompagné ses parents… Alors je l'attends. Et il revient au petit matin. J'ai plongé dans son monde avec passion. Par réfraction, il m'a fait découvrir le mien. J'ai pris ma part de ses cauchemars et il a pris les miens.

Vous-même connaissiez peu l'histoire de l'esclavage ?

On ne l'apprend pas en Guadeloupe. Mais les discussions avec le groupe d'amis juifs d'André, tous passionnés par la culture yiddish, m'ont donné envie d'interroger mon propre héritage. J'ai commencé à disséquer les contes, les chants, le langage créoles. À noter que des expressions familières comme « Tu m'aimes mais tu ne peux pas m'acheter » sont imprégnées de notre histoire d'esclavage. Que notre autodénigrement a des racines profondes. Je vous assure que c'est une chance d'épouser quelqu'un en dehors de sa culture et de sa communauté ! Cela vous apprend que l'étranger ne l'est pas tant que ça. Ça dessille votre regard et vous ouvre à tous les possibles.

Y compris celui de devenir à votre tour écrivaine ?

J'ai vite compris que la première épouse d'André était l'écriture. Et que, si je voulais poursuivre notre histoire avec l'intensité et la symbiose qui la caractérisaient, il fallait que j'écrive. Comment ? Je ne savais pas, je n'osais pas. Mais notre dialogue était tel qu'une collaboration s'est spontanément mise en place pour ses recherches sur l'héritage antillais. Puis il a commencé à me dicter certains passages de son nouveau livre en me disant d'intervenir comme bon me semblait. Je ne voulais jouer alors qu'un rôle de secrétaire, mais, peu à peu, je suis entrée dans l'histoire et j'ai fait des propositions qu'André a intégrées à son texte. Et c'est ainsi qu'il a voulu qu'on cosigne *Un plat de porc aux bananes vertes*, un livre dédié à Aimé Césaire et à Elie Wiesel pour signifier le lien entre ces deux expériences de l'extrême : l'esclavage et la Shoah. Et puis je me suis lancée en solo dans l'histoire de Télumée [dans *Pluie et vent sur Télumée Miracle*], une vieille Guadeloupéenne un peu sorcière que j'ai aimée tendrement. Elle a raté de très peu le Goncourt en 1972.

La parution, la même année, du troisième livre d'André,* La Mulâtresse Solitude*, sur le destin d'une combattante contre l'esclavage, a en revanche été mal accueillie.

Ce fut affreux, stupide, injuste. Des Antillais ont osé prétendre qu'un homme blanc ne pouvait honnêtement écrire sur les Noirs ! Des intellectuels proches des indépendantistes n'ont pas supporté que le grand livre de résistance à l'esclavage soit écrit par un juif ! André en a été meurtri, et moi, je me suis sentie trahie par les miens. Pas une voix ne s'est élevée pour le défendre. Pas un coup de fil pour soutenir sa volonté de relier les hommes, et son droit de parler des Noirs comme des siens. On avait affaire à des rapetisseurs de tête, des cuiseurs de cervelle lamentables, alors qu'André visait l'universel. Cette incompréhension l'a brisé. Il a rompu tout lien avec le milieu littéraire. Il a continué d'écrire chaque jour des dizaines de feuillets, mais il jetait tout à la poubelle. Son désespoir me dévastait. La vérité, c'est que son livre était paru trop tôt et que, aujourd'hui, Solitude, l'héroïne de son histoire, est revendiquée par toute la Guadeloupe. Des rues, des écoles, des statues, des institutions la célèbrent. Le petit juif André Schwarz-Bart fait bel et bien partie du patrimoine antillais.

Cela vous apaise-t-il ?

Disons que cela sonne juste. À sa mort, en 2006, j'ai retrouvé des milliers de notes, amorces de manuscrits, fragments de journaux intimes miraculeusement sauvés de la destruction. Comme s'il avait semé à mon intention une graine d'amour et de mémoire. Alors j'ai entrepris de reconstituer la suite de livres antillais que mon mari n'avait pu achever. Cela me donne une raison de vivre après lui. Cet homme-là, voyez-vous, ne veut pas me quitter.

Yasmina Reza

« J'ai toujours su des choses qui n'étaient pas de mon âge »

Présentée à Paris en 1994, sa pièce Art *a reçu un accueil triomphal de New York à Moscou, de Londres à Tokyo et fait de Yasmina Reza, à la fois espiègle et grave, la dramaturge française la plus jouée dans le monde. Mais il en faudrait davantage pour rassurer cette inquiète, qui, obsédée par la mort, s'est résolue depuis peu à l'idée du non-sens.*

Je ne serais pas arrivée là si…

En admettant que je puisse appréhender le « là » de votre question, j'aurais beaucoup de mal à y répondre. Pour deux raisons. D'abord, je ne regarde jamais en arrière, je ne me retourne pas sur le passé. Les seules introspections auxquelles je me risque sont à visée littéraire : j'explore en moi ce qui va me servir et que je transforme en une matière dont je me désapproprie immédiatement. Je me suis, comment dire, déguisée en personnages au fil du temps. Ensuite, j'ai la conviction depuis toujours que le destin ne dépend pas tant des circonstances que du caractère. C'est à lui qu'on doit les choix qui font une trajectoire.

Vous ne seriez donc pas arrivée là... si vous n'aviez eu ce caractère ! De quoi est-il fait ?

C'est vous qui le formulez ainsi. Je ne l'aurais pas fait en ces termes vaniteux. Et surtout, je ne me déterminerais pas. Mon caractère m'a poussée à faire des choix assez radicaux. En cohérence avec une certaine idée de l'indépendance. Un moment où cela s'est avéré particulièrement évident fut lors de la création de ma pièce *Art*. Cette pièce a connu un grand succès à Londres puis à New York. J'ai eu des propositions de toutes sortes et de partout. On me proposait d'écrire des films, une comédie musicale, on m'invitait à Hollywood... J'ai eu des dizaines de rendez-vous, j'ai voyagé. Pourtant j'ai dit non à tout. Absolument à tout.

Pourquoi ?

Parce que, avec *Art*, j'avais enfin acquis une forme de liberté. Jusqu'alors, je vivais difficilement et la plupart du temps personne ne me répondait. *Art* a changé la donne. J'ai gagné à la fois la liberté financière qui m'a permis d'écrire ce que j'avais envie d'écrire en prenant mon temps, et la faculté d'appeler n'importe qui pour dire : « J'ai un projet, pouvons-nous en parler ? » C'était sans prix. Toutes les autres propositions me sont apparues comme des aliénations, des incitations à être ce que je n'étais pas. C'est une illustration d'un tempérament qui me fait dire non plus facilement que oui.

Quelle enfant étiez-vous ?

Je n'ai pas de souvenir d'enfance… Disons qu'aucune image lumineuse n'en surgit.

Quel héritage, alors, que celui de vos parents ?

J'ai du mal à parler de mes parents. Je les ai évoqués dans plusieurs livres, mais à ma façon. En faisant des choix littéraires. Ce qui a pu être déterminant, c'est le côté parfaitement inclassable de ma famille, mélange de dérèglement et de démesure, ainsi que son cosmopolitisme. Mon père venait de Samarcande, d'une famille juive nomade et désargentée. Sa mère ne savait ni lire ni écrire. Il était né à Moscou, était passé par l'Allemagne et l'Angleterre avant d'atterrir à Paris au terme d'un long périple qu'il n'a jamais raconté. Quant à ma mère, elle était née à Budapest dans une famille également juive qui possédait des filatures de laine et qui a tout perdu à l'arrivée du communisme. Elle s'est retrouvée à Paris, violoniste, sans argent et sans soutien. Le juif oriental et la juive ashkénaze que rien a priori ne devait rassembler, ni la langue, ni la culture, ni l'extraction sociale, se sont donc connus en exil. Leurs amis étaient dispersés de par le monde, et eux avaient un côté hors sol. Très hors sol. Tout en s'appliquant à faire de mon frère, ma sœur et moi des petits Français.

Que voulez-vous dire ?

On nous inculquait le respect de la langue française. Il fallait bien s'exprimer, bien articuler. Pour moi qui n'avais aucune racine et ne parlais pas la langue de mes ancêtres – ma grand-mère paternelle ne parlait que le patois de la province de Boukhara, et mes grands-parents maternels que le hongrois et l'anglais –, le français fut une vraie patrie, l'endroit de mon existence. En même temps, le fait d'entendre d'autres intonations, de devoir aussi m'exprimer par ellipse avec des proches a certainement influé, pour une part importante, sur le style, ou plus exactement sur le rythme de mon écriture. Et aussi sur une forme d'humour concentré sur la catastrophe.

Et la musique ? Elle irrigue votre œuvre. Ne vient-elle pas d'une culture donnée aussi dans l'enfance ?

Mon père était un grand amateur de musique, davantage que ma mère qui, après son mariage, avait rangé son violon sur la plus haute étagère d'un placard et n'y a plus jamais touché. Elle a même fini par le donner, à notre insu. Mon père rêvait d'être chef d'orchestre. Le dimanche, il mettait sur l'électrophone un disque de Bruno Walter et il dirigeait devant nous, en robe de chambre. Il s'est mis assez tard, et avec assiduité, au piano. Il arrivait aussi qu'on écoute des boogie-woogies et que toute la famille danse ensemble.

Cela paraît joyeux…

Il y avait des instants très joyeux.

Mais…

Ma famille, mes parents n'étaient pas des gens qu'on peut simplifier.

Pourquoi disait-on de vous, petite fille, que vous étiez « une vieille âme » ?

Mon père disait cela. Il croyait à l'âme et à la réincarnation. J'ai toujours su des choses qui n'étaient pas de mon âge, disons des choses que je ne pouvais pas avoir expérimentées dans mon âge. D'ailleurs, je ne crois pas à l'expérimentation en matière de savoir sur la vie. C'est le propre de beaucoup d'écrivains. Ils savent ce qu'ils n'ont pas vécu. Ils savent par prémonition, par intuition.

Intuition de quoi ?

Comme si nous avions déjà vécu nous-mêmes le parcours des âges.

Avec une connaissance du cycle de la vie ?

Une connaissance venue d'on ne sait où et c'est un grand mystère. Mais j'ai tendance à croire que nos cellules ne sont pas nées d'hier. Qu'on transporte des mondes anciens qui nous éclairent et nous donnent une sorte de prescience. Je l'ai toujours senti de façon diffuse, sans pouvoir mettre les mots, jusqu'à ce que je tombe sur un texte de Marguerite Yourcenar disant à peu près ceci : « Tout a déjà été vécu et revécu des milliers de fois par les êtres que nous portons dans nos fibres… La seule question qui se pose est pourquoi, de ces innombrables particules flottant en chacun de nous, certaines remontent à la surface. » Elle évoque aussi « des personnages qu'[elle] inventai[t] ou qu'[elle] croyai[t] inventer ». Eh bien, c'est exactement ça. Je portais en moi, de façon quasi génétique, organique, un monde enfoui qui, parfois, remontait à la surface…

Et vous donnait conscience de la finitude…

Une conscience aiguë, oui. Je pourrais même vous dire : « Je ne serais pas arrivée là si… je n'avais pas eu très jeune la conscience aiguë du temps et de la mort. » Ça serait en définitive la meilleure réponse à votre question initiale. Cette conscience non seulement oriente l'écriture, mais crée un sentiment d'urgence et presque une obligation de tenir son rang de vivant. Ça n'est jamais aussi net bien sûr ! Et le formuler ainsi est presque caricatural mais, quand même, il y a toujours eu le sentiment de devoir achever quelque chose, de ne pas perdre de temps.

Comme une injonction ?

Injonction, je ne crois pas… Un moteur intime peut-être. Faire que les minutes ne tombent pas dans le vide.

Voilà qui interdit l'insouciance…

Même pas. Parce que les choses dont on parle là sont très souterraines et n'interdisent rien. Ni la joie ni la frivolité. Au fond, les interrogations intimes orientent mais n'empêchent rien. Elles sont comme les astres qui inclinent mais ne prédestinent pas. Enfant, j'étais heureuse d'avoir été élue, en quelque sorte, pour être en vie. Mais je n'avais aucune idée de ce que je ferais plus tard. J'étais sans direction. J'ai tâtonné. J'ai d'abord fait des études d'histoire, de sociologie, de théâtre. Et après une série d'enchaînements, je suis devenue comédienne. Je me suis amusée, j'ai gagnoté ma vie. Mais j'ai vite compris ce qu'impliquait ce métier : attendre, dépendre du désir des autres… Je me suis dit : impossible, je vais dépérir. Je me savais des capacités d'écriture et j'ai pensé qu'écrire une pièce était à portée de main. À l'époque, je croyais bêtement qu'écrire pour le théâtre était plus facile. Et j'ai eu l'intuition de séparer mes activités, de ne pas écrire un rôle pour moi.

Le titre de votre première pièce – Conversations après un enterrement *– et son thème révélaient-ils déjà vos obsessions ?*

Oui. Lorsque j'ai revu la pièce, des années après sa création, j'en ai été stupéfiée. Tout ce que j'ai écrit ensuite était déjà posé dans cette pièce écrite à 24 ans. Comme un condensé des obsessions et des thèmes qui irrigueront mes textes ultérieurs. Tout était là d'emblée. Au fond, j'ai toujours écrit plus ou moins la même chose, avec des allures différentes !

Des prix vous ont été remis un peu partout dans le monde, vos pièces sont jouées dans les plus grands théâtres, chaque livre est un événement. Ne vous dites-vous pas : « Désormais, je sais faire » ?

Pas du tout ! C'est même le contraire. Les prix font plaisir, le succès rassure, mais je n'ai jamais confondu succès et qualité. Je ne suis pas assez naïve pour croire à la validité des honneurs. Je suis une débutante quand je me remets dans un projet. Il faut juste que je me débarrasse du fardeau de ce que j'ai déjà fait et que j'aille vers un certain déséquilibre. Vers ce que je crois savoir le moins bien faire. D'ailleurs je n'ai aucun savoir-faire. Et les questions affluent : qu'est-ce que c'est cette phrase ? Je ne sais pas l'écrire, je ne sais pas dire ça, c'est nul ! Etc.

L'écriture dans la tourmente…

Ah non, non ! Quelle tourmente ? Ça me fait rire cette formule, elle est ridicule ! Personne ne vous demande d'écrire. Et d'ailleurs, la difficulté et le doute – qui n'intéressent pas le lecteur – ne sont pas forcément des moments malheureux. Fabriquer est excitant.

Vous dites souvent que l'écriture vous a sauvée. De quoi ?

De tout. De la vie. Je ne peux le dire mieux.

Vous donnait-elle une raison d'être « vivante » ?

Oui. Cela m'a pris des années pour oser inscrire « écrivain » dans la case « métier ». Je cochais l'option « autre ». Le vrai mot, en fait, serait « alchimiste ». On prend une matière pour en créer une autre. C'est ça l'écriture. On se saisit de la vie et on la remodèle, on la remixe, on change la temporalité, les lieux, les noms. Et on compose un nouveau produit, comme un extrait de parfum, qu'on soumet aux suffrages extérieurs.

Voyez-vous une cohérence dans l'ensemble de votre œuvre ?

Une cohérence, oui. Je vois surtout qu'il n'y a pas eu de dispersion. Je n'ai pas écrit des trucs dans les journaux, je ne suis pas intervenue à tort et à travers. Je me suis concentrée sur ce qui me tenait à cœur, en étant presque avare de mon écriture. Et cette non-dispersion forme un terrain qui est indubitablement le mien. Je ne réfute aucun de mes textes. Quand je relis des écrits antérieurs, même si des défauts me sautent aux yeux, il est rare que je n'en sois pas encore heureuse.

Les interrogations qu'avait la petite fille de 8 ans sur le sens de la vie ont-elles mûri ?

Enfant, j'avais la conviction d'un sens. C'est-à-dire l'idée d'une direction meilleure qu'une autre et qui prendrait sa signification dans la nuit des temps. Cela n'excluait pas la potentialité de transcendance. En vieillissant, j'ai fait le chemin inverse. L'idée de sens m'a déshabitée, celle du non-sens l'a emporté. À mon insu.

La vie serait-elle absurde ?

La dimension d'absurdité m'apparaît en effet. Et, curieusement, au lieu d'être angoissant, c'est presque une délivrance.

Rien après la mort…

Je m'approche malheureusement de cette idée. Je ne sais d'ailleurs pas pourquoi je dis malheureusement. Enfin, si. Parce que cela signifie qu'on ne retrouvera pas les êtres aimés disparus. En même temps, je ne peux écarter complètement tous les signaux d'un grand mystère reçus au cours de ma vie.

La plupart de vos œuvres ne comportent-elles pas un dialogue avec les morts ?

Bien sûr ! C'est un défi. Mais on ne reçoit pas de réponse. Les morts nous laissent nous démerder. Je me souviens d'une réflexion merveilleuse de Michel Déon, déjà très âgé, alors que nous déjeunions ensemble. Il parlait de sa prochaine disparition, et j'ai demandé : « Vous croyez qu'il y aura quoi ? » Il a dit : « Rien ! Rien, bien sûr ! » J'ai réagi : « Vous êtes si définitif que ça ? » Il a répondu : « Mais enfin, Yasmina ! Ça se saurait, depuis le temps ! »

Cécile de France

« Tout, plutôt que le regret et la frustration ! »

L'Auberge espagnole *l'a révélée en 2002 et c'est comme si l'on connaissait depuis toujours cette grande fille naturelle, si franche et si solaire. Les rôles – et les récompenses – se sont enchaînés, chez Klapisch, les frères Dardenne ou Clint Eastwood, prouvant l'étendue de son talent. Elle est pourtant restée la même, dénuée de narcissisme et d'affectation, armée dit-elle par son enfance belge… et bénie.*

Je ne serais pas arrivée là si…

Si je n'avais pas découvert, à 6 ans, en récitant une poésie devant ma classe, la merveilleuse jouissance de subjuguer un auditoire. C'était la première fois que la maîtresse m'avait confié l'exercice. La première fois que la petite fille un peu lunaire que j'étais se présentait, bien droite devant ses camarades, pour dire un texte appris par cœur. Mais attention ! J'avais pris l'affaire très au sérieux. J'avais travaillé mon texte avec maman et imaginé une vraie mise en scène, avec des gestes et une petite chorégraphie, comme pour un spectacle. Et là… Il s'est passé un truc incroyable dont je me souviendrai toute ma vie. J'ai vu les regards stupéfaits, puis éblouis, des autres enfants. J'ai senti leur émotion qui m'a gonflée d'énergie. Tout le monde a applaudi. La maîtresse a dit : « Bravo Cécile, tu as bien préparé. » J'en ai été bouleversée. La semaine suivante, quand elle a demandé : « Qui veut venir réciter sa poésie ? », la classe entière a crié : « Cécile ! » C'était trop de bonheur. J'ai décidé que je ferais ça toute ma vie.

Ce fut donc le déclic fondateur ?

Une fulgurance. Une vocation. Avec la certitude d'avoir désormais un rôle au sein d'un groupe. Vous savez, dans un village de Schtroumpfs, il y a le Schtroumpf grognon, le Schtroumpf gourmand, le Schtroumpf farceur. Eh bien moi, dans le village des enfants, j'étais devenue celle qui procurait des émotions et du plaisir. Et c'était merveilleusement valorisant pour la petite fille timide du café Le Vieux Clocher.

Le petit café alternatif que tenaient vos parents à Namur ?

Oui. Avec un grand drapeau noir à l'entrée ! Le rendez-vous des anars, gauchos, anticapitalistes, antimatérialistes, anticlergé, antibourgeois. Et le QG d'une bande de rêveurs et d'artistes qui voulaient refaire le monde, dont Rémy Belvaux ou Benoît Poelvoorde. Mes parents avaient le même âge que leurs clients, 22 et 23 ans quand j'en avais 6. Alors vous imaginez comme c'était joyeux et peu conventionnel ! On habitait au-dessus du café, mais j'y passais tout mon temps. Je faisais mes devoirs avec les clients, je dessinais sur les cartons de bière, je me postais à la vitrine avec un gros livre que je faisais semblant de lire pour épater les passants. Et puis j'y préparais mes récitations de poésie avec ma mère. Une vraie collaboration artistique. « Au deuxième couplet, je crois que tu pourrais sauter. Ou alors faire un grand geste… » C'était une complicité géniale. On jubilait toutes les deux, convaincues que le résultat serait magique et que je ferais carton plein.

Cette éducation « à contre-courant » vous mettait-elle en porte-à-faux avec les autres enfants ?

Bien sûr. Mes parents avaient tenu à m'inscrire dans la meilleure école la plus proche de notre café. Il se trouve que c'était une école catholique, tenue par des bonnes sœurs. Et que j'y côtoyais des enfants d'aristos, qui croyaient, vu mon nom, que j'étais aussi aristo. Erreur ! Non seulement je ne l'étais pas, mais mes parents étaient antiaristos et ne se privaient pas de clamer leur préférence pour les gosses de prolos. Comme ils étaient anticathos et refusaient que je fasse ma communion comme tous mes camarades. Quand les pères de mes amies venaient chercher leurs enfants en cravate et dans de grosses voitures, le mien se pointait à pied, avec un short, des tongs, la barbe hippie et les cheveux longs. Il est même arrivé plus tard que nous vivions dans une camionnette. Tout cela est devenu une force, sans doute même une fierté. Mais dans la petite enfance où l'on rêve d'être comme tout le monde, c'était un peu compliqué…

Au moins n'y avait-il aucune pression pour un choix d'études ou de métier ?

Ah non ! La liberté d'expression des enfants était fondamentale. Et j'aimais tellement le théâtre, pratiqué à l'adolescence dans une troupe amateur, que ma voie semblait toute tracée. Quelle chance, vous savez, d'avoir une telle passion ! Je ne sais pas si on la choisit ou bien si elle s'impose. Mais je sais que je mourrai avec ma passion aussi intacte que le plaisir qu'elle me procure.

Mais comment être sûr qu'elle permette de gagner sa vie ?

Ah, la grande question ! À la maison et dans la camionnette, il y avait des affiches sur lesquelles on pouvait lire : « Perdre sa vie à la gagner », avec des photos d'usines, d'ouvriers portant des combinaisons de protection et des masques à gaz. L'illustration du pire cauchemar. L'idée de « travail » en tant qu'activité uniquement destinée à « gagner » de l'argent était insupportable à mes parents. Ce qui comptait, c'était vibrer, s'épanouir, se faire du bien. Voyant que le théâtre me rendait heureuse, ils ne pouvaient que m'encourager. Ce sont mes grands-parents qui ont posé la question de la viabilité du métier de comédienne : « Ce métier te fera vivre sur la paille », répétaient-ils, en m'incitant à faire de vraies études. Et pendant un très court moment, j'ai songé à entreprendre des études de droit.

Pour devenir avocate ?

Et avoir mes grands moments de plaidoirie tels que je les voyais au cinéma. Mais quelle folie, me suis-je dit, en songeant à l'exemple de mon grand-père. Il était docteur en droit et juriste dans une banque. Mais sa grande passion était le bel canto. Je l'entendais chanter dans sa salle de bains. Je l'écoutais à la fin des repas de famille enchaîner les grands airs. Et j'étais bouleversée en voyant le plaisir que ça lui procurait. Pourquoi n'en avait-il pas fait son métier ? Pourquoi s'était-il brimé, lui qui avait participé plus jeune à des radio-crochets et avait sûrement nourri de grands rêves ? Du coup, j'ai surtout vu en lui la faille et la blessure. Et j'ai pensé : moi, ma passion, je ne veux pas la contenir à ma salle de bains ! Je veux la vivre au grand jour, la partager avec tout le monde, et en faire le moteur de ma vie. Il faut que j'écoute mon cœur !

Quitte à risquer de « vivre sur la paille » ?

Tout, plutôt que le regret et la frustration ! Et puis vous savez, j'ai eu une éducation antimatérialiste, j'ai été habituée à vivre sans richesse ni confort. Aucun rêve de luxe. La simplicité me sied parfaitement.

Alors qu'avez-vous fait ?

J'ai pris la direction de Paris pour suivre des cours de théâtre et j'ai gagné ma vie comme jeune fille au pair dans le très chic 16ᵉ arrondissement, moi qui étais grunge, m'habillais dans les poubelles et portais les cheveux rouges. Sortant de mon café anar, j'étais bien malheureuse dans cette ville immense. Mais j'avais un félin dans les entrailles.

L'envie de jouer les plus grands rôles du répertoire ?

Je ne rêvais pas dans ces termes. Mon prof de théâtre croyait en moi et je ne voulais rien m'interdire. Mais le théâtre de rue me semblait aussi merveilleux. J'avais un amoureux qui jouait du djembé et faisait la manche ; et j'ai été un court moment cracheuse de feu au Quartier latin.

Il n'a guère fallu beaucoup de temps, pourtant, pour que le cinéma vous repère…

C'est arrivé très vite. L'agent Dominique Besnehard m'a prise sous son aile dès la dernière année de mon école de théâtre. Et puis un directeur de casting que j'ai surnommé « ma fée », David Foenkinos, a eu le culot de me proposer pour le rôle principal de *L'Art (délicat) de la séduction*, alors qu'il m'avait fait passer des essais pour un rôle très secondaire. Et hop ! Ont suivi *L'Auberge espagnole*, *Irène*, puis *A+ Pollux*, sortis à quasiment une semaine d'intervalle. La « petite nouvelle » ne l'était finalement pas tant que ça. Et les rôles se sont enchaînés, avec chaque fois un personnage différent, et une aventure artistique et humaine intense.

Comment choisir les rôles quand la machine s'emballe, que les récompenses pleuvent (deux césars, prix Louis-Lumière, prix Romy-Schneider…), que les propositions sont multiples ?

Uniquement à l'instinct. Et au plaisir ressenti en lisant un scénario. Je veux avant tout des histoires. Et un rôle qui me permette de modeler quelque chose comme on le fait avec de la glaise. Il y a l'approche psychologique du personnage, avec des lectures, des discussions, de longues rêveries. Et parfois la préparation physique. Pour interpréter *Un secret*, j'ai travaillé trois mois la nage avec une coordinatrice de cascades pour façonner mon corps et le transformer en sirène, comme le souhaitait Claude Miller. Pour *Haute tension*, j'ai appris la boxe thaïe et travaillé la musculation et l'endurance, comme un soldat, car le tournage allait être très rude, en hiver en Roumanie. Pour *Sœur Sourire*, j'ai appris la guitare et le chant. Et pour *En équilibre*, j'ai étudié le piano. C'est génial, hein ? On me procure les meilleurs coachs et c'est une vraie jubilation, au moment du tournage, de réaliser une performance inimaginable quelques mois plus tôt.

Vous savez donc désormais faire des tas de choses !

Non. Mes rôles et leurs talents s'effacent de mon esprit dès la fin du tournage. J'oublie tout, ne serait-ce que pour redevenir vierge, entièrement disponible pour le rôle suivant. Mes personnages n'empiètent pas sur ma sphère intime. Je les tiens à distance.

Vous avez pourtant dit que le film de Fabienne Berthaud, Un monde plus grand*, tourné en Mongolie chez le peuple Tsaatan, vous avait changée ou plutôt, vous avait « fait grandir »…*

C'est vrai. Parce qu'en partant d'une douleur intime – le deuil vécu par l'héroïne –, il nous relie à une histoire universelle. Et parce que j'ai été initiée à la transe. C'était la condition pour pouvoir interpréter le rôle de Corine Sombrun, cette musicienne devenue chamane et qui voue désormais sa vie et sa maîtrise de la transe à l'avancée de la science. C'est une expérience inouïe ! Sans la moindre drogue ou substance hallucinogène, uniquement à l'aide d'une séquence sonore marquée par le tambour, je suis partie dans un étrange voyage, à la fois lointain et familier, qui m'a donné l'impression de me connecter à mes ancêtres et qui s'est brusquement stoppé au seuil d'une porte sombre.

Que vous n'avez pas pu franchir ?

Que je n'ai pas osé franchir. J'étais en pleine conscience et vivais toutes sortes d'émotions. Il y avait des larmes, des rires, des tourments. Mais arrivée dans l'encadrement de la porte, ouverte sur l'immensité noire, je n'ai pas osé aller plus loin. Peut-être ai-je laissé la place au mystère… Ce qui est certain, c'est que les recherches de Corine Sombrun, montrant que chacun peut développer un potentiel cognitif anesthésié depuis des siècles mais susceptible d'être réveillé pour nous reconnecter au monde invisible, sont pleines de possibilités. Elle travaille avec des chercheurs, des scientifiques. Elle collabore avec le docteur Steven Laureys, qui place sous IRM des personnes en transe pour comprendre le mécanisme neurologique en mouvement. Je trouve cela incroyablement stimulant. Et si plein d'espoir ! Nous avons tout à gagner en ouvrant le monde de Descartes. Et nous ne pouvons que nous enrichir en montrant de la considération pour des peuples qui refusent de dissocier le corps et l'esprit. Ce film est d'une poésie et d'une ouverture formidables, dans une période de profonde remise en cause. De notre mode de vie égoïste, irrespectueux de la planète et du bien-être des générations futures. De notre credo matérialiste et consumériste, implacable envers les « hors système ». Du patriarcat qui a assujetti, voire écrabouillé, des générations de femmes. Ça bouge aujourd'hui ! Et je suis infiniment reconnaissante à celles qui osent prendre la parole pour dénoncer les violences et humiliations faites aux femmes. Il leur faut un sacré courage. Grâce à elles, ma fille vivra peut-être plus libre.

Le milieu du cinéma se remet-il en question ?

Lentement. Mais pour la première fois de ma vie, j'ai obtenu dans un film – *Mademoiselle de Joncquières* – le même salaire que mon partenaire masculin, Édouard Baer. Je reçois également davantage de scénarios avec de vraies histoires de femmes. Cela tombe bien. À 44 ans, j'ai envie de me diriger vers des sujets et des rôles plus en accord avec mes convictions personnelles. Ou qui peuvent faire avancer les mentalités. Vous n'imaginez pas les messages et remerciements que j'ai pu recevoir d'homosexuelles pour avoir incarné plusieurs fois un rôle de lesbienne ! J'aime penser que le cinéma peut avoir un impact, servir de catharsis, et faire chanceler les certitudes.

Françoise Hardy

« Le sentiment de honte m'a toujours accompagnée »

Comment expliquer qu'à près de 80 ans, elle reste, malgré sa discrétion, la référence absolue des jeunes artistes en matière de style, de musique, d'inspiration ? Sa classe, disent-ils. Aussi naturelle qu'impériale. Et ses chansons mélancoliques et parfois déchirantes.

Je ne serais pas arrivée là si…

Si mon père ne m'avait pas offert une guitare lorsque j'ai été reçue au bac. Ma mère avait voulu qu'il fasse un geste pour l'occasion. Elle n'avait aucuns moyens, elle savait qu'il en avait bien davantage et m'avait demandé ce qui me ferait plaisir. J'ai hésité entre une guitare et un petit transistor – car j'écoutais avec passion, sur le poste familial, une station anglaise qui diffusait non-stop de la pop music, les Shadows, Elvis Presley, Brenda Lee… J'ai finalement choisi la guitare.

Vous saviez en jouer ?

Pas du tout ! Je ne connaissais rien en musique. Et mon choix me reste à ce jour incompréhensible. Sauf à penser qu'il m'a été soufflé… Un ange gardien ou des forces invisibles aident parfois à forcer le destin. En tout cas, ce fut déterminant. J'ai appris seule trois ou quatre accords, grâce à la petite méthode livrée avec la guitare. Et c'est ainsi qu'en faisant *guiling guiling*, j'ai fini par composer – c'est un bien grand mot – « Tous les garçons et les filles ». Vous savez, ce n'est pas très compliqué. Tout est joué sur la même note : *tatatata*…

Cela vous a pris combien de temps ?

Oh ! Très peu. Dès que je rentrais de mes cours à la Sorbonne où j'étudiais l'allemand, je m'enfermais dans la cuisine de notre deux-pièces parisien (j'avais remarqué que le carrelage améliorait l'acoustique). Et je composais. Au moins trois mélodies par semaine. Nullissimes ! Mais j'avais quand même envie de les tester en public. Alors, je me suis produite sur la petite scène du Moka Club, qui distrayait des retraités dans un sous-sol du Louvre. Puis j'ai passé une audition au « Petit Conservatoire » de Mireille. « On vous écrira », disait-elle en général. Mais à moi, elle a dit : « Vous restez là ! » Elle avait quelque chose de pincé, et impressionnait ses élèves. Je me cachais au dernier rang, avec l'angoisse qu'elle me demande de chanter quelque chose.

C'est paradoxal. Vous rêvez de chanter, vous avez l'audace de vous présenter devant des professionnels, et vous vous planquez ?

Oui. J'étais perpétuellement dans cette contradiction, mue uniquement par l'idée que, si je ne faisais pas un effort – un effort qui me coûtait horriblement –, je le regretterais toute ma vie. C'est ainsi que, lorsque j'ai lu dans la rubrique « Les potins de la commère » de *France-Soir* que Pathé-Marconi souhaitait auditionner des débutants, j'ai trouvé le courage de m'y rendre, persuadée qu'on allait me virer tout de suite. Or, on m'a fait chanter tout ce que j'avais en réserve, avant de me dire que j'étais, hélas, sur le registre d'une de leurs chanteuses, Marie-Josée Neuville. Il n'empêche que j'étais aux anges ! Comme je repartais dans la rue avec ma guitare, on m'a rattrapée en me demandant si j'avais déjà entendu ma voix. Jamais ! On n'avait pas de magnétophone, à l'époque. Alors ils m'ont fait entendre un enregistrement, et j'ai trouvé ma voix moins atroce ou chevrotante que je ne l'avais imaginé. Cela m'a encouragée. J'ai contacté la maison Vogue, qui cherchait un pendant féminin à Johnny Hallyday. On m'a testée, accompagnée par l'accordéoniste Aimable, qui portait bien son nom. Et j'ai alors eu la révélation douloureuse que je ne savais pas chanter en mesure. Un musicien m'a fait répéter plusieurs week-ends dans la loge de concierge de sa mère, et je me suis présentée à Jacques Wolfsohn, qui avait déjà signé Johnny et Petula Clark. Il m'a auditionnée dans une espèce de placard sans fenêtre où je me tenais devant lui, terriblement mal à l'aise. « Quel âge as-tu ? a-t-il finalement demandé.

— 17 ans. — Donne-moi les coordonnées de tes parents. Je vais te faire un contrat. »

Un an après l'octroi de la fameuse petite guitare…

C'est l'un des plus grands souvenirs de ma vie professionnelle ! J'avais envie de sauter au cou des passants. Car c'était ça, mon rêve : enregistrer un 45-tours. Rien de plus !

Vous n'imaginiez pas de carrière, de concerts, la gloire et des fans enamourés ?

Oh non ! D'ailleurs ma mère était d'accord pour que je compose des chansons mais à condition que je fasse des études. Elle m'avait même inscrite à Sciences-Po, puisque ma mention bien aux deux bacs me dispensait du concours d'entrée. Nous qui venions d'un milieu de rien du tout ! Je me souviendrai toujours de ce premier jour, rue Saint-Guillaume. Quelle honte j'ai ressentie ! Je portais un vilain petit imperméable en popeline bleu ciel et d'affreuses chaussures à talons jaunes. D'un parfait mauvais goût. Je l'ai saisi d'entrée en voyant l'élégance des élèves, principalement des garçons : cette école n'était pas pour moi, et j'ai fui au bout de quelques semaines pour aller à la Sorbonne, où les milieux étaient plus mélangés. Mais je me rappelle avoir côtoyé dans un amphithéâtre le fils Malraux, beau comme un dieu, et avoir été bouleversée en apprenant son accident mortel à la radio.

Vous aviez le complexe de votre milieu ?

Oui. J'avais honte de moi, honte de mon milieu, honte de notre « anormalité » sociale. Je croyais mes parents divorcés, ce qui était très mal vu dans l'école religieuse où mon père avait voulu que nous soyons éduquées, ma sœur et moi. Il payait d'ailleurs en retard notre scolarité, ce qui n'arrangeait guère les choses. Je n'ai appris que bien plus tard qu'en fait, ma mère célibataire avait eu ses deux filles avec un homme marié. Mais le sentiment de honte m'a accompagnée toute la vie, réussite professionnelle ou notoriété n'y changent rien.

Vous dites aussi avoir toujours été complexée par votre physique.

Oui. C'était la mode des rondeurs et de Brigitte Bardot… Et quand je vois les photos de mes débuts, je constate en effet que rien n'allait : le vilain manteau vert avec son col en fausse fourrure, la coiffure ridicule, le maquillage inadéquat… Et puis toute mon enfance et mon adolescence, j'ai entendu ma grand-mère me rabaisser, me trouver nulle et moche, alors qu'elle complimentait ma sœur, dont la morphologie était plus proche de la sienne. Cette dévalorisation permanente est un boulet qu'on traîne à vie ; mais, à tout prendre, c'est peut-être mieux que l'inverse. Ma sœur si encensée a fini schizophrène et paranoïaque. Elle en est morte.

Le regard de votre mère compensait-il ce dénigrement ?

Elle n'a jamais manifesté la moindre préférence pour l'une ou l'autre de ses filles. Mais, à la fin de sa vie, elle m'a confié qu'elle ne s'était jamais senti d'atomes crochus avec ma sœur cadette et m'avait toujours préférée. Je me suis dit que cette sœur avait dû le ressentir, car elle m'a avoué un jour que l'unique sentiment que notre mère lui avait inspiré était la peur. C'est vrai qu'elle me faisait parfois peur, à moi aussi. Mais notre relation était fusionnelle, et je l'ai adorée à un point… Trop sans doute.

Trop ? On peut trop aimer quelqu'un ?

L'amour exclusif, envahissant, inconditionnel, enferme, isole, et exclut toute autre relation. Ma mère n'avait pas d'amis, pas de mari, et notre univers était si restreint que je vivais dans la peur qu'il lui arrive quelque chose. Si elle rentrait de son travail avec cinq minutes de retard, j'entrais dans une angoisse folle, et j'avais des crises de sanglots à l'idée de me séparer d'elle pour les vacances. C'est pour cela que je n'ai jamais vu d'un très bon œil les femmes qui font un enfant toutes seules, comme dans la chanson de Goldman. À moins qu'une grande famille à proximité compense la relation fusionnelle. Cela n'était pas mon cas. Le seul couple qu'a formé ma mère dans sa vie, c'était avec moi. Et elle a toujours considéré Jacques [Dutronc] d'un mauvais œil.

Parce qu'il lui volait sa fille ?

Je ne sais pas. Au début, il la faisait rire. Puis elle a dû percevoir ma dépendance croissante envers lui, qui était encore très jeune, avait besoin de vivre sa vie, sollicité par toutes les filles qui lui tombaient dans les bras. Elle venait garder notre fils, Thomas, dans l'après-midi, et se comportait comme si elle était chez elle. Si j'étais avec Jacques dans ma chambre et que nous fermions la porte, elle entrait sans frapper.

Et puis elle posait mille questions, me demandant par exemple si Jacques prêtait de l'argent à Untel. J'ai fini par répondre qu'il avait 40 ans, et que ça ne la regardait pas. Elle a explosé, instruit le procès de Jacques de manière violente, affirmant que c'était un très mauvais père. C'en était trop. Et je lui ai répondu qu'elle n'avait pas fait mieux dans le choix d'un père pour ses enfants. « Oui, mais moi, je ne me suis jamais mariée ! » a-t-elle crié. L'aurait-elle voulu qu'elle ne l'aurait pas pu… Mais ça, je ne le savais pas encore. Elle s'est braquée et, malheureusement, on ne s'est jamais rabibochées.

Votre carrière a explosé dès la sortie de ce premier disque, en 1962. Vous avez alors enchaîné les concerts, les tournées à l'étranger. Pourquoi avoir arrêté la scène quatre ans plus tard ?

Je n'aimais pas la vie que cela impliquait : les séparations permanentes d'avec l'homme que j'aimais, les attentes, la solitude, la dépendance au téléphone. Ma vie personnelle – et amoureuse – a toujours été prioritaire.

Même explication pour le cinéma ?

C'est vrai que j'ai détesté ces tournages qui m'entraînaient loin de Paris et sur lesquels, privée de mon amoureux, je pleurais tous les soirs. C'est un métier tellement difficile qu'il faut avoir le feu sacré, et je ne l'avais pas. Je n'ai jamais su jouer. J'ai même toujours détesté les jeux. Enfant, c'était déjà une grave lacune chez moi. Je suis incapable de simuler et de mentir. Écrire une chanson exige au contraire d'aller au plus profond de son vécu et de son ressenti.

Que cherchez-vous en écrivant ?

Un exutoire. Dès ma première grande histoire d'amour. Et cela n'a fait que croître. J'ai essentiellement écrit des textes qui correspondaient à mon vécu, présent ou passé.

Beaucoup de tristesse et de nostalgie…

Les belles mélodies sont ma drogue. Elles m'envoient au septième ciel. Un bel adagio de Brahms ou de Rachmaninov. Ou cette chanson de Katie Melua dans laquelle elle dit que l'état amoureux est l'état le plus proche de la folie. Rien à voir avec le rap, qui ne me fait ni chaud ni froid. Alors oui, j'ai écrit beaucoup de textes inspirés par mon histoire d'amour avec Jacques, et les souffrances, frustrations, illusions, désillusions, interrogations abyssales qu'elle a occasionnées. Une mélodie mélancolique est ce qui transcende le mieux la douleur des sentiments.

Vous avez l'image d'une femme libre, en contradiction avec cette idée d'acceptation de la souffrance.

Acceptation. Pas recherche. Quand vous éprouvez pour quelqu'un un sentiment très fort, vous êtes prête à en payer le prix. Et il est souvent très élevé.

Dans vos récents livres, en revanche, il est surtout question de spiritualité.

J'étais une petite fille mystique, et les livres traitant de spiritualité m'ont toujours attirée comme des aimants. En quête de sens, oui. Y compris celui du sursis qui m'a été accordé après trois semaines de coma, à l'antichambre de la mort… Mais musique et spiritualité sont intimement mêlées. L'Inspiration, avec un grand I, est de nature divine. Et je pense que certains grands compositeurs de musique classique touchent à la transcendance.

La mort ne semble pas vous affoler.

Si ! La souffrance m'affole, et la mort se passe rarement sans souffrance. En 2005, au moment de mon premier décollement de la plèvre, j'ai cru pour la première fois que j'allais mourir. Lorsque l'infirmier qui me couvrait de patchs m'a demandé ce que je ressentais, j'ai failli éclater en sanglots. Ma panique était d'être séparée de Thomas et de lui faire de la peine pendant un certain temps.

Jacques Dutronc a longtemps assuré qu'il ne ferait pas de vieux os et que vous seriez une très jolie veuve. Mais dans un livre récent, vous confiez que l'épreuve de sa disparition serait telle qu'elle vous précipiterait dans la tombe en même temps qu'on l'y mettrait lui-même.

On a longtemps plaisanté sur l'envie secrète qu'aurait chacun d'enterrer l'autre. Mais la vérité est celle énoncée dans le livre : il faut qu'il meure après moi. Je le lui rappelle chaque fois qu'il me fait part d'un pépin de santé. En fait, je crois qu'on ne mourra pas loin l'un de l'autre dans le temps. C'est bien ce qui m'inquiète pour Thomas. Il a été très affecté par la mort de Johnny. Pas seulement parce qu'il l'aimait beaucoup, mais aussi parce qu'il a réalisé que ses parents risquaient d'être les prochains sur la liste. Alors il nous a interdit de mourir. « Débrouillez-vous comme vous voulez, je refuse catégoriquement que vous mouriez. Ou alors quand vous aurez 110 ans, parce que j'en aurai 81, et… » Il est trop drôle ! Mais les chimios et expériences déjà vécues à l'hôpital me pendent au nez. Et croyez-moi : malgré ma certitude que la mort physique ne marque pas la fin des liens très forts tissés dans notre vie, et qu'elle ne sonne en aucun cas la fin du voyage, je ne suis pas sereine.

Céline Sciamma

« S'engager rend toujours vulnérable »

Son Portrait de la jeune fille en feu*, une grande histoire d'amour romantique entre deux femmes, a fait le tour du monde et chamboulé la vie de spectatrices qui vouent désormais au film et à sa réalisatrice un culte inédit. Cela l'émeut, Céline Sciamma. C'est justement pour changer le monde qu'elle fait du cinéma.*

Je ne serais pas arrivée là si…

Si je n'avais pas grandi dans une fratrie. C'est l'élément le plus constitutif de ma vie. Quelque chose d'essentiel. Je le dis avec d'autant plus de conviction que j'ai bien réfléchi à votre fameuse question ! Je me suis interrogée sur les points de bascule qui ont émaillé mon parcours, mais sans parvenir à distinguer d'instant « décisif » ou de tournant « majeur ». Pour débusquer la vérité, il faut remonter le plus loin possible dans le temps. Et la fratrie s'impose : cette sœur, plus jeune que moi de trois ans, et ce frère, le benjamin, de sept ans. C'est l'accompagnement le plus long. Et bien davantage : le soutien le plus inconditionnel. Au fond, c'est la première unité fondée sur la solidarité, la confiance, le soin des uns pour les autres. Et puis le jeu !

Parce que c'est joyeux ?

Ah oui ! Qu'est-ce qu'on rit ! On échange quotidiennement et leur parler, ne serait-ce que quelques minutes au téléphone, c'est la garantie de rire, même quand on évoque des choses graves. Mon frère et ma sœur sont mes confidents. Nous continuons de grandir ensemble.

Avez-vous toujours ressenti la force de ce lien ?

Mon tout premier souvenir est la naissance de ma sœur. Mais c'est lorsque mon frère est né que la fratrie s'est instantanément soudée. Un trio a surgi, bien plus fort que le duo. Et à partir de ce moment-là, on a formé une équipe. Nos parents étaient très jeunes puisqu'ils m'ont eue à 21 ans. Je me suis d'autant plus senti une vraie responsabilité d'aînée : être attentive, créative, une sorte de modèle. Tout cela passait par le jeu : chanter, danser, faire du sport. Notre environnement y était propice. On vivait à Cergy-Pontoise, une de ces villes nouvelles qui me fascinent et qui sont des lieux pensés pour les enfants. On peut traverser la ville sans croiser une voiture, et il y a même un petit bois. Vous imaginez notre liberté de gosses, toujours à l'extérieur ? Il y avait de la place pour nos jeux et passions respectives. Et une dynamique d'humour permanent. Mon frère est d'ailleurs devenu humoriste.

Joie et lumière de l'enfance…

Oui, mais pas que. La petite fille que j'étais a toujours eu une sensation de marge et d'inadéquation. C'était diffus, confus, inexprimable. Mais j'avais la conscience précoce de n'être pas en phase avec les projections et l'imaginaire que me proposait la société. Je rêvais d'autre chose. Je n'étais pas conforme. L'équipe de la fratrie n'excluait donc pas la solitude et le secret. J'avais beau être une enfant tonique et joyeuse, je bossais quand même bien ma ride du lion !

Étiez-vous ce que Nina Bouraoui appelle une « enfant homosexuelle » ?

Je voyais bien pour qui mon cœur battait ! Et il y avait un continuum d'indices qui me faisaient ressentir certaines émotions un peu bizarres dont j'ai vite compris qu'elles étaient interdites. Nous étions au début des années 1980, c'est-à-dire à une époque pré-Internet, sans informations ni images sur lesquelles se projeter. L'homosexualité n'existait pas dans l'espace culturel, les lesbiennes encore moins. Il fallait se débrouiller avec ce ressenti mal identifié. Ce n'était pas vraiment une angoisse, mais j'avais l'envie de grandir vite pour être libre de choisir ma vie et de ne pas rester dans son antichambre.

En avez-vous parlé avec vos parents ?

Sûrement pas ! J'avais un rapport secret à ça. C'était moins une difficulté à dire ou un problème pour « passer aux aveux » que la volonté de protéger l'immense curiosité que j'avais et le rêve d'une destinée sentimentale particulière. Je voulais cultiver ce rêve, pas le contrer. Il m'apparaissait sous forme de promesse. Mais il était hors de question de l'annoncer avant de le vivre.

Comment la curiosité se nourrissait-elle ?

Une jeune Anglaise des années 1980 pouvait trouver dans une librairie ou une bibliothèque tout un rayonnage de littérature lesbienne. Impossible dans les bibliothèques françaises où le classement est universel et non par genres. Dénicher un livre où je me retrouverais relevait donc de la chasse au trésor. J'ai passé un temps fou dans les bibliothèques à fouiller, scruter, espérer. Et puis un jour, ça finit par arriver. On croise Colette. On croise Virginia Woolf. Et on est frappé au cœur. On tire un fil… Et on s'aperçoit que les très grandes autrices ont souvent eu, dans leur vie ou leurs romans, des existences queer. Et qu'en s'intéressant à la très grande littérature féminine, donc féministe, on finit par se rencontrer. Et c'est une émotion démesurée, sans aucun rapport avec l'œuvre.

Quel sentiment cette rareté de représentation engendre-t-elle ?

Aujourd'hui, je parlerais d'exclusion. Mais à l'époque, ça vous faisait douter de vous-même et de votre intuition. On se sent très seul, possiblement unique au monde. Comment explorer ses propres sensations si vous ne pouvez pas les connecter à des images, des histoires, des comportements visibles en société ? Du coup, quand par miracle on se reconnaît, je vous assure qu'on ne peut pas se rater ! C'est si fort, si bouleversant, qu'il est impossible de reculer.

Si le désir a survécu à sa totale invisibilisation, et au chantage souvent mené pour le faire disparaître, eh bien je vous assure qu'il vous confère une sacrée force.

Comment votre rencontre avec le cinéma s'est-elle faite ?

Dans la même dynamique. Il a pris du jour au lendemain le relais de la littérature. Dès 13 ou 14 ans, j'y suis allée trois fois par semaine. Toute seule. Et pour tout voir, grâce au merveilleux cinéma Utopia de Cergy. Ma vie s'organisait autour de cela : gagner de l'argent en baby-sitting pour me payer mes places de cinéma.

Quelqu'un vous avait-il initiée au septième art ?

Ma grand-mère. Ma merveilleuse grand-mère décédée il y a peu. Une grand-mère cinéphile depuis son enfance passée au Caire dans les années 1930. Une grand-mère équipée de toutes les chaînes satellite, qui choisissait avec minutie le film que nous allions regarder toutes les deux en silence et qui m'a ainsi initiée à Capra, Hitchcock, James Stewart, son acteur préféré, mais aussi au cinéma espagnol, à tout le cinéma italien… Elle avait des tonnes de livres de cinéma, de nombreuses encyclopédies, et elle faisait mon éducation à moi, l'adolescente songeuse à qui le cinéma offrait une vie par procuration. Je vibrais, palpitais, bouillonnais. Tout était si intense que c'en devenait une ambition. Je rêvais d'amours aussi fortes, même si cela semblait impossible. Car non seulement je n'embrassais personne dans la vraie vie, mais je ne voyais non plus personne, à l'écran, embrasser quelqu'un du même sexe. Ce qui m'aurait tant émue et donné du courage.

Preniez-vous conscience que le regard du cinéma est à la fois masculin et hétéro ?

Pas du tout ! Je suis en admiration. Et j'intègre le canon. Le cinéma est un art qui repose sur le canon, et la répétition du canon. Un canon autoritaire avec des règles, des normes, des styles, des archétypes. Le cinéma s'inspire beaucoup du cinéma. C'est un des arts où l'on peut revendiquer s'être inspiré de son collègue, ce que je trouve d'ailleurs très beau. Mais du coup, on manque de distance. On s'immerge dans cet univers normatif, on s'en nourrit, on s'y vautre. Et puis un jour, on découvre *La vie ne me fait pas peur*, de Noémie Lvovsky, premier film que je vois en ayant conscience qu'il est fait par une femme. Et je suis sous le choc. Non seulement une jeune réalisatrice me montre que ce métier est accessible à une femme. Mais son film propose quelque chose de différent, touche une corde sensible et me bouleverse littéralement. À partir de là, je fais attention au metteur en scène, et plus seulement au film.

Et vous songez à des études de cinéma…

Non. Pas encore. J'ai soif d'apprendre, j'aime étudier. Un prof me parle d'hypokhâgne. Banco. Paris me tend les bras ! Vive l'autonomie ! En vérité, j'atterris à Neuilly dans un foyer de bonnes sœurs. Je bosse comme une dingue mais expérimente la vie en communauté avec des filles. Et c'est formidable ! Amical, solidaire, festif. Il y a un brassage de milieux étonnant, des filles de province et la grande bourgeoisie parisienne, des nanas de gauche et des filles du RPR. Je m'ouvre à des tas de trucs et j'aime ce quotidien au féminin. Quand j'imagine la suite de ma vie, c'est même ainsi que j'aimerais vivre.

C'est-à-dire ?

En communauté amicale. Entre personnes qui s'écoutent, qui se comprennent et qui s'aiment, tout simplement. Il n'y a pas que le couple ou la famille ! L'amitié aussi peut être un mode de vie. Elle organise et structure déjà la mienne, y compris par un partage de soins et de services au quotidien. J'ai aussi des amitiés masculines et n'exclus pas à l'avenir d'intégrer des garçons dans la communauté que je fantasme. Mais il faut avouer que la communauté non mixte est un refuge d'une douceur et d'une liberté inouïes. L'idée n'est pas, comme on le croit souvent, de comploter ou d'entretenir des discussions secrètes dont on voudrait exclure les autres. L'objectif est beaucoup plus simple : se re-po-ser. S'épargner certaines conversations ou certains comportements. Vivre pleinement notre individualité.

La singularité de votre regard et de votre style a frappé dès votre premier film, Naissance des pieuvres*, réalisé à la sortie de votre école de cinéma…*

J'ai tellement aimé le faire ! Tellement jubilé à chaque étape, chaque rencontre, chaque geste. J'avais foncé, jeunette, minus, sans aucune expérience, parfaitement inconsciente, mais avec une intuition politique et une radicalité dans la mise en scène qui m'émeuvent aujourd'hui. J'y évoquais, c'est vrai, les troubles de l'adolescence, moi qui avais encore le nez dessus, et aussi les injonctions et les abus auxquels sont exposées les filles. C'était avant #metoo, mais je ne faisais pas l'économie de la violence. Un de mes personnages crachait même dans la bouche d'un garçon pour lui renvoyer la violence qu'il lui avait faite. À l'époque, des spectateurs ont manifesté du dégoût devant cette scène. Aujourd'hui, c'est devenu une image glorieuse que les gens célèbrent. Et telle était bien mon intention. En tout cas, le succès du film et le plaisir que j'y ai pris m'ont fait dire : c'est ça que je veux faire ! C'est comme ça que je veux vivre. Dans cette intensité émotionnelle d'une création collective. Dans cette fusion éphémère des tournages.

Mais quel est le dessein ?

Je sais l'importance qu'a eue le cinéma dans ma vie de jeune spectatrice. Mon ambition est donc à ce niveau. Le cinéma peut sauver la vie.

Quels films voulez-vous faire ?

Des films qui bouleversent, troublent, interpellent. Des films qui nous augmentent. Des films qui font se sentir infiniment vivant et dont on sort le cœur battant. Je voudrais fabriquer de la beauté. Et même de la poésie.

Et avoir un impact politique et social ?

Évidemment ! Mais pas en faisant un tract ! Pas avec les codes du cinéma politique qui font chier tout le monde. En proposant des expériences, plus que des débats. En montrant d'autres visages, d'autres attitudes, d'autres rapports. En sortant de la dramaturgie du conflit, omniprésente dans la fiction. Mes films ne se veulent pas des pavés dans la mare. Il n'y a pas de démonstration, je n'assène pas des vérités. J'offre des sensations qui permettent d'habiter des idées nouvelles, d'explorer d'autres façons de vivre et penser. L'occasion de le faire, dans la vraie vie, n'est pas si fréquente. Je ne m'adresse pas aux législateurs ! Je ne pense qu'aux spectateurs et à leurs émotions. Je rêve qu'ils emmènent le film avec eux, qu'ils le complètent, le fantasment, s'en nourrissent. Vous savez, au deuxième jour du tournage de *Portrait de la jeune fille en feu*, alors que nous filmions sur la plage la scène où les deux héroïnes s'embrassent et pleurent, car elles doivent se séparer, je me suis retournée vers ma chef opératrice et je lui ai dit : « On va changer le monde ! »

Elle est donc bien là, l'ambition !

Mais bien sûr ! Je prends très au sérieux le cinéma. Et c'est pourquoi j'accompagne mes films d'une parole politique que je pourrais m'épargner. Mais je suis engagée. Je porte des idées. Et de recevoir des milliers de témoignages de fans et d'activistes de toutes sortes et du monde entier affirmant que cette histoire d'amour a changé leur vie me chamboule. C'est une véritable communauté qui s'est créée. Le lien avec le film est devenu un lien entre ceux qui l'ont aimé. Un lien d'amitié, de solidarité et d'entraide. Ça me rend sentimentale. Et aussi vulnérable. S'engager rend toujours vulnérable.

Avez-vous pensé à l'adolescente de Cergy-Pontoise qui ne se reconnaissait jamais dans les films qu'elle visionnait à l'Utopia ?

J'ai fait le film qui lui aurait tendu la main.

Karine Lacombe

« La vie, c'est "la fight" ! »

Le visage de Karine Lacombe est apparu sur les télévisions l'hiver 2020, au cœur de la lutte contre le Covid-19. Première femme nommée cheffe du service des maladies infectieuses à l'hôpital Saint-Antoine à Paris, elle décryptait avec pédagogie les informations scientifiques sur la pandémie. Cash. Et « anti-fake news ».

Je ne serais pas arrivée là si…

Si je n'étais pas issue d'une famille très modeste marquée par la migration : le voyage, le mouvement, la volonté d'aller de l'avant, de ne pas s'arrêter, d'avancer coûte que coûte. Côté maternel, c'est la figure de mon grand-père qui a été prégnante : républicain espagnol, il s'est battu pendant la guerre civile puis a traversé à pied toute l'Espagne pour fuir le franquisme et gagner la France, a été interné de longs mois dans le camp d'Argelès-sur-Mer avant de remonter, toujours à pied, vers la Normandie et d'y trouver du travail, en 1940, comme commis agricole puisque les hommes français étaient partis à la guerre.

Il n'a jamais revu ses parents vivants et il n'était que douleur.

Je le revois au bout de la table, baragouinant le français et s'emportant parce que personne ne le comprenait. Ni ma grand-mère, ancienne bonne à tout faire, placée à 14 ans ; ni ses six enfants à qui il avait interdit d'apprendre l'espagnol. En aucune façon ils ne devaient avoir des réflexes d'immigrés dans leur pays de naissance, même si on les qualifiait d'« espingouins » à l'école.

Et côté paternel ?

Là encore, histoire de marche et de résistance. L'épopée de pépé nous a été contée mille fois. Celle d'un montagnard d'entre Savoie et Dauphiné, fait prisonnier au fin fond de l'Allemagne de l'Est et revenu à pied, au terme d'un long périple à travers l'Allemagne et la France. J'ai gardé, enracinée en moi, cette idée qu'il ne fallait jamais s'arrêter. Si l'on arrête, on meurt. Car la vie, c'est *la fight*. Je le ressens ainsi. Mes amis rigolent de cette formule un peu ridicule et enfantine. Mais je persiste. Cela me vient de très loin.

C'est un mantra tonique… mais épuisant !

Exactement ce que me disent mes proches : tu te bats, tu ne te poses jamais, tu es fatigante ! En fait, j'épuise. Cela explique sans doute que j'aie trois enfants de trois papas différents… J'épuise les gens, toujours portée par cette idée de la fight. On est tous façonnés par notre histoire familiale, inscrite elle-même dans la grande histoire.

La fight passait-elle par l'éducation ?

Ah oui ! La foi dans l'enseignement est très forte dans la famille. Le père de mon grand-père espagnol était instituteur en Andalousie au début du XXe siècle. Et à ma mère, aînée de la fratrie, on a toujours dit : « Tu seras institutrice. » C'était aussi ce que son instituteur avait prédit à mon grand-père paternel, reçu au brevet « premier de son canton ». Malheureusement, comme c'était l'aîné de la famille, il a dû reprendre la ferme et la guerre est arrivée, contrariant les vocations. Mais l'idée était bien ancrée : c'est par le savoir qu'on monte dans la hiérarchie sociale. Ma mère, institutrice, et mon père, ouvrier dans une papeterie, nous ont donc poussés dans les études, mon frère et moi. « L'école ! L'école ! » répétait ma mère. Notre salut passait par là. Mais elle nous faisait confiance. On ne dira jamais assez l'importance de la confiance des parents pour donner des ailes aux enfants.

Nourrissiez-vous un rêve ?

Depuis l'âge de 4 ans je voulais être docteure. Comme notre médecin de famille, ce monsieur charismatique et bourru qui débarquait à la maison le jour, la nuit, le week-end, posait sa vieille sacoche, écoutait à l'oreille plutôt qu'au stéthoscope et faisait des piqûres dans les fesses quand on allait très mal.

Il vous fascinait donc ?

Et comment ! Il avait les cheveux très blancs, portait moustache et favoris, et représentait le savoir. Derrière l'énorme bureau en bois de son cabinet, il y avait une immense bibliothèque pleine de livres, notamment ceux de Louis-Ferdinand Céline dont il était un admirateur fervent. « Lorsque tu pourras lire *Voyage au bout de la nuit*, tu sauras ce que c'est d'être docteur », m'a-t-il dit un jour, me pressentant plus littéraire que matheuse. Cette image puissante a inspiré mon enfance et mon adolescence.

Parleriez-vous de vocation ?

Je le pense, car je ne me verrais pas faire autre chose. Ce métier me porte, me nourrit, m'enthousiasme, m'envahit. Trop, disent mes enfants. Mais comment faire ? C'est un sacerdoce. Et la pandémie actuelle a soudain donné un sens à tout ce que j'avais fait. Comme si le chemin parcouru – études, rencontres, expériences, sacrifices d'ordre privé parfois douloureux – n'avait eu d'autre objet que de me préparer à cela. Cela peut paraître prétentieux, je vous assure que cela ne l'est pas : à tout juste 50 ans, j'ai l'impression d'être parfaitement à ma place.

Pourquoi avoir choisi comme spécialité l'infectiologie ?

C'est d'abord la santé publique que j'ai choisie. C'est-à-dire la santé dans ses dimensions sociales, psychiques, économiques, politiques, et pas seulement le soin au malade. L'infectiologie est venue plus tard, sous l'influence de mon goût des voyages et mon envie d'aider les populations les plus vulnérables que personne ne regarde : pauvres, émigrés, drogués, travailleurs du sexe, prisonniers. Dans les pays en voie de développement, les pathologies dont on meurt le plus relèvent de l'infectiologie. Quand j'étais interne, j'ai fait de nombreuses missions avec Médecins du monde, au Vietnam puis en Afrique. J'ai alors travaillé sur le sida et l'élimination de l'hépatite C. Et puis je me suis arrêtée un an pour partir en Chine en 4 × 4 avec celui qui deviendrait le père de ma fille aînée. Tout au long de la route, j'ai bossé dans des dispensaires. Rien de sophistiqué, juste de la médecine générale. Mais ce sentiment d'avoir pour tout bagage un métier de soins était extraordinaire. Je suis rentrée enceinte. Et dis toujours à ma fille, aujourd'hui en cinquième année de médecine, qu'elle est au fond une petite Pakistanaise.

Vos choix, alors, ont-ils été redéfinis ?

J'ai surtout eu la chance, à ce carrefour, de rencontrer, à l'hôpital Saint-Antoine, à Paris, un chef de service qui a été comme un second père, le professeur Pierre-Marie Girard, qui dirige aujourd'hui le réseau international de l'Institut Pasteur. C'est lui qui m'a encouragée à me lancer dans un cursus universitaire. Thèse de médecine, thèse de sciences… C'est dur, c'est long, surtout si l'on a à cœur de construire parallèlement une vie de femme qui fait des enfants, jongle avec les horaires de la crèche et les gardes à l'hôpital, court perpétuellement, convaincue de devoir prouver sa compétence deux fois plus que les hommes et certaine de n'en faire jamais assez. Autocensure, syndrome de l'imposture, interrogations constantes sur la légitimité… Toutes les femmes connaissent ça. Et quand elles parviennent à surmonter leurs doutes pour accepter une invitation sur des plateaux télé, elles se prennent en boomerang les sarcasmes de collègues machistes qui les renvoient à leurs malades ou leur foyer.

Le machisme n'épargne guère le monde de la médecine…

Bien sûr que non. J'ai beaucoup été protégée par ce chef de service exceptionnel. Mais enfin, rétrospectivement, je me dis que j'ai fréquemment observé et subi des actes qui seraient aujourd'hui qualifiés d'agressions sexuelles : une main entre les cuisses, un effleurage de seins, des allusions grivoises. Quand j'y repense… Je n'en ai pas souffert parce que je me sentais forte, construite intérieurement, résolue à ne pas me laisser atteindre. Mais le machisme et le sexisme s'expriment à tous les niveaux. Voyez la rareté des femmes aux postes de direction ! N'est-il pas étrange que je sois la première cheffe de service dans ma spécialité, à Paris ? Certes, Paris est rude. On y est nommé professeur beaucoup plus tard qu'en région si l'on est un homme. Mais encore bien plus tard si l'on est une femme ! On compte entre cinq à dix ans d'écart. C'est incroyable, non ?

Quel souvenir gardez-vous de ces deux mois du printemps 2020 qui ont correspondu au pic de l'épidémie de coronavirus en France ?

C'est la plus grande effraction psychique que j'ai connue de toute ma vie. Deux mois de folie pendant lesquels je n'ai dormi que trois à quatre heures par nuit, sombrant dans un trou noir d'où j'émergeais complètement en alerte, mue par l'urgence et l'impérieuse nécessité de porter mon équipe (100 personnes) et de faire en sorte que l'édifice ne s'écroule pas. En un week-end, ce fut le tsunami. Les malades se sont mis à déferler de partout, on ne savait où donner de la tête. La vague montait, montait, à une hauteur inimaginable et on s'efforçait de suivre, en équilibre précaire sur la crête, pour qu'elle ne nous ensevelisse pas.

Un tourbillon d'émotions ?

L'impression surtout d'être schizophrène, partagée entre l'angoisse et l'exaltation. Il y avait la peur pour nos proches – ma mère venue garder ma fille a rapporté le Covid dans notre village de Savoie et a contaminé mon père. Et il y avait l'excitation de l'infectiologue devant une pandémie capable de bouleverser nos vies mais d'engendrer aussi des progrès majeurs sur le champ médical. Voyez ce qui se passe pour ce vaccin ARN qu'on n'attendait pas avant plusieurs années. C'est juste inouï.

Qu'est-ce qui a été le plus dur ?

Les questions éthiques. Et le sentiment d'impuissance face à la maladie. C'est une chose avec laquelle, nous, les médecins, avons énormément de mal. On est là pour guérir ! Et c'est ce qui arrive le plus souvent en infectiologie. Même le sida n'est plus mortel. Quand je suis arrivée, en 1996, les trithérapies ressuscitaient déjà les malades. Tandis que là… On voyait des gens mourir tous les jours. Et c'était effarant.

Des images vous hantent-elles ?

Celles de ces patients retrouvés morts sur leur lit, le masque à oxygène à côté du visage. Ils l'avaient arraché… Pourquoi ? Que s'était-il passé ? Un trouble neurologique ? La fatigue de lutter ? Cela faisait deux ou trois semaines pourtant qu'on se battait pour les sortir de là. Qu'avions-nous donc raté ? Certaines spécialités, comme la cancérologie, préparent à ces déconvenues. Mais nous, les infectiologues, on n'est pas formés à cela. Il me fallait faire gaffe à l'équipe, il ne fallait pas qu'elle craque. Très vite, avec Amina, la responsable de la cellule psychologique de Saint-Antoine, fervente de la câlinothérapie, on a donc monté des équipes mobiles qui allaient au-devant du personnel sans attendre un quelconque appel à l'aide. On multipliait les débriefings et Amina faisait notamment raconter les rêves. Je me souviens d'une infirmière qui voyait ainsi quelqu'un la poursuivre, convaincue qu'elle devait courir plus vite, toujours plus vite, si elle voulait échapper à la mort. « N'as-tu pas personnifié dans ton rêve le virus ? » lui a demandé Amina. Les mots étaient posés, l'infirmière a souri. « Comme c'est ridicule, a-t-elle dit. Il suffit que je mette mon masque et ma blouse et je serai protégée du virus ! » Chacun avait sa façon d'exprimer ses angoisses. Moi, je ne rêvais pas. Je m'étais verrouillée. Ce n'est qu'au mois de mai, au sortir de la vague, que j'ai commencé à ne plus dormir. Et j'ai jugé utile, alors, de reprendre quelques séances de psy… avant de partir d'urgence à la montagne initier mes enfants à la marche sur glacier.

Vous êtes apparue à la télévision comme l'un des visages de la lutte contre la pandémie…

Oui. Je considère que cela fait partie de mon travail de venir faire de la pédagogie à l'antenne. Et la quasi-absence des femmes sur la scène médiatique et scientifique pendant la pandémie m'oblige, pour toutes les autres, à garder cet espace de parole et aller au charbon. Je vous l'ai dit : la vie, c'est la fight. Mais quelle violence parfois ! Ma franchise – notamment sur la fable de l'hydroxychloroquine – m'a valu des attaques comme je n'en avais jamais vécu en vingt ans de carrière scientifique. C'était hallucinant. J'ai reçu des tombereaux d'insultes sexistes et de menaces de mort. Mon compte Twitter a été pris d'assaut par des messages de haine tandis que les infirmières et secrétaires de mon service ont croulé sous les appels immondes. Tout a été tenté pour museler ma parole. Les femmes scientifiques payent encore le prix fort.

Isabelle Autissier

« J'ai toujours ignoré les limites de genre »

C'est avant tout une aventurière : la première navigatrice à avoir accompli un tour du monde en solitaire. C'est aussi une militante, engagée dans la défense de l'environnement. C'est enfin une conteuse magnifique qui a rapporté de ses expéditions dans l'Arctique et l'Antarctique des romans où l'on entend le fracas de l'océan.

Je ne serais pas arrivée là si…

Si je n'avais pas balancé par-dessus bord l'idée qu'on puisse m'imposer des limites parce que j'étais une femme. J'ai eu la chance d'avoir des parents heureux et fiers d'avoir cinq filles. Des parents qui n'imaginaient pas une seconde que notre genre réduise nos possibilités. Jamais la moindre réflexion du style : « Voilà un métier idéal pour une fille », ou bien « Ce job est trop masculin » ! L'horizon était dégagé.

Vous avez donc grandi dans un univers très féminin ?

Oui ! Une tribu de douze personnes, joyeuse et très riche culturellement et humainement. Une tribu essentiellement féminine : deux hommes – mon père et son père – et dix femmes : ma mère, mes deux grands-mères, une grand-tante et sa fille, cousine germaine de ma mère, et nous cinq. Côté maternel, les femmes avaient dû travailler et tenir la boutique quand leurs maris, deux frères, étaient morts à l'époque de la guerre. J'avais donc une image de fortes femmes. Et pour tous, y compris mon père architecte, il allait de soi que les filles feraient les études de leur choix et exerceraient un métier. Aucun fantasme de « riche mari à dégoter » ! Encore que, si tel avait été le cas, il aurait été respecté.

Alors, qu'avez-vous choisi ?

Ingénieure agronome. Spécialité : halieutique, c'est-à-dire la science de l'exploitation des ressources de la mer, donc la pêche, et même l'aquaculture. Car, très jeune, j'ai eu la passion de la mer. Dès 6 ans, je pense. Je ressentais profondément que c'était mon univers même si je suis une gamine de la banlieue parisienne. Mais tous les étés, nous partions en vacances à Lancieux, dans les Côtes-d'Armor, une petite station entre Saint-Malo et Saint-Cast. Et là… nous naviguions. Au début, nous avions un dériveur et on sillonnait la baie. Une merveille de bateau en bois dont nous prenions grand soin l'hiver, le ponçant et le vernissant dans le jardin, et que l'on tractait derrière la voiture sur la route de la Bretagne, l'été venu. Puis mes parents ont acheté un petit bateau à cabine et on a commencé à s'aventurer vers les îles de la Manche : Chausey, Jersey, Guernesey…

Cinq filles sur un bateau ?

Six avec ma mère ! Car elle aussi aimait la voile, sans être autant « bouffeuse d'écoute » que mon père et moi. En fait, très vite, deux filles ont été entraînées dans la passion de mon père : une de mes sœurs et moi. Et toutes les occasions étaient bonnes pour partir naviguer, toutes les vacances, toutes les saisons. Noël, février, Pâques, l'été à n'en plus finir… C'était mon truc, mon bonheur. Comment l'expliquer ? Pourquoi une chose parle-t-elle à un enfant et pas à un autre ? Cela reste très mystérieux.

Mais le plaisir était intense…

Charnel, sensuel, émotionnel, comme lorsqu'on est enfant. Le bruit de l'eau, la griserie du vent, la sensation de liberté, le parfum de l'aventure. Parce que c'est un peu dangereux tout de même ! Le bateau penche, il y a des rochers, des courants. Mais on peut maîtriser tout cela et c'est formidablement excitant. Donc il fallait que je trouve un métier à exercer en bord de mer, avec la mer. Halieute, l'équivalent de l'agronome pour la mer, me paraissait parfait. Je l'ai annoncé dès la 3e et mes parents ont été ravis. En voilà une qui avait trouvé sa voie ! Une autre de leurs filles voulait être psychologue ; une autre faire « archi », comme papa. Les parents sont toujours contents quand leurs gamins savent clairement ce qu'ils veulent faire. Il ne restait plus qu'à bosser, faire une classe prépa, etc. Mais j'avais un objectif.

Dans les années 1970, la filière « agro » devait être essentiellement masculine…

Ô combien ! Sur une promo de quatre-vingts élèves, nous devions être cinq filles à l'école d'agro de Rennes. Et pas forcément bienvenues si l'on se réfère au discours de rentrée du directeur de l'Agro de Paris. Tenez-vous bien : il s'étonnait de voir parmi ses élèves une poignée de jeunes filles qui risquaient de prendre la place des garçons, alors que leur destin logique était de « s'évaporer dans le mariage ». Oui, oui, il a bien dit « s'évaporer » ! Vous voyez comme on revient de loin !

La pression en était-elle plus lourde ?

Je ne m'en suis jamais préoccupée. Je ne me sentais ni en état d'infériorité ni en devoir de prouver quoi que ce soit. Il y avait bien, çà et là, des réflexions machistes, et alors ? J'en entendrai d'autres dans l'univers de la course au large. J'avançais avec naturel, peut-être même une certaine naïveté, indifférente aux embûches mises sur le chemin des filles. J'ai eu cette chance de ne pas les voir.

Aviez-vous des modèles ? Des inspiratrices ?

J'avais lu, enfant, tous les récits d'Alexandra David-Néel. L'Aventure avec un grand A. Mais dès que j'ai rêvé de bateau, ce sont les récits de grands marins qui ont nourri mon imagination. Bernard Moitessier, Gérard Janichon… Aucune femme à l'horizon, si ce n'est parfois en couple. Mais ce n'était pas le problème. Quand je lisais l'épopée de ces aventuriers qui traversaient les mers et défiaient les quarantièmes rugissants, je m'identifiais à eux et ne pensais pas un seul instant que c'était un exploit de mec. Je me fichais bien du genre ! Je dois évidemment cela à l'ouverture d'esprit de mes parents, décidément précurseurs. Pas de jouets « genrés » à la maison. Respect absolu des goûts de chacune des cinq filles. Des sœurs aimaient jouer au petit ménage ? On leur a offert une dînette. J'aimais le bricolage ? On m'a offert une boîte à outils. Et plus tard un train électrique. Sérieusement, qui pourrait discerner ce qu'il y a de masculin ou de féminin à scier des bouts de bois et les assembler pour construire une maquette de bateau ?

Une maquette pendant l'enfance. Mais très vite, à l'âge adulte, c'est un bateau que vous avez entrepris de construire. Un bateau pour naviguer et faire la course !

Au sortir de l'école, j'ai travaillé successivement à Concarneau, à Lorient et à La Rochelle. D'abord dans la recherche puis comme enseignante à l'École maritime et aquacole. Et parallèlement, j'ai construit un bateau. Je rêve de naviguer. Je rêve des océans, du cap Horn et des mers du Sud. Je dois partir ! Alors je combine pendant quelques années mon travail de prof avec le début de la course au large : Mini-Transat, Solitaire du *Figaro*. Ça fonctionne plutôt bien. Jusqu'au tour du monde.

Cette course autour du monde insensée, et en solitaire, que vous êtes la première femme à entreprendre en 1991 ?

Oui. Le BOC Challenge. Là, j'arrête de bosser. Je suis à 100 % sur la préparation du bateau. J'ai 34 ans, c'est un tel rêve ! Bien sûr, j'ai tourné et retourné la question dans ma tête : moi qui ne suis jamais allée dans le Grand Sud, n'est-ce pas me mettre la barre trop haut que d'y aller toute seule, et en compétition ? La réponse s'est imposée. Mais voyons, c'est maintenant ou jamais ! Je m'en voudrais toute ma vie de ne pas avoir essayé. Alors, fonce ! Il faut suivre ses rêves de gamine.

Et faire preuve d'un culot fou ?

On est tellement porté par son rêve qu'on ne s'en rend même pas compte. Et le bonheur est au rendez-vous.

Mais pourquoi ce choix de la course en solitaire ?

C'est plus simple.

Plus simple pour quoi ?

Plus simple pour une femme. En tout cas plus accessible. Car les filles ont beaucoup de mal à intégrer un équipage de garçons. On n'en veut pas ! On croit qu'elles ne sont pas aussi costaudes, qu'elles n'ont pas assez d'expérience, qu'elles vont foutre la pagaille entre les mecs… Les pires clichés sont encore en vigueur. Alors, très naturellement, les navigatrices se tournent vers le solo. On ne dépend de personne et, au moins, il n'y a pas de plafond de verre. Cela dit, je n'ai pas fait ce choix de la solitaire par dépit. J'aime les équipages, mais j'aime aussi être seule sur mon bateau, éprouver l'autonomie, converser avec les étoiles.

Et comment se passe la chasse aux sponsors ?

On croit moins, a priori, aux chances de réussite d'une femme. Mais certains éléments peuvent jouer en notre faveur. Ma singularité de femme ingénieure a tellement intrigué mon premier sponsor (Écureuil Poitou-Charentes), pour la Mini-Transat en solitaire de 1987, qu'il a voulu me rencontrer. « Ingénieure » apparaissait sérieux, solide. Et puis ça faisait une histoire à raconter. C'est cela que recherchent les sponsors. Ensuite, une fois qu'on est sorti du lot – j'ai terminé troisième de cette Mini-Transat –, être une femme devient un atout. Certains navigateurs me l'ont même reproché : « C'est facile, pour toi, de trouver de l'argent puisque tu es une fille connue. » Eh bien, désolée d'avoir gagné deux ou trois courses, les mecs, et d'avoir conquis ma légitimité !

Ce premier tour du monde en solitaire a marqué les esprits. Qu'avez-vous ressenti en arrivant à Newport, aux États-Unis, ce 29 avril 1991 ?

C'est un moment très emblématique. Il faisait beau. Je voyais se dessiner la côte américaine, encore seule sur mon bateau, et sans la myriade des bateaux accompagnateurs qui arriveraient plus tard. J'ai pris le temps de savourer. J'avais bouclé mon tour du monde, septième au palmarès. J'avais été à la hauteur de mon rêve de petite fille, et je comprenais que le reste de ma vie serait désormais du bonus. J'avais fait le job, et ça, personne ne me l'enlèverait jamais ! Je vous assure que ça confère une sérénité et une confiance incroyables. Ça constitue un socle. Et tout devient plus facile. Je n'avais plus peur de rien, même de l'échec. J'avais toute la force du monde pour pousser d'autres portes.

C'est un plaidoyer pour la poursuite des rêves d'enfant !

Oui, sachant que l'on joue gros avec ses rêves d'enfant. Car si ça ne marche pas, ça fait très mal. Et puis il y a les rêves des autres. De milliers d'autres. Qui ne partent pas mais vous font confiance et vous savent gré d'incarner leur rêve d'aventure et de nature. Qui vous disent « merci, vous êtes formidable » !

Y a-t-il une satisfaction à devenir une icône féminine ?

Je l'assume très bien, même si, au départ, j'ai pu être agacée que l'unique question me concernant se résume à : « Qu'est-ce que ça fait pour une femme ? », qui n'était pas si loin du « Mais qu'est-ce qu'elle vient faire là ? ». Et puis il y a eu ces milliers de messages de femmes dispersées sur la planète, ou croisées n'importe où, qui disaient : « Vous me donnez de la force ! », « Vous me montrez que moi aussi, sur mon terrain, je peux faire des trucs. » Vous n'imaginez pas le nombre de témoignages bouleversants, du style : « Vous m'avez aidée à me battre contre mon cancer… »

Est-ce parfois un fardeau ?

Non. Mais une responsabilité. Et je me réjouis d'avoir contribué à élargir l'imaginaire des femmes, à incarner une sorte d'accomplissement, à combattre l'idée qu'il puisse y avoir des domaines réservés aux hommes. Mais cela ne change rien à ma vie quotidienne. Car j'ai vite maîtrisé ce truc de la notoriété et spontanément séparé le personnage public de la personne privée. D'accord pour placer la navigatrice sous les projecteurs : la course au large ne marche que parce que des gens s'y intéressent, des sponsors financent et des médias en parlent. Mais pour la femme privée, rideau ! Mes amis, mon compagnon, mes parents, mes frangines… Vous n'en saurez rien. Personne n'est venu dans ma cuisine. Aucune photo de famille n'a été publiée dans la presse.

Florence Arthaud avait fait le choix inverse…

Oui. Et je pense qu'avec sa personnalité exubérante et extrême, cela a parfois été difficile. Une fois que vous avez accepté une photo avec un bébé dans les bras, c'est fini. Vous ne pouvez plus dire non. La presse s'emballe, les questions fusent. Et les dommages collatéraux risquent d'être douloureux. Croyez-moi, lorsque j'ai fait naufrage et failli y rester, j'ai été bien heureuse qu'aucun média ne puisse joindre mes proches. Protéger ma famille : souci numéro un avant même le départ. C'est déjà suffisamment compliqué pour elle.

La course au large impose une excellente condition physique. N'exige-t-elle pas aussi une force qui rend les femmes plus vulnérables en cas de coup dur ?

Non. Le bateau est un sport très cérébral. Vous gagnez beaucoup plus de temps par une bonne option météo que parce que vous manœuvrez une voile cinq minutes plus vite. Il faut bien sûr travailler son souffle et sa musculature, faire de la course à pied, du vélo, des abdos. Mais, à choisir, il vaut mieux préparer son bateau et travailler sa météo que fréquenter la salle de sport. C'est d'ailleurs pour compenser un manque de musculature que j'ai inventé, avec mon architecte, la quille pivotante. Montée sur des vérins, elle peut se mouvoir, par rapport à l'axe du bateau, et donc le redresser en cas de coup dur. Beaucoup plus facile à manœuvrer. Moins de force physique, plus d'ingéniosité.

Avez-vous noté des différences de comportement sur un bateau entre navigateurs et navigatrices ?

Oui. Et je ne sais pas ce qui est de l'inné ou de l'acquis, du génétique ou du culturel, mais c'est frappant. Quand il faut se précipiter à l'avant du bateau parce qu'un truc ne marche pas, un garçon fonce, confiant en lui-même, sans rien demander aux autres. C'est seulement si cela ne marche pas qu'il se tourne vers le groupe : « Eh, qu'est-ce que vous faites derrière ? Vite, actionnez… » Les filles, c'est exactement le contraire. Si un truc ne va pas à l'avant, l'une va se tourner vers les autres : « Bon, pendant que je vais faire ça à l'avant, il faut que tu fasses ça, et toi ça… » C'est si caricatural que j'en ris. Les filles jouent collectif.

Le machisme du milieu vous a-t-il parfois atteinte ?

Non. Je l'ai toujours pris à la rigolade. Sans doute parce que j'ai eu la chance de m'imposer assez vite avec des performances, et que c'est la seule chose qui importe entre marins. Personne ne m'a jamais dit : « T'as pas ta place ici. » Je lui aurais volé dans les plumes.

Tabarly ?

C'était un militaire. Très vieille école. Ça ne lui venait pas spontanément à l'esprit qu'une femme puisse faire la course au large. Mais je n'ai pas le souvenir qu'il ait jamais fait une remarque sexiste.

Kersauson ?

Il survend son personnage de capitaine grognon, grossier, macho. Un dur à cuire, comme on décrit les marins depuis la nuit des temps. Il vaut évidemment mieux que cela, car il est intelligent et doté d'une immense culture maritime. Ce n'est pas un mauvais marin, même s'il est loin d'être le meilleur de sa génération.

Être une femme sur son bateau ne doit pas être drôle…

Il m'a dit une fois : « J'aimerais bien naviguer avec toi. » Mais je ne l'aurais jamais emmené ! Aucune envie de me coltiner ses gauloiseries et d'avoir à riposter à ses saillies machistes. En mer, en course, on a franchement autre chose à faire. Il y a trop de marins excellents et charmants pour que j'aille m'encombrer de quelqu'un qui pourrait poser problème.

Un jour, après quinze ans de courses au large, vous avez raccroché. Qu'est-ce qui a provoqué le déclic ?

On est en 1998. J'ai 48 ans et l'envie de boucler un dernier tour du monde parce que c'est décidément trop bien. Mais, quelle qu'en soit l'issue – en fait, je ferai naufrage –, je décide que je passerai ensuite à autre chose. La vie passe si vite, il ne faut pas attendre d'avoir 55 ans pour repartir d'une feuille blanche. Il y aura un peu de jachères, des tâtonnements, mais ma carrière scientifique, ma trajectoire sportive et mon observation de la nature vont se conjuguer pour une prise de conscience de l'urgence en matière d'environnement.

Et vous devenez militante ?

Je l'étais toute petite ! D'extrême gauche, sensible aux luttes sociales, aux libérations sociétales, défilant pour le Chili, active dans le comité de lutte du lycée. L'engagement, je connais ! Et si j'ai fait une longue parenthèse, qui correspond d'ailleurs à l'effondrement de beaucoup d'organisations et d'idéologies, je retrouve dans les mouvements environnementaux et le WWF un terreau et des envies de militer. Il y a urgence à agir pour sauver la vie des êtres humains sur cette planète.

Qui sont les femmes qui figurent dans votre panthéon ?

Simone Veil, évidemment, symbole de résilience, d'intelligence, de sérénité dans l'action et de courage au féminin. Marie Curie aussi, immense scientifique qui a dû batailler pour se faire admettre par ses pairs et qui a cru en son destin. Je n'aime pas les « tueuses » comme Indira Gandhi qui était dénuée d'empathie et qui n'a rien fait pour améliorer la situation des femmes indiennes. En revanche, Jane Goodall me fascine. Elle a mis en accord sa vision de l'environnement et sa vie personnelle en vivant avec les grands singes. Et, bien sûr, Simone de Beauvoir, qui incarne l'engagement et la cause des femmes.

Le sursaut actuel du féminisme vous réjouit-il ?

Ah oui ! Je trouve extrêmement saines cette libération de la parole des femmes et l'émergence mondiale d'un mouvement qui dit : ça suffit les violences ! Ça suffit les humiliations ! Mais vous savez, rien ne se fera sans les hommes. Et si nous, femmes publiques, avons la responsabilité de nous exprimer sur le sujet, je pense que les hommes aussi doivent y joindre leurs voix. Le combat doit être mené ensemble ! C'est leur propre intérêt. Les sociétés où les rapports hommes-femmes sont bloqués et inégalitaires ne sont pas des sociétés heureuses.

Line Renaud

« J'ai passé ma vie à dire : "Pourquoi pas ?" »

Line Renaud, c'est une histoire française… Elle nous la raconte avec la gentillesse et la chaleur qu'on lui connaît, dans le salon fleuri de la Jonchère, sa grande maison qui offre Paris à l'horizon. Sur le piano, les photos de sa mère et de sa grand-mère ; plus loin, la guitare de Loulou ; et dans les coupes, un délicieux champagne cuvée Line Renaud.

Je ne serais pas arrivée là si…

Si je n'avais pas rencontré un jour Loulou Gasté, ce magicien qui fut l'homme de ma vie. J'avais 17 ans, il en avait 37, et nous avons vécu ensemble pendant cinquante ans. En réalité, l'histoire avait commencé bien avant puisqu'il était l'idole de mon enfance. Et elle se poursuit aujourd'hui, vingt-six ans après sa mort, car il continue de me guider au quotidien. Je l'interroge sans cesse : « Que ferais-tu donc, Loulou ? Quelle décision prendrais-tu à ma place ? » Et je guette les signes : un arc-en-ciel, une hirondelle, le chiffre 8, une expression qui nous était familière… Il y avait tant de complicité entre nous qu'il me suffit d'être attentive. Cela me donne de la force. Et cela ne me laisse aucun doute sur le fait que je le retrouverai un jour. Comme je retrouverai ma mère, ma grand-mère, mon arrière-grand-mère.

Ces trois femmes qui ont été si déterminantes dans votre enfance dans le Nord ?

Ces femmes qui m'ont élevée. Pauvres, dignes, courageuses. Avec une noblesse et une élégance naturelles qui, je vous l'assure, forçaient le respect. Ma préférée était Mémère, cette arrière-grand-mère dont je partageais le lit, petite fille, et à qui je demandais chaque soir, dans le secret de notre chambre, de me raconter sa vie. « Mais tu la connais par cœur ! » protestait-elle. « S'il te plaît, raconte encore ! » Et mon imaginaire s'imprégnait de cette vie douloureuse commencée en 1867 et marquée par la mort de sa propre mère, le remariage de son père avec une veuve qui avait sept enfants, les coups et la maltraitance de la marâtre qui ne lui donnait à manger que les restes ; le travail à la filature, à 7 ans, où son petit corps se faufilait sous le métier à tisser pour renouer les fils cassés ; et puis la tenue d'un estaminet avec un mari ivrogne qui la battait souvent. Ensuite il y avait Grand-Mère, qui avait subi la honte d'être fille-mère à 17 ans, et avait dû attendre le retour de service militaire du père, en 1906, pour enfin se marier et effacer « la faute ». Ce conducteur de tramway à Armentières était d'une jalousie féroce et ne supportait pas l'idée que sa femme soit exposée dans le café familial aux regards d'autres hommes. Alors le soir, il la tabassait. Il a fallu qu'elle quitte le café et s'installe comme couturière dans un coron voisin pour qu'il lui fiche la paix. Quant à Maman, qui s'était formée toute seule à la sténodactylo et travaillait dans une usine de tissage, elle n'a jamais été battue. Mais elle a été trompée.

Voilà qui vous donnait, très jeune, une image désastreuse des hommes !

Affligeante ! J'avais d'ailleurs confié à une petite voisine ma résolution à ne jamais me marier. « Pourquoi ? » avait-elle demandé. « Pour faire souffrir tous les hommes. » Heureusement pour eux, je n'ai pas tenu parole !

Votre père n'était-il pas votre héros, lorsque vous étiez enfant ?

Si ! C'était un bel homme, affable et boute-en-train, qui jouait de la trompette dans l'harmonie municipale et qui défilait le dimanche dans son bel uniforme. Le reste du temps, il était camionneur. Quand il quittait l'usine, juste à la frontière de la Belgique, pour aller faire ses livraisons, il passait par le coron où nous vivions, à Pont-de-Nieppe, et klaxonnait devant la maison pour que je le rejoigne. Alors il me hissait sur ses genoux et je tenais le volant du gros camion jusqu'au bout de la rue. Vous imaginez ma fierté ! Hélas, arrivait le vendredi, ce jour tant haï de la semaine.

Que se passait-il donc ?

Ce soir-là, mon père passait en coup de vent à la maison récupérer sa trompette et fonçait à la salle des fêtes pour la répétition de la fanfare que tous prenaient très au sérieux. Mais après, il y avait la tournée des cafés et la troisième mi-temps noyée dans des flots de bière. Mon père rentrait fin soûl, porté par ses copains. Et Mémère et ma mère, Simone, avec mille difficultés, le montaient à l'étage et le déshabillaient tandis que mon père bredouillait : « Excuse-moi, Raymonde », avant de grogner méchamment, les yeux mi-clos. J'étais tétanisée. Le lendemain, ma mère, avec une candeur folle, s'étonnait : « C'est tout de même incroyable que tu m'appelles Raymonde quand tu es soûl ! » Il répondait : « Raymonde, Simone, c'est pas très différent ! » Et ma mère n'y voyait que du feu. Mon père était son dieu.

Quelle était l'explication de cette confusion verbale ?

Raymonde était la tenancière d'un bistrot avec qui mon père entretenait une liaison. Son plus jeune fils était probablement mon demi-frère. Mais cela, je ne l'ai appris que plus tard, en même temps que Maman, pendant que mon père était prisonnier en Allemagne. Il avait été mobilisé en septembre 1939 et nous sommes restées sans nouvelles pendant de nombreux mois. Ma mère était si désespérée à l'idée qu'il puisse avoir été tué qu'elle a commencé à ne plus s'alimenter et à sombrer dans la dépression. Alors ma grand-mère a tout balancé : « Comment peux-tu te laisser mourir pour un homme qui t'a trompée toute ta vie ? » Les hurlements de Maman résonnent encore à mes oreilles. Je les ai entendus depuis le chemin de l'école. C'étaient des cris de bête blessée. « Tu mens ! » hurlait-elle. Mais l'image du héros s'est écroulée à jamais.

Quelles furent les conséquences de cette révélation ?

Quand nous avons enfin reçu un courrier prouvant que mon père était vivant, prisonnier en Allemagne, ma mère a répondu : « Edmond, c'est fini. Ne m'écris plus jamais. Comme tu as droit à deux lettres par semaine, je te demande d'en envoyer une à ta fille et l'autre à ton fils. Mais sois certain d'une chose : on ne reprendra jamais la vie ensemble. » Cela ne l'a pas empêchée de lui faire parvenir pendant toute sa captivité des colis bourrés de conserves et de tabac à rouler. C'était une femme d'honneur, Maman. En revanche, je ne suis pas fière du père que j'ai eu. Aujourd'hui je sais que je ne l'aime pas.

Comment les cinq années de guerre se sont-elles passées ?

Au tout début, à l'annonce de l'arrivée des Allemands, ce fut la panique et l'exode. On a fermé le café-épicerie que ma grand-mère avait repris dans notre village à la mort de son mari. Et on est parties toutes les quatre, deux matelas arrimés sur le toit de notre vieille Renault. On s'est vite retrouvées bloquées dans une ferme de Conchil-le-Temple dans le Pas-de-Calais. La fermière en avait marre de voir affluer des réfugiés, alors elle a annoncé : « On ne gardera que ceux qui peuvent aider aux travaux. » Maman n'a pas hésité : « Moi, je sais traire les vaches ! » Et la nuit, elle s'est entraînée en douce. C'est vous dire le genre de femme que c'était ! Mais les Allemands sont arrivés ; on a été contraintes de faire demi-tour. Et de retour au village, on a découvert que notre maison avait été pillée par les voisins.

Vous avez donc repris l'école…

J'ai obtenu mon certificat d'études en juillet 1941 et ma mère m'a inscrite au collège d'Armentières pour préparer le brevet. Mais je passais beaucoup de temps dans le café-épicerie de Grand-Mère, en face de la Kommandantur. Un jour, les Allemands l'ont réquisitionné pour fêter l'anniversaire d'Hitler et je me souviens de mon choc en découvrant les murs tapissés de croix gammées. Je voyais bien la rage des trois femmes de la famille qui suivaient avec fièvre Radio Londres. Le poste à galène était planqué dans l'arrière-cuisine et, pendant qu'elles écoutaient « Les Français parlent aux Français », j'étais chargée de prendre les commandes de bière. Puis je les voyais sortir discrètement, et l'une me glissait à l'oreille : « De Gaulle va nous libérer. » J'ignorais alors que Maman participait à la Résistance dans le réseau d'Armentières. Elle transportait à vélo des vêtements civils à destination de soldats anglais parachutés la nuit dans la région.

Vous souvenez-vous de la Libération ?

Non. Sauf du retour très tardif de mon père, en avril ou mai 1945. Je chantais dans la banlieue de Lille, à l'occasion d'un gala donné justement au profit des enfants de prisonniers. J'avais 16 ans, et déjà choisi de me faire appeler Jacqueline Ray, au lieu de Jacqueline Ente, parce que ça sonnait américain. Soudain, au fond de la salle, j'ai entendu quelqu'un crier : « Jacqueline, ton père est là ! » Et j'ai vu un soldat s'avancer vers moi, son barda sur le dos, hésiter, puis grimper sur scène en me tendant les bras. J'ai fondu en larmes, et lui aussi. Le public, debout, a applaudi. Mon père était sidéré de retrouver une jeune femme potelée et maquillée à la place de la petite fille qu'il avait quittée cinq plus tôt. Quant à moi, qui l'avais imaginé amaigri, je lui trouvais la mine repue… C'est en rentrant à la maison que la rupture avec ma mère a été consommée.

Vous chantiez depuis toujours. D'où vous venait cette envie ?

Comment le savoir ? Depuis toujours c'était ma joie. Dès l'âge de 4 ans, on me hissait sur un tonneau ou une table du café et j'étais l'attraction. Les gens criaient : « Jacqueline, Jacqueline ! » et je chantais « Prosper, yop la boum », ou bien « Y a d'la joie », tout ce que j'entendais à la radio. Il faut être attentif à ce qu'expriment très tôt les enfants.

Quand avez-vous découvert que chanter pouvait être un métier ?

Je n'en avais pas la moindre idée avant de passer une audition au conservatoire de Lille à laquelle quelqu'un m'avait inscrite à mon insu. Je tremblais que ma mère ne refuse. Au contraire, elle s'est montrée enthousiaste. Mais elle m'a fait jurer que, si je n'étais pas retenue, jamais plus je ne songerais à devenir chanteuse. Le jour J, au Théâtre Sébastopol de Lille, j'ai découvert que les autres candidats, bien plus âgés que moi, se préparaient en faisant des vocalises. Cela m'a intriguée. Et puis je les ai entendus l'un après l'autre : ils ne chantaient que des airs d'opéra, ce qu'on appelait chez nous « la grande musique ».

J'ai voulu fuir. Ma mère s'est montrée inflexible : « Tu as voulu venir, tu restes ! » J'étais piégée. Quand on a appelé la candidate numéro 8, j'ai donc chanté « Sainte Madeleine », de Loulou Gasté. Le jury a paru décontenancé. Il m'a demandé une deuxième chanson. J'ai rechanté du Loulou Gasté : « L'Âme au diable », un vrai swing. Après quoi on m'a priée d'attendre. Et puis un vieux monsieur s'est présenté à nous comme le directeur de l'Opéra de Lille : « Vous aurez compris, madame, que votre fille n'a rien à faire au conservatoire… » Ma mère a acquiescé. « Mais il se trouve que je suis aussi le directeur de Radio Lille et je lui propose un contrat. » J'ai signé. J'avais 15 ans.

Le destin…

Ma vie n'est faite que de rencontres et de hasards heureux. Ma mère a alors compris qu'elle ne pouvait plus me retenir, que ma vie basculait… et faisait basculer la sienne. Elle n'a plus jamais remis en cause mon choix. Mieux : elle m'a aidée de toutes ses forces jusqu'à sa mort.

Quand la première rencontre avec le fameux Loulou Gasté a-t-elle eu lieu ?

En 1945, à Paris, dans le bureau des éditions musicales qu'il dirigeait. J'ai aperçu un homme élégant en pantalon beige et pull roulé assorti. Il avait une classe folle. « Vous vouliez me rencontrer ? » m'a-il dit. Je voulais surtout qu'il m'entende. Alors il a pris sa guitare, et m'a proposé de chanter l'air que je souhaitais. J'ai ouvert la bouche : aucun son n'est sorti. Trop d'émotion. Il a refait quelques accords, avec un petit signe pour m'encourager. Bloquée. Heureusement il est venu trois jours plus tard me voir auditionner dans un cabaret. Et il s'est énervé : « Tu fais fausse route ! Arrête ces chansons sinistres. Laisse ça à Piaf. Toi, tu es faite pour chanter le bonheur ! » Là-dessus, il m'a emmenée danser avec quelques amis, m'a ramenée chez lui à moto et je me suis retrouvée dans son lit… Le lendemain matin, il me renvoyait dans le Nord avec de nouvelles chansons à apprendre.

Pas vraiment gentleman…

Je suis bien d'accord ! Si on regarde la situation avec les yeux de 2021, il serait même accusé de détournement de mineure ! Mais j'étais subjuguée. J'ai travaillé d'arrache-pied, essayé de suivre ses conseils, et puis je l'ai rappelé. Professionnel et distant, il m'a alors proposé un contrat par lequel je me remettais entièrement entre ses mains : chansons, orchestrations, coiffure, engagements, cours de danse, maquillage… Il déciderait de tout. D'ailleurs, de son autorité tyrannique, il m'a tout de suite rebaptisée : Line, c'était plus court que Jacqueline, et Renaud parce que ma mère s'appelait Renard, et que ça sonnait bien. Je n'avais pas un sou, je dormais à Paris dans un hôtel de passe minable, mais j'enchaînais les cours de danse chez la Balachova, de musique, de maintien. Loulou me façonnait. De travail en répétitions, on s'est rapprochés. J'ai usé de stratagèmes diaboliques pour le rendre jaloux. Et puis un jour, voilà, nous sommes devenus un couple. Et il n'y a plus jamais eu de cloison entre notre vie sentimentale et notre vie professionnelle. On mêlait tout, du matin au soir.

Et puis est arrivé la déferlante « Ma cabane au Canada »…

J'ai d'abord enregistré « Le Complet gris » qui est beaucoup passé à la radio. Puis j'ai fait mes débuts sur des scènes parisiennes, en première partie des Compagnons de la chanson, d'Yves Montand, de Bourvil. En 1947, j'ai été choisie par des producteurs américains pour accompagner Maurice Chevalier dans une émission. Ça s'appelait « This is Paris » mais c'était enregistré au Carlton de Cannes et, une fois par semaine, on prenait le train de nuit pour rejoindre la Côte d'Azur. Loulou et Django Reinhardt jouaient de la guitare pendant que j'apprenais mes textes en anglais. À Lille, j'ai rencontré ensuite Mistinguett. « Je veux la p'tite à côté de moi ! » a-t-elle exigé lors d'un dîner, un peu effrayante. Elle m'a dévisagée : « Toi, je te vois sur scène avec des plumes ! » Cette même année 1947, Loulou a mis en musique « Ma cabane au Canada », le poème de Mireille Brocey. Ce fut un raz-de-marée.

Là encore, faut-il y voir l'impact de la radio, où la chanson passait en boucle ?

Et la conséquence d'une idée de génie de Loulou : m'associer au Tour de France 1949 ! Vingt et une étapes, 5 000 kilomètres à travers la France, des millions de gens massés au bord des routes. Quel moyen plus efficace pour faire connaître un visage quand la télévision n'existait pas ? Loulou fit désosser une Simca décapotable à l'arrière de laquelle on a monté une cabane en rondins et nous avons traversé des milliers de villages sous une chaleur d'enfer, Loulou au volant et moi à côté de lui, me levant régulièrement pour saluer la foule, les pieds dans une bassine remplie de glace. Des voitures haut-parleurs annonçaient notre passage et les gens s'agglutinaient : « Tu as vu ? Elle est toute jeune ! » En arrivant dans une ville, je courais me changer, faire des signatures de disques dans un, deux, trois magasins ; puis je remettais le maillot jaune au vainqueur de l'étape, Robic, Géminiani, Coppi, avant le grand concert du soir. À l'arrivée, j'avais perdu 20 kilos, j'étais immensément populaire et tout s'est emballé. Tournées, spectacle à l'ABC, émissions sur la BBC, « 36 chandelles » avec Jean Nohain…

Vous vous étiez mariés ?

Je tannais Loulou depuis le premier jour. Il sortait d'un divorce difficile et n'était pas pressé. Et puis est arrivé un épisode très douloureux. Je me suis un jour retrouvée enceinte et ce fut la panique pour tous les deux. Il n'était pas question que je me retrouve dans la situation de ma grand-mère. Loulou, quant à lui, ne voulait pas d'enfant. Il a organisé un avortement dont je garde un souvenir effroyable. Une adresse glauque, un appartement sombre, une tricoteuse… Et des complications au retour à la maison, 41 degrés de fièvre, un début de septicémie. Un gynéco appelé de toute urgence a pratiqué un curetage à vif sur la table de la salle à manger. Une voix résolue a résonné en moi : « Loulou, je ne te donnerai jamais d'enfant. »

Un traumatisme ?

Comme tant de femmes de cette époque. Mais Loulou s'est rendu compte ce jour-là à quel point il m'aimait. « Je priais, je priais pour que tu ne meures pas », m'a-t-il dit en larmes. Et en 1950, il m'a organisé un mariage surprise à la mairie du 17e. J'étais supposée venir chanter pour un gala de charité, avec ma robe plissée bleu marine. C'est le maire qui m'attendait. Voilà. Pas de mariage en blanc. Mais j'étais comblée.

Pourquoi partir en Amérique alors que votre carrière s'envolait ?

À cause de Piaf ! Elle connaissait une période de creux et elle était jalouse. Elle a organisé une cabale contre moi et un chantage. Les principaux artistes de chez Pathé-Marconi quitteraient la maison si je n'arrêtais pas immédiatement d'enregistrer. Le patron nous l'a annoncé les larmes aux yeux. J'étais abasourdie. Mais le soir même, après mon spectacle au Moulin-Rouge, l'artiste américain Bob Hope débarquait dans ma loge avec tout son staff : « Would you like to go to America ? — It's my dream ! » Alors il a griffonné quelques mots sur une nappe en papier : mon engagement pour cinq « Bob Hope Shows » tournés à Los Angeles pour la chaîne NBC. Et hop ! C'était parti !

Alors racontez-nous l'Amérique !

J'ai failli ne pas en revenir. Tout y était fou, stimulant, exaltant. Et j'ai été si bien accueillie ! Un show de Bob Hope, c'était 80 millions de téléspectateurs, avec des retombées inouïes. J'ai été engagée à chanter au Cocoanut Grove, succédant à Sammy Davis Jr. Dans la salle, le soir de la première, il y avait mes amis Gregory et Véronique Peck, mais aussi Cary

Grant, Doris Day, Alfred Hitchcock, Vivien Leigh, Laurence Olivier… Les propositions affluaient. J'ai appris une foule de choses, dansé avec des boys, enregistré un duo avec Dean Martin. Mais j'ai refusé le contrat de sept ans que Jack Warner me proposait pour faire du cinéma. Je voulais rentrer en France tourner *La Madelon* !

Un petit film montre qu'il y avait foule pour vous attendre à l'aéroport…

Ma mère et ma grand-mère, un groupe d'amis, un club de fans, et aussi le patron de l'ORTF qui m'a embarquée dans sa voiture pour commenter en direct ce retour. Nous étions en 1955, Bécaud, Brel, Brassens s'étaient installés, et la vague des yéyés s'apprêtait à déferler. J'ai ressenti le besoin de faire autre chose. Pourquoi pas de la revue, puisque l'on me proposait le Casino de Paris ? Loulou n'était pas d'accord, je lui échappais. Tant pis. Fini, notre duo sur scène, cette fois nous serions quatre-vingts. J'ai pris des cours de danse moderne, appris à porter 30 kilos de plumes et de strass, et Joséphine Baker – la généreuse – est venue m'apprendre des « petits troucs » pour descendre l'escalier sans me casser la figure. Quatre ans de revue, sept jours sur sept, salle pleine tous les soirs. Et, à nouveau, l'appel de l'Amérique : une revue dans un casino de Las Vegas.

Vous désertiez la France ?

J'avais surtout l'envie de rencontrer d'autres talents et d'entrer dans un univers d'une exigence et d'un professionnalisme absolus. Pas de place pour l'amateurisme. J'ai vu Frank Sinatra, bourré de trac, répéter dans sa loge, une énième fois avant son concert ; Shirley MacLaine me demander si l'ordre de ses chansons semblait convenir, prête à tout remettre en cause ; observé la minutie de travail de Nat King Cole comme de Quincy Jones. C'est fou d'ailleurs. Les chanteurs noirs pouvaient triompher sur scène mais ils n'avaient pas le droit de dormir dans les hôtels en vertu de la ségrégation raciale. Le jour où c'est devenu possible, j'ai invité Sammy Davis à mon spectacle et j'ai organisé un cocktail pour le fêter en coulisse. Le lendemain, j'avais une semonce du casino : « Les nègres dans la salle, OK ; mais pas backstage ! » C'était insupportable.

À partir de quand vous consacrez-vous à une carrière de comédienne ?

À partir de mes 50 ans. Loulou vieillissait, il était malheureux si je chantais les chansons des autres. J'ai préféré arrêter de chanter et tenter autre chose. Je sentais bien que j'avais la fibre d'une comédienne, mais je savais qu'il me faudrait dix ans pour me faire accepter sous ma nouvelle identité. En Amérique, on peut tout faire en parallèle. Regardez Judy Garland, Doris Day, Liza Minnelli. Ici, c'était un saut dans le vide. Je redevenais une débutante. Et puis j'ai fait du théâtre et je me suis sentie sur scène comme chez moi. Puis du cinéma. Et puis de la télévision. Et cela s'est enchaîné. Est alors apparu le sida. C'est l'engagement de ma vie.

Comment avez-vous été sensibilisée à ce fléau ?

Parce que j'ai vu des gens mourir. Parce que j'ai découvert le déferlement de haine provoqué par ce mal mystérieux qui frappait d'abord les homosexuels. Parce que j'ai entendu des idiots invoquer une punition divine, des imbéciles avoir peur de respirer le même air qu'une personne contaminée, des illuminés proposer de les regrouper dans des « sidatoriums ». J'étais fréquemment aux États-Unis au début des années 1980 et je voyais l'hécatombe. Elizabeth Glaser, la femme de Paul, interprète de Starsky, m'avait expliqué qu'elle avait elle-même été contaminée lors d'une transfusion sanguine. Elle et sa fille en sont mortes. Bref, j'étais déjà sensibilisée au sujet quand j'ai été invitée par Elizabeth Taylor, en septembre 1985, à un dîner destiné à recueillir des fonds pour la recherche sur le sida. Ce fut bouleversant. Les acteurs les plus prestigieux d'Hollywood s'engageaient, Shirley MacLaine embrassait sur la bouche un pasteur qui venait d'annoncer « J'ai le sida », et Burt Lancaster lisait un message de Rock Hudson, lui-même malade. Alors, quand la télévision française m'a demandé si je souhaitais que s'organise en France une telle manifestation, bien sûr que j'ai dit oui !

Beaucoup d'artistes français se sont tournés vers vous…

Dalida, Nana Mouskouri, Raymond Devos, Thierry Le Luron… Tous disaient : Vas-y ! On te suivra ! Un responsable de l'Institut Pasteur m'a appelée pour me décrire le manque de moyens criant des chercheurs. Alors j'ai foncé. J'ai appelé Jacques Chirac qui m'a suggéré le nom d'un conseiller à la Cour des comptes pour créer l'Association des artistes contre le sida. Et, en quelques semaines, on a organisé un gala de charité auquel est venue Liz Taylor ainsi qu'une grande émission d'appels aux dons avec Pierre Bellemarre. « Tu ne sais pas à quoi tu t'attaques, m'a dit Liz. Tu seras insultée, conspuée, écartée. » Je l'ai été. Et alors ? Si je pouvais apporter une petite pierre à la lutte contre cette saleté…

Et cet engagement qui se voulait ponctuel s'est prolongé trente-cinq ans…

Grâce à Pierre Bergé avec qui je me suis associée dès 1994 pour lancer le premier Sidaction et la merveilleuse Françoise Barré-Sinoussi. C'était dingue. Les six chaînes ont diffusé au même moment un même programme consacré au sida ! Il y avait des chercheurs, des malades, des militants, des artistes. En ouvrant l'émission, j'ai déclaré : « Nous sommes en guerre. En guerre contre un virus ! » Cela nous rappelle quelque chose, n'est-ce pas ? L'impact fut énorme. 23 millions de téléspectateurs, 300 millions de francs [45 millions d'euros] de dons ! La mobilisation a faibli au cours du temps mais il faut continuer ! Chaque année, 1,7 million de personnes dans le monde sont contaminées et nous n'avons toujours pas de vaccin, ni de traitement curatif. Ce n'est pas le moment de flancher !

Quel est votre état d'esprit aujourd'hui ?

Je suis sereine. Le petit AVC subi il y a deux ans m'a aidée à tout relativiser mais je n'ai rien perdu de mon optimisme. J'ai passé ma vie à dire : « Pourquoi pas ? » et non pas « À quoi bon ? ». À vouloir aller de l'avant et toujours penser au futur : « Et après ? » Dotée du même sang que celui des trois femmes qui m'ont élevée, j'ai toujours été confiante et j'ai suivi mon instinct. Au moment de sa mort, Maman se faisait du souci : « Tu étais là, auprès de Loulou quand il est parti. Et tu es là, près de moi. Mais toi, j'ai peur que tu n'aies personne. » Rassure-toi, Maman. J'ai deux filles de cœur qui sont mes merveilles. Mumu (Muriel Robin) et Claude (Chirac) ne me lâcheront pas la main.

Maryse Condé

« Attention à ne pas piétiner la fragilité des hommes »

L'écrivaine guadeloupéenne née en 1937, autrice de Ségou *et de* Moi, Tituba, sorcière noire de Salem*, se définit comme une rebelle. « Contre. » Elle est toujours « contre ». Un réflexe, dit-elle, lié à son histoire personnelle et sa colère intacte devant le silence entretenu sur l'esclavage.*

Je ne serais pas arrivée là si…

Vous me permettez de tordre un peu la formule ? Et même de l'inverser ? Car moi, je suis arrivée là… bien que ! C'est ce « bien que » qu'il m'importe de souligner. C'est ce « bien que » qui m'a paralysée pendant près de trente ans.

Vous êtes donc arrivée là, Maryse Condé, lauréate 2018 du prix Nobel alternatif de littérature, bien que…

Bien qu'on m'ait affirmé, quand j'étais petite fille, que les gens comme moi ne pouvaient pas devenir écrivains. J'avais 12 ans à Pointe-à-Pitre quand une amie de ma mère a voulu me faire un cadeau original.

Elle savait que j'avais lu tout ce qui pouvait me tomber sous la main : Balzac, Maupassant, Flaubert… Alors elle a opté pour un roman d'Emily Brontë : *Les Hauts de Hurlevent*. Dès que j'ai ouvert les premières pages, j'ai été transportée. Ce livre était extraordinaire. Par quel miracle cette jeune Anglaise, fille de clergyman, qui vivait sur les landes balayées par le vent, pouvait-elle être si proche de moi, petite Antillaise qui vivait au bord d'une mer chaude ? Nous étions sœurs ! J'en étais bouleversée. Dès le lendemain, j'ai couru remercier la dame. Et je lui ai dit : « Un jour, moi aussi j'écrirai des livres aussi beaux que ceux d'Emily Brontë ! » Elle m'a dévisagée avec une sorte d'étonnement outré : « Mais tu es folle ! Les gens comme nous n'écrivent pas ! »

Que signifiait « comme nous » ?

Les femmes. Les Noirs. Les gens originaires d'un petit pays comme la Guadeloupe. Peu importe. Sa réaction m'a anéantie. Je me suis dit que le monde et le métier auxquels je rêvais m'étaient interdits. Que c'était une mauvaise voie. Et même un sacrilège. Et qu'il me faudrait taire toute velléité d'écriture pour être conforme à ce qu'on attendait de moi. C'est pour cela que j'inverse votre phrase. S'il n'y avait pas eu cette réflexion, je n'aurais pas attendu d'avoir 42 ans pour publier mon premier livre.

Comment décririez-vous votre milieu d'origine ?

Mes parents se présentaient avec un peu d'outrecuidance comme de « Grands Nègres ». C'étaient en réalité des petits-bourgeois. Ils avaient réussi à s'extraire d'origines très pauvres dont ils ne parlaient jamais. Ma mère était devenue l'une des premières institutrices noires de sa génération. Mon père, pupille de la nation, avait créé une banque locale. Ils étaient imbus de leur réussite et ont élevé leurs huit enfants dans l'ignorance de la société qui nous entourait. Notre milieu vivait replié sur lui-même. Replié sur les Antilles. Rien de blanc ni d'africain. Les Blancs, c'étaient les ennemis. Les Africains, on ne connaissait pas. Pas une seule fois je n'ai entendu mes parents évoquer l'Afrique, leurs origines ou l'esclavage. Pas une fois !

Ni même évoquer vos grands-parents ?

À peine. Tous deux étaient bâtards et ma mère parlait avec réticence de sa propre mère, qui était cuisinière et se louait chez des Blancs-pays, illettrée et ne parlant pas le français. Elle l'adorait pourtant, mais elle en avait honte et voulait protéger sa descendance. Alors quand j'ai moi-même commencé à manifester un goût pour la cuisine, moi qui étais considérée comme tellement intelligente et qui raflais tous les premiers prix, ma mère s'est désolée.

Qu'imaginait-elle pour votre avenir ?

Un mariage. Un beau mariage avec un fonctionnaire antillais. Et beaucoup d'enfants. Lorsque j'ai commencé à vivre à Paris avec un acteur guinéen, Mamadou Condé, qui fut mon premier mari, elle a été folle de rage.

Ne poussait-elle pas ses enfants vers des carrières de prestige ?

Nous étions tous brillants, un frère faisait médecine, un autre fut le premier agrégé de Guadeloupe. Cela autorisait donc à ma mère de beaux rêves. Mais la réussite passait avant tout par le mariage. Une fille non mariée, c'était un drame. Nous devions tenir la dragée haute au reste du peuple.

Quel était votre rêve à vous ?

Je n'en avais pas. Je me contentais de détester le milieu auquel j'appartenais. Et je me suis vite efforcée de piétiner toutes les règles qu'on m'avait inculquées et tourner le dos aux rêves qu'on m'avait présentés comme prometteurs.

Comment expliquer cet esprit de rébellion ?

J'ai toujours été contre. Et je crois que c'est lié au silence de mes parents sur nos origines. Ils ne m'ont jamais dit que nous avions été colonisés, que des ancêtres avaient été esclaves et que la Guadeloupe, qu'ils me présentaient comme le centre du monde, avait en fait une histoire douloureuse. Quand je l'ai découvert, très tardivement, grâce au père d'une amie française, Jean Bruhat, un historien marxiste, je me suis révoltée contre ce milieu de hontes et de mensonges, et contre ma classe en tous points méprisable. J'apprenais avec fulgurance le sens des mots « colonisation », « colonialisme », « identité », « dépossession »… Le mensonge initial a fait de moi une éternelle rebelle.

Une rebelle qui est allée jusqu'à saboter les études auxquelles elle était destinée en venant à Paris ?

J'avais été admise au lycée Fénelon pour préparer le concours d'entrée à l'École normale supérieure. Mais la révélation du passé de la Guadeloupe a brisé mon élan. Hypokhâgne, khâgne, le concours m'ont soudain paru des pièges, et je suis devenue une cancre. J'allais au cinéma, au théâtre, au café, au concert. Surtout ne plus rien faire de ce qu'on attendait de moi.

Y avait-il au moins une perspective ?

C'est venu plus tard. Lorsque j'ai rencontré des gens qui ont orienté ma contestation et m'ont dirigée vers l'Afrique. Une rencontre amoureuse a aussi joué un rôle essentiel. Une rencontre qui fut un échec sur le plan sentimental puisque cet amant haïtien m'a abandonnée, malheureuse et souffrante, alors que je portais l'enfant qu'il m'avait fait ; mais ce fut aussi une ouverture formidable sur le monde puisque cet homme m'a éclairée sur Haïti dont je ne connaissais rien, pas même le martyre de Toussaint Louverture, et il a élargi ma planète jusqu'alors si restreinte. L'Occident, l'Afrique, la Caraïbe… Je comprenais enfin comment le monde s'était organisé. Il a parachevé mon initiation entamée avec l'historien et m'a définitivement ancrée dans le camp de la révolte.

En 1959, à l'âge de 22 ans, vous êtes donc partie vivre en Afrique.

Oui, après m'être mariée à Paris avec un Africain. Au moins n'étais-je plus fille-mère, j'avais la bague au doigt. Et je m'envolais, pleine d'espoir, vers le continent chanté par Aimé Césaire, mon poète favori. J'ai vite déchanté. Les États africains se cherchaient, tout comme moi. Je connaissais les méfaits de la colonisation, j'ai découvert les tares de l'ère postcoloniale.

Comment les Africains accueillirent-ils la jeune Guadeloupéenne que vous étiez ?

Mal. En tout cas, ils m'ont vite révélé que j'avais avec eux très peu de points communs. On se moquait de moi parce que je ne portais ni pagnes ni boubous, que je refusais d'apprendre les langues, que j'étais différente. Je n'avais jamais imaginé que l'Afrique pouvait être une terre hostile, et pourtant j'y ai connu douze années de souffrance et de galère. Je découvrais que la négritude de Césaire n'était qu'un beau rêve et que la couleur ne signifie rien.

Votre autobiographie évoque de nombreux déboires avec les hommes que vous décrivez égoïstes, infidèles, souvent violents.

Attention de juger avec le regard d'aujourd'hui. Il y a cinquante ans, une femme, même intelligente, restait dépendante des hommes. Pour elle, l'homme était la partie essentielle de sa vie, et elle était prête à tout en accepter. L'homme était son maître. Elle lui était naturellement soumise. C'est Richard, mon deuxième mari, qui m'a montré qu'un homme pouvait être un égal. Mais, avant lui, je croyais qu'un homme était un dieu.

Est-ce possible ?

Mais oui. Je l'ai cru très longtemps. Et je ne pensais pas qu'un homme puisse se comporter autrement que comme un machiste, égoïste et dominateur. J'avais pourtant lu Beauvoir et beaucoup d'auteurs féministes. Mais l'égalité me paraissait improbable. J'étais dépendante et me complaisais dans la dépendance. En tout cas, je l'acceptais. On n'imagine pas, aujourd'hui, les efforts que les femmes ont dû faire sur elles-mêmes pour se libérer et regarder les hommes droit dans les yeux. Il m'a fallu un temps fou pour décider d'un sursaut. Je n'étais pas féministe, à 20 ans ! C'est à 40 que j'ai compris qu'il m'appartenait de mettre un terme à la soumission et à la galère ! Si je voulais mon indépendance et un avenir meilleur, il fallait tout recommencer. Et en passer par un retour aux études. Alors j'ai pris une décision très dure : me séparer de mes quatre enfants qui entravaient ma liberté. J'ai demandé à leur père de les prendre avec lui quelques années, et je suis revenue à Paris, en 1970, pour obtenir des diplômes et passer une thèse de doctorat : le stéréotype du Noir dans la littérature africaine. La rencontre avec celui qui est mon compagnon depuis quarante-neuf ans a bien sûr été déterminante.

Il est d'origine anglaise… et blanc.

Eh bien oui. Ce que je n'aurais jamais pu imaginer auparavant. Mes parents m'avaient inculqué une haine des Blancs qui, chez nous, étaient les békés. Et j'avais été horrifiée de découvrir qu'une amie au Ghana vivait avec un homme blanc. Quelle tare ! Je ne voulais aucun lien personnel avec le monde des

Blancs. Et puis voilà… Richard m'a donné la foi en moi-même qui me faisait défaut. C'est grâce à lui que j'ai pu devenir écrivaine.

Quand avez-vous commencé à écrire ?

En Afrique. Mais c'était en cachette, honteusement. À Paris, le fait de travailler pour le magazine *Présence africaine*, parallèlement à mes études, m'a donné plus d'audace. Il a cependant fallu toute l'insistance de Stanislas Adotevi, qui dirigeait une collection chez 10/18, pour que j'ose lui confier mon premier manuscrit : *Heremakhonon*. J'étais encore hantée par cette phrase : « Les gens comme nous n'écrivent pas. » Les livres qui ont suivi ont beau avoir eu du succès, je n'ai cessé toute ma vie d'avoir peur et de douter. Ce prix Nobel alternatif m'enlève heureusement mes derniers doutes.

Le succès planétaire de* Ségou *vous a valu des invitations à enseigner aux États-Unis. Pourquoi y êtes-vous restée vingt ans ?

J'adorais l'Amérique. C'est l'endroit où tout peut arriver, tout peut être inventé, tout peut être remis en question, contrairement à la France, qui s'est fossilisée dans des traditions, des modèles et des idées toutes faites. New York est la seule ville dont je continue de rêver. On y vit comme on veut, dans l'indifférence générale. On peut donc s'y chercher à loisir et s'y trouver. C'était d'ailleurs mon message à mes étudiants d'origines multiples : exercez pleinement votre liberté ! Questionnez, inventez, rejetez cadres et modèles ! Il n'y a pas de voie sacrée. Mes livres ne cessent d'interroger le monde sans jamais proposer de solution.

Aviez-vous noué des liens avec les intellectuels noirs américains ?

Non. Ils ne s'intéressaient pas à moi. Ils se vivaient essentiellement comme descendants d'esclaves revendiquant des droits. Leur histoire ne correspondait pas à la mienne et notre couleur ne nous rapprochait pas. Leur combat était politique, le mien était personnel : je cherchais à savoir qui était Maryse Condé. Frantz Fanon, mon maître à penser, disait : « Je ne veux pas être esclave de l'esclavage. » À chacun son histoire et sa quête personnelle.

Que pensez-vous de #metoo ?

Je suis partagée. Je ne voudrais pas qu'après avoir été si longtemps minorées les femmes deviennent trop exigeantes et qu'elles piétinent les fragilités des hommes. Une division entre les sexes serait dramatique. Attention à ne pas prendre la place des maîtres et répéter leurs travers. C'est Fanon, encore, qui disait : le colonisé est un envieux. Tout ce dont il rêve, c'est de prendre la femme du colon et la baiser. Je ne voudrais pas que les femmes se réfugient dans une position de dominantes qui les satisfasse, et qu'elles cessent de mettre le monde – et elles-mêmes – en question.

Golshifteh Farahani

« J'appartiens à une génération terrorisée »

Traquée par le régime islamique, Golshifteh Farahani a quitté l'Iran en 2008. Devenue française, l'actrice de 39 ans, éternelle déracinée, a continué une brillante carrière internationale. Depuis la mort de Mahsa Amini, trois jours après son arrestation par la police des mœurs iranienne, elle affiche haut et fort son soutien au mouvement de révolte et défend avec passion la jeunesse iranienne.

Je ne serais pas arrivée là si…

Si, à force de harcèlements et de tracasseries, les services secrets iraniens ne m'avaient contrainte à l'exil. Je n'avais pas anticipé ce départ, je n'avais jamais imaginé construire une vie hors de mon pays, loin des miens. Ce fut infiniment douloureux, j'ai payé le prix fort. Mon âme est lourdement handicapée, et il n'y aura pas de retour en arrière. J'ai une nouvelle identité. Mais je crois au destin et aux défis qui obligent à grandir. Et peut-être cet exil forcé m'a-t-il finalement donné des ailes…

Vous êtes née en 1983, soit quatre ans après la révolution islamique…

Et en pleine guerre avec l'Irak. Autant dire dans une période de chaos. Observer les jeunes manifestants d'aujourd'hui, qui sont nés pour la plupart dans les années 1990 et 2000, me fait d'ailleurs comprendre à quel point ma génération a été complètement brûlée. Notre petite enfance à nous, ce moment si crucial où se forgent l'esprit, la confiance, les réflexes, s'est déroulée sous les bombes et dans le vacarme des sirènes. On a connu la peur dans les yeux de nos parents, on a vu les maisons détruites dans notre rue de Téhéran. On a senti la mort avant de comprendre la vie. J'appartiens à une génération terrorisée. Elle n'a pas pris part à la révolution – c'était la grande affaire des parents –, mais elle a vécu l'après-révolution, le désastre après le tremblement de terre.

Avec quelles conséquences ?

Nous n'avons pas fait d'enfants. Ou très peu. C'est d'ailleurs ce qui pousse le gouvernement à intensifier sa propagande nataliste. Les anciens et les plus jeunes ont tendance à se moquer de nous. Mais c'est un fait : sur vingt-cinq filles de ma classe de conservatoire, six seulement ont eu des enfants. Cela raconte à quel point nous sommes traumatisées. Nous ne croyons pas dans l'avenir, nous n'avons aucune confiance en la vie. Le passé, c'est de la merde ; le futur n'existe pas.

Percevez-vous une grande différence avec la génération qui occupe aujourd'hui les rues, les lycées, les universités du pays ?

Énorme ! Cette génération Z n'a connu ni la révolution ni la guerre, elle est née dans le marasme, coincée dans un pays qui vit sous un régime de dictature. Mais elle a Instagram, TikTok, elle sait ce qu'il se passe dans le monde, elle est irrévérencieuse, sans complexe ni timidité. J'ai l'impression qu'elle ne craint rien. D'ailleurs, elle ne parle pas comme nous. Son ton, son vocabulaire, son langage corporel sont différents des nôtres.

En quoi sont-ils si différents ?

Il y a à la fois un côté bravache et désabusé. Insolent et exaspéré. Hostile et désenchanté. Un côté : « Tu me cherches ? » Et un autre : « J'm'en fous ! » C'est très déconcertant. Nous, quand on était interpellés dans la rue par la police de moralité, on baissait la tête en murmurant : « Désolé, désolé », comme des petits oiseaux peureux. Eux ? Ils relèvent le menton, presque provocateurs, avec une audace folle : « Moi, je fais ça pour le sang de Mahsa Amini que vous avez fait couler. Alors, quoi ? Vous voulez m'arrêter ? Arrêtez-moi ! Vous voulez me tuer ? Tuez-moi ! » C'est sidérant.

Comme s'ils n'avaient rien à perdre ?

Rien à perdre. Rien à foutre. Leur idéal tient en un mot : LIBERTÉ. Derrière, il n'y a ni théorie, ni idéologie, ni concept historique ou philosophique. Nos parents à nous étaient de gauche, de droite, nationalistes ou internationalistes. Il y avait un brassage d'idées et de mots. Cette génération, au contraire, rejette toute référence. La gauche, la droite, Poutine, la Russie, Marx, l'Amérique… Elle s'en moque, elle veut juste être libre. Libre de choisir sa vie. Et ça lui paraît simple.

Comment votre famille d'artistes (mère peintre et actrice, père écrivain et acteur) jonglait-elle avec la liberté ?

Tout était interdit, mais aucune police ni aucune propagande n'a jamais pu dompter notre liberté d'esprit. La rébellion est dans notre ADN, l'art est notre oxygène, et s'il est un mot qui peut définir l'Iran, c'est bien la poésie, qui se fiche des carcans. Mais il fallait ruser, tricher, faire preuve de souplesse, comme le bambou plie sans se rompre. Adaptation et résistance, c'est toute l'histoire de l'Iran. Mon père, opposant au chah puis à Khomeini, organisait des fêtes immenses, où l'on chantait, dansait, buvait, et discutait à n'en plus finir. J'ai vu passer chez moi les plus grands intellectuels. Il fallait vivre coûte que coûte, ici, maintenant, intensément. Mais la tragédie n'était jamais loin. Le régime traquait ceux qu'il appelait « les ennemis de l'intérieur ». Dans les années 1980, il a tué des milliers d'hommes et de femmes parmi les plus brillants du pays. Joie et tristesse sont indissociables en Iran. On rit et l'on pleure en même temps.

Et le voile imposé aux femmes dès les premiers jours de la révolution…

On a d'abord pensé que si c'était le prix à payer pour se débarrasser à jamais du régime précédent, ce n'était pas bien grave. Mon père s'est tu, ma mère s'est dit que c'était une concession temporaire aux religieux qui, de toute façon, partiraient après deux ou trois ans. Il s'est installé dans nos vies. On le mettait pour aller à l'école aussi naturellement qu'un tee-shirt, sans même y penser. C'est bien ça le problème. Car ce voile accompagnait un ensemble de discriminations politiques, juridiques, économiques, sociétales, insupportables contre les femmes. Et il camouflait des mœurs écœurantes : dans les taxis, les bus, la rue, les hommes nous frôlaient, nous touchaient, avaient des gestes pervers et dégradants, convaincus d'avoir sur nous tous les droits. La loi était contre les femmes. C'est entré dans notre inconscient à nous, enfants de la révolution.

Comment réagissiez-vous ?

À l'adolescence, je me suis rasé la tête et je me suis fait passer pour un garçon. J'avais une double vie. Je bandais mes seins, enfilais un chapeau, et sortais dans la rue, à pied ou à vélo, libre, insouciante, enfin invisible ! Quelle griserie ! À l'école, je remettais mon voile, bien serré sous le menton. Les garçons n'y voyaient que du feu. Ils sifflaient le jour celle qui deviendrait un de leurs copains le soir venu. Je me glissais joyeusement dans leurs bandes. C'était dangereux. Mais j'avais le sentiment de me jouer du système et de donner le coup de pied de l'âne aux hommes et au pouvoir.

Comment vos parents prenaient-ils cette extravagance ?

Je revois le visage perplexe de mon père, une nuit où il m'a surprise me rasant le crâne. Il y avait du sang, je n'avais l'air ni d'un garçon ni d'une fille, j'étais comme un petit animal. Il a eu peur. Mais rien ne pouvait m'arrêter.

Est-ce votre condition de femme que vous rejetiez ?

Toute ma vie, en Iran, j'ai détesté être une femme ! Car une femme en Iran est coupable. Coupable de ses seins, de ses cheveux, de ses formes. Coupable si on la regarde. Coupable si on la touche. Coupable si on l'agresse. C'est odieux, car tout le monde finit par intégrer cette ineptie. Lorsque je me suis permis d'apparaître tête découverte, à 24 ans, à New York, le soir de la première du film de Ridley Scott dans lequel je jouais [*Mensonges d'État*], tout le pays m'est tombé dessus. C'est comme si j'avais lancé une bombe atomique. Personne ne m'a soutenue. Personne ! Pas même le réalisateur Asghar Farhadi, avec qui je venais de tourner *À propos d'Elly* et qui m'a bannie. Il pensait que j'étais coupable d'un truc horrible, et il ne voulait plus me parler, lui, le grand intellectuel ! Ça m'a détruite. Ma famille artistique me lâchait donc, elle aussi… Vous voyez comme on revient de loin ! C'est en débarquant à Paris que j'ai senti que les femmes ne sont pas coupables. C'est le plus grand cadeau que m'a fait la France.

Au point d'accepter de poser nue à la « une » de la revue Égoïste *en 2015 ?*

C'était un cri de mon corps ! Pas un geste politique. J'étais furieuse et je leur disais : « C'est quoi votre problème avec le corps des femmes ? Il vous dérange ? Il vous fait peur, bande d'hypocrites qui aimez peloter les seins couverts et violer les vierges ? Regardez-moi ! Pendant des années, vous m'avez gâché la vie. Eh bien, je vous renvoie mon malaise ! Et si vous songiez déjà à me lapider pour une mèche échappée d'un voile, une poitrine découverte ou un baiser donné dans un film, eh bien, je vous offre l'occasion de le faire une fois pour toutes ! » La réaction a été folle. Je crois même que, dans l'histoire de l'Iran, personne n'a reçu autant d'insultes que moi. Des lettres ont prévenu mon père qu'il recevrait mes seins sur un plateau. J'attendais une condamnation à mort, une fatwa. On a été obligé de demander l'aide du gouvernement français.

Vous aviez pourtant été une star dans votre pays. Qu'est-ce qui s'est enrayé ?

Le film américain *Mensonges d'État* a attiré toutes les suspicions du régime. Pendant sept mois, je suis allée d'interrogatoire en interrogatoire, des services secrets à la Cour de la révolution. « Tu as été utilisée ! C'est un complot de la CIA ! C'est un film contre l'Iran. Une offense à l'islam ! » C'était infernal, alors même qu'ils n'avaient pas encore vu le film. Et puis il y avait les menaces. « À partir d'aujourd'hui, on lira tous les scénarios à l'avance, tu devras nous dire qui tu vois, ce que fait ou dit tel personnage, nous donner le maximum d'infos. » Au fond, ils voulaient m'enrôler. J'ai ainsi compris que les gens du cinéma iranien autorisés à voyager sont forcément appelés à collaborer avec les services secrets. Sans quoi ils seraient comme moi en exil. À chaque fois que je sortais de la Cour, j'éprouvais le besoin de me laver, tant je me sentais sale sous le regard de ces apparatchiks. Et puis, un jour, mon juge si redouté, troisième personnage du système judiciaire iranien, responsable de la mort de plusieurs amis de mon père, m'a dit : « J'ai réussi jusqu'à présent à faire patienter les services secrets, qui vous sont hostiles. Ça ne durera pas. Partez. Vous avez vingt-quatre heures. »

C'est d'une brutalité inouïe !

Oui. C'est comme une mort, car on laisse tout derrière soi. Et c'est aussi une deuxième naissance. Car on arrive nu dans un nouveau monde. La langue, la culture, il faut tout réapprendre. On est en mode survie. On s'adapte. J'ai perdu ma maison. Désormais, ma seule maison, c'est moi. Et si je suis devenue française, je n'ai aucune envie de replanter des racines. Je préfère, à la façon des orchidées, les faire pousser dans l'air. Comme tous ces exilés, dont je me sens proche, qui ne trouvent leur place nulle part, mais aiment être ensemble.

L'activité de votre compte Instagram, suivi par 14 millions d'abonnés, montre que vous ne dormez guère depuis quelques semaines…

Il y a eu plus de 270 millions de « vu » sur mes posts… Je ne dors pas, je ne mange pas, je ne quitte pas des yeux les écrans ni mon téléphone. Ce qui se passe en Iran est tellement historique ! J'essaie d'être un pont entre l'Orient et l'Occident, de décrypter les vidéos et la psychologie iraniennes pour que personne ne soit indifférent à ce qui se joue là-bas. Jusqu'à présent, je ne me mêlais pas de la politique iranienne, je ne critiquais même pas le régime. Mes engagements se traduisent dans le choix de mes rôles et de mes films. Mais là ! Là… Cette jeune femme tuée à cause de son corps et de ses cheveux ! Comme le fut la poétesse Tahirih, exécutée il y cent soixante-dix ans, parce qu'elle s'était dévoilée devant une assemblée d'hommes. Et ce peuple qui réagit en criant : trop, c'est trop ! J'ai ressenti quelque chose de charnel et de viscéral. Non, le voile n'est pas anodin. C'est à la fois l'affichage et le pilier central qui tient le chapiteau de la théocratie. Si le hidjab tombe, la tente s'écroule et le régime avec. Pour leur propre survie, ils pourraient dire : « OK, enlevez votre voile et calmez-vous ! » Mais ils ne le font pas. Parce que le voile et l'oppression des femmes constituent leur identité.

La République islamique a déjà connu des révoltes, vite réprimées. Pourquoi celle-ci vous semble-t-elle historique ?

Parce que des hommes sont prêts à mourir pour la liberté des femmes. Au Moyen-Orient ! Dans le pays où le comportement des êtres humains à l'égard des filles est l'un des plus barbares. C'est là un épisode extraordinaire de l'histoire de l'humanité. Alors, je ne peux pas prévoir ce qui va se passer. Mais ce que je sais, c'est que la République islamique a perdu une jambe, qu'elle ne retrouvera jamais l'équilibre, et que sa plaie ne fera que suppurer. Ces jeunes gens de la génération Z ont fait ce que nous n'aurions jamais osé faire. Les femmes iraniennes ont déjà gagné.

Djaïli Amadou Amal

« Nous méritons également d'être heureuses »

Elle est peule, musulmane et le succès de ses Impatientes, *prix Goncourt des lycéens 2020, lui offre une tribune pour dénoncer les mariages précoces qui coupent les ailes des petites filles et les enferment dans un état de soumission. Sa propre vie est un roman.*

Je ne serais pas arrivée là si…

Si je n'avais pas ouvert mon premier livre. Il a provoqué en moi une telle déflagration que j'en perçois encore les conséquences quelque quarante ans plus tard. J'avais 7 ans, 8 ans peut-être. J'habitais Maroua, une petite ville du nord du Cameroun dénuée de livres et de bibliothèques. Il existait bien sûr quelques ouvrages scolaires, que peu de parents d'élèves avaient, d'ailleurs, les moyens d'acheter. Mais de vrais livres, je veux dire des livres pour rêver, pour penser, pour apprendre la vie, la terre, l'amour, la lutte, les autres, il n'y en avait point. On n'y pensait même pas. Et voilà qu'un jour, jouant avec d'autres enfants chez des amies de ma mère, j'ai découvert un livre. Et la lecture est devenue la clé de mon existence.

Il faut nous parler de ce livre magique…

Je ne connais ni son titre ni son auteur. C'était probablement un livre pour enfants puisqu'il parlait d'une forêt enchantée peuplée de fées, quelque part en Irlande. Je me rappelle simplement qu'à la seconde où je l'ai ouvert il m'a happée et entraînée dans une autre dimension. Et lorsque je l'ai refermé, deux ou trois heures plus tard, je n'avais plus qu'une seule obsession dans ma vie : trouver d'autres livres. Et, pour cela, j'étais prête à tout, y compris grimper à un arbre pour escalader un mur et puis me faufiler dans l'église catholique, moi, la petite musulmane, parce qu'on m'avait dit qu'elle recelait une bibliothèque. J'avais peur et honte de trahir ainsi mon père. Mais l'envie était trop forte et le prêtre très sympa. Il m'a laissée emprunter tous les livres que je souhaitais et il est finalement devenu ami avec mon père, qui était professeur d'arabe. Ma vie en a été bouleversée.

Comment ?

Laissez-moi d'abord vous planter le décor. À l'école primaire, nous étions une cinquantaine de filles pour une cinquantaine de garçons. Et puis, en secondaire, les filles disparaissaient peu à peu. Elles n'avaient plus qu'un horizon : le mariage. Qu'un destin : la maternité. Il leur suffisait donc de savoir tenir une maison. À 14 ans commençaient les pressions familiales et la ronde des prétendants, les tractations, les fiançailles. Et mes copines quittaient l'école les unes après les autres en trouvant cela normal. De toute façon, depuis leur plus jeune âge, on leur répétait : « Patience ! Soumets-toi, accepte tout, ne te plains pas. » Leur mère, leurs grands-mères, leurs arrière-grands-mères étaient passées par là. Aucune ne songeait à remettre en cause l'ordre immuable des choses. « Le paradis d'une femme, si elle sait obéir, se trouve aux pieds de son époux. » Seulement voilà : moi, j'avais lu des livres. Et ils m'avaient montré que d'autres vies étaient possibles, que la tradition pouvait être questionnée, que les mariages précoces n'étaient ni bons ni justes, que la femme africaine méritait autre chose. Et que l'amour, quand on pense mariage, ne pouvait être valeur négligeable. Autant dire qu'une petite graine d'insoumission avait germé dans ma tête.

Quels livres ont planté la graine ?

Il y en a eu de toutes sortes, car je lisais ce qui me tombait sous la main. *Les Misérables*, à l'école primaire. Puis toute l'œuvre de Racine, avant d'en avoir l'âge. Mon premier roman africain a été *Sous l'orage*, de Seydou Badian, où l'on parle de mariage forcé et des fardeaux socioculturels sur les épaules des filles. C'est tout cet ensemble qui m'a fait penser un jour : ce qui se passe ici est anormal. Dès que j'avais eu 10 ans, des hommes avaient commencé à venir à la maison pour demander ma main. Je ne m'en souciais guère. Mais la farandole des prétendants venant me faire la cour s'est emballée. J'ai commencé à être harcelée. Mon père n'était pas favorable à ces mariages précoces. Il voyait bien que j'étais une petite fille qui avait de l'ambition et qui avait même dit un jour, en regardant les informations à la télévision : « Un jour, c'est moi qui présenterai le journal. » Mais, en bon Peul, il se devait de respecter le *pulaaku*, cet ensemble de règles qui régissent notre société et font qu'on n'éconduit jamais un prétendant à sa fille. On se montre aimable et on lui dit « on va voir », ou bien « elle a 14 ans, elle aime encore aller à l'école, montre-toi patient ».

Mais l'étau, peu à peu, se resserre ?

Oui. Alors, quand mon père, inquiet de mes refus systématiques, m'a demandé un jour où j'en étais, j'ai suggéré de me fiancer avec le grand frère de copines de classe. Je gagnais ainsi du temps et je n'avais même pas à lui faire la conversation puisqu'il étudiait à l'étranger. J'ai donc continué l'école avec insouciance, fait de la radio, écrit des articles, présidé le club-journal de mon collège.

Jusqu'au jour où…

J'ai défilé, en tête de cortège et portant le drapeau du collège, devant la tribune des autorités de la ville (traditionnelles, religieuses, administratives) dressée pour la fête nationale. C'était un 20 mai. Le soir même, de nouveaux prétendants débarquaient à la maison. Et, parmi eux, le maire. Marié, père de famille, âgé de plus de 50 ans. Mon père a dit : « Désolé, elle est déjà fiancée. » Mais cet homme puissant a passé outre. Il est allé voir les oncles, les cousins, les collègues, le proviseur de mon père, le chef traditionnel, l'imam, tout ce que la ville comptait d'important. De son côté, ma mère a reçu mille pressions de son cercle d'amies.

Et j'ai subi un chantage affectif effroyable. « Pense aux autres, ne mets pas la honte sur ta famille, etc. » Le 1er juillet, j'étais mariée.

Aviez-vous rencontré votre futur époux ?

Deux fois. La première fois, j'avais retiré mes lunettes de myope pour ne pas le voir. La seconde, j'avais fait une grosse éraflure sur sa voiture de luxe. Car il était très riche, on ne cessait de me le répéter tandis que je persistais dans mon refus de l'épouser. Mes copines me disaient : « Arrête tes caprices ! Toutes les filles voudraient être à ta place. » J'allais avoir une belle fête de mariage, une villa pleine de bibelots, des pagnes, des bijoux, des domestiques. C'était pour elles le comble de la réussite. Mais j'étais différente : les livres avaient dessillé mes yeux. Non, ce qui m'arrivait n'était pas « normal ». Le jour du mariage, j'étais dans un tel état de sidération que je me croyais au cinéma. C'est quand la voiture s'est avancée pour m'emmener que j'ai pris conscience de la tragédie et me suis enfermée dans ma chambre : « Je refuse ! J'ai 17 ans ! Vous ne pouvez pas me marier à ce type ! » Peine perdue.

Et le mariage fut un désastre ?

J'ai sombré, accumulé les maladies psychosomatiques et fait, en cinq ans, plusieurs tentatives de suicide. Je n'ai jamais accepté mon sort ni le traumatisme du viol conjugal perpétré lors de la nuit de noces et tant de nuits suivantes. D'emblée, j'ai repoussé cet homme qui n'avait rien à faire dans mon existence. Je ne m'en suis sortie qu'en me saisissant un jour d'un agenda pour commencer à écrire ma vie. Ce fut ma thérapie. J'ai écrit, écrit, écrit, noirci des centaines de pages avec rage, encouragée par mon père à qui j'avais dit : « Soit tu acceptes que je rentre à la maison, soit je me suicide et je te jure que je ne me raterai pas. » Et, à mon mari, j'ai lancé un matin : « Tu sais quoi ? Je te répudie ! » Il n'en a pas cru ses oreilles. « Tu es folle ? Depuis quand une femme peut répudier un homme ? — Eh bien ça commence aujourd'hui. » Ma mère en rigole encore.

C'était révolutionnaire !

C'était surtout très symbolique, mais qu'est-ce que ça m'a fait du bien ! Puis je me suis remariée avec un homme dont j'étais tombée amoureuse – bien qu'il soit polygame – et qui acceptait que je fasse des études. Pas celles dont je rêvais, mais celles qu'il exigeait. C'était le début de l'oppression. C'est allé de Charybde en Scylla. Cet homme était violent, et j'ai connu le cycle classique que vivent tant d'épouses : il frappe, il s'excuse, jure qu'il ne peut pas vivre sans toi, puis t'insulte et te rabaisse plus bas que terre. Tu perds toute dignité, toute certitude, toute estime personnelle. Il t'emmène en voyage et l'entourage te trouve chanceuse. Mais toi tu crèves lentement, battue, violée, humiliée, car ton mari a tous les droits. J'ai enchaîné les maladies, spasmophilie, hypertension, diabète, une boule perpétuelle au fond de la gorge. Personne ne pouvait me comprendre.

Pas même la coépouse ?

La coépouse n'est ni une sœur ni une amie. La coépouse est une rivale et une ennemie. Elle ne souhaite que ta disparition dans son intérêt et celui de ses enfants. Quitte d'ailleurs à la provoquer. Bref, j'ai décidé de m'enfuir en confiant mes filles de 6 et 7 ans à ma mère, avant que mon mari les kidnappe. Tout lui était bon pour me faire revenir. J'ai tenu bon, trouvé un travail, subi harcèlements et offenses, et puis je me suis inscrite à un atelier d'écriture de l'université de Yaoundé, où j'ai rencontré de vrais amis et où j'ai pu finir les manuscrits entamés pendant mes deux mariages. Ceux qui m'avaient valu de recevoir sarcasmes et coups, et même, à plusieurs reprises, un ordinateur fracassé sur la tête. Mais j'avançais. Et quand s'est posée la question de publier mon premier livre – *Walaande, l'art de partager un mari*, au titre aguicheur pour les hommes, mais en réalité pamphlet contre la polygamie –, j'ai surtout pensé à mes filles. Il fallait que j'incarne une voix suffisamment forte et influente pour pouvoir, le jour venu, m'opposer à leur mariage précoce et les arracher à ce système néfaste.

Alors qu'avez-vous fait ?

Je suis rentrée à Maroua, et j'ai organisé une dédicace publique en invitant le gouverneur. Pas moins ! Il a lu le livre en une nuit, fasciné parce que j'étais la première femme du Nord-Cameroun à écrire un livre. Et le lendemain il était là pour m'assurer de son total soutien. Alors tout s'est emballé. La presse, les invitations, une bourse de l'ambassade des États-Unis. J'étais officiellement devenue la « voix des sans-voix ».

Celle des femmes battues, violées, bafouées, esclavagisées ?

Celle des filles qu'on a retirées, à 12, 13, 14 ans, de l'école, pour les marier, les plaçant sciemment dans une situation de dépendance économique propice à toutes sortes de violences. Celle des femmes privées de livres, enchaînées à des hommes qui ont sur elles tous les droits et se conduisent en maîtres de l'univers, quitte à avaler des cocktails explosifs pour prouver leur puissance sexuelle. Elles sont devenues ma cause, mon obsession. En 2012, j'ai créé une association – Femmes du Sahel – pour sensibiliser les filles à l'importance de l'éducation, à l'intérêt d'apprendre un métier, à la nécessité de gagner leur indépendance économique. Je vais les voir dans les villages, j'insiste sur leur droit à refuser une demande en mariage et je leur dis : « Je viens d'ici, j'ai la même culture, la même religion que vous ; et si j'ai réussi à devenir une écrivaine internationalement connue, vous pouvez vous aussi devenir ce que vous voulez. » J'essaie d'être constructive. Je parraine des filles de milieux pauvres en leur offrant leur scolarité. Je crée plein de petites bibliothèques en zone rurale, là où les enfants n'ont jamais vu un livre et où les petites filles répondent systématiquement « maman » quand on leur demande ce qu'elles veulent faire plus tard. Que voudriez-vous qu'elles disent puisqu'elles ignorent tout du reste du monde ?

Comment les hommes perçoivent-ils ces initiatives ?

J'ai reçu beaucoup d'insultes et de menaces. Les femmes qui lisent font peur aux hommes. Il est même des diplômés qui refusent d'épouser leurs camarades étudiantes de l'université, leur préférant des filles de 15 ans qu'ils domineront plus facilement. Heureusement, il en est d'autres qui rêvent aujourd'hui d'épouses moins dépendantes.

« Qu'il est difficile, le chemin de vie des femmes ! » écrivez-vous dans le livre* Les Impatientes*…

Il est escarpé, périlleux, mais plein d'espoir, sinon je ne me battrais pas ! J'ai renversé le cours des choses. Mes filles de 19 et 20 ans sont à l'université. Je me suis remariée avec un ingénieur-écrivain avec qui j'ai eu d'autres enfants. Et le livre demeure au cœur de ma vie. Vous voyez ? Il ne faut jamais se résigner. On nous apprend, depuis qu'on est petites, à nous sacrifier pour le bonheur des autres. Eh bien moi, j'ai un autre message à faire passer aux femmes : « Nous méritons également d'être heureuses. »

REMERCIEMENTS

Ce livre, comme le précédent, n'aurait pas existé sans la confiance que m'octroie *Le Monde* – mon journal depuis quarante ans ! – et cette délicieuse liberté que permettent les interviews « Je ne serais pas arrivé là si… ».

Un salut amical, donc, à mes complices journalistes qui collaborent aujourd'hui à ce rendez-vous que j'ai créé à l'origine dans *Le Monde magazine*, à l'instigation de Raphaëlle Bacqué, et que coordonne chaque semaine Sandrine Blanchard.

Un clin d'œil reconnaissant à Stéphanie Pierre, documentaliste aussi attentionnée qu'efficace, et à la précieuse Margaux Pacary-Chardard.

Enfin, un merci chaleureux aux 33 femmes ardentes, réunies dans ce livre, pour avoir sincèrement joué le jeu !

Table

DE LA MÊME AUTRICE :

FM, LA FOLLE HISTOIRE DES RADIOS LIBRES *(avec Frank Eskenazi)*, Grasset, 1986.

RETOUR SUR IMAGES, Grasset, 1997.

CAP AU GRAND NORD, Seuil, 1999.

L'ÉCHAPPÉE AUSTRALIENNE, Seuil, 2001.

LES HOMMES AUSSI S'EN SOUVIENNENT *(entretien avec Simone Veil)*, Stock, 2004.

LES PROIES. Dans le harem de Kadhafi, Grasset, 2012.

JE NE SERAIS PAS ARRIVÉE LÀ SI..., Grasset/*Le Monde*, 2018.

Ouvrages collectifs :

GRAND REPORTAGE, Les héritiers d'Albert Londres, Florent Massot, 2001.

GRANDS REPORTERS, Les Arènes, 2010 (prix Albert-Londres).

GRANDS REPORTERS, Le monde après 1989, Les Arènes, 2018.

Livres de photos :

PAUVRES DE NOUS, Photo-Poche/Nathan, 1996.

BRUNO BARBEY, Photo-Poche/Nathan, 1999.

MARC RIBOUD, 50 ANS DE PHOTOGRAPHIE, Flammarion, 2004.

MARTINE FRANK, Photo-Poche, 2007.

Roman graphique :

SIMONE VEIL OU LA FORCE D'UNE FEMME (avec Xavier Bétaucourt et Étienne Oburie), Plon-Steinkis, 2020.

74/1883/2

PAPIER À BASE DE FIBRES CERTIFIÉES

Le Livre de Poche s'engage pour l'environnement en réduisant l'empreinte carbone de ses livres. Celle de cet exemplaire est de :
250 g éq. CO_2
Rendez-vous sur
www.livredepoche-durable.fr

Composition réalisée par NORD COMPO

Achevé d'imprimer en France par
CPI BRODARD & TAUPIN (72200 La Flèche)
en avril 2023
N° d'impression : 3052458
Dépôt légal 1re publication : mai 2023
LIBRAIRIE GÉNÉRALE FRANÇAISE
21, rue du Montparnasse – 75298 Paris Cedex 06